# 游说富川

周海林 主编

YouShuo
FuChuan

经济日报出版社

**图书在版编目（ＣＩＰ）数据**

游说富川 / 周海林主编. -- 北京 : 经济日报出版
社，2021.7
ISBN 978-7-5196-0896-5

Ⅰ．①游… Ⅱ．①周… Ⅲ．①游记－富川瑶族自治县
Ⅳ.①K928.967.4

中国版本图书馆CIP数据核字(2021)第138896号

## 游说富川

| | |
|---|---|
| 主　　编 | 周海林 |
| 责任编辑 | 王 含 |
| 责任校对 | 蒋 佳 |
| 出版发行 | 经济日报出版社 |
| 地　　址 | 北京市西城区白纸坊东街2号（邮政编码:100054） |
| 电　　话 | 010-63567684 （总编室） |
| | 010-63584556 63567691（财经编辑部） |
| | 010-63567687 （企业与企业家史编辑部） |
| | 010-63567683（经济与管理学术编辑部） |
| | 010-63538621 63567692（发行部） |
| 网　　址 | www.edpbook.com.cn |
| E－mail | edpbook@126.com |
| 经　　销 | 全国新华书店 |
| 印　　刷 | 成都兴怡包装装潢有限公司 |
| 开　　本 | 787mm×1092mm 1/16 |
| 印　　张 | 14.00 |
| 字　　数 | 280千字 |
| 版　　次 | 2021年7月第一版 |
| 印　　次 | 2021年7月第一次印刷 |
| 书　　号 | ISBN 978-7-5196-0896-5 |
| 定　　价 | 65.00元 |

富川旅游
FUCHUAN TOURISM

游说富川

# 游 说 富 川
## ——富川文化旅游导游词

### 编 委 会 人 员 名 单

**总 策 划**　何祖后　　孔令芬

**主　　编**　周海林

**副 主 编**　徐艳荣

**总 撰 稿**　周海林　　何　佬　等

**统　　筹**　严　斌　卢　芸　黄少勇　　熊有东

**封面设计**　周海林

**美术编辑**　孟　菲

**图片提供**　贺州市摄影家协会　富川摄影家协会

**文稿提供**　富川瑶族自治县文体和旅游局

富裕美丽之川欢迎您

# 目 录

# 富川旅游

FUCHUAN TOURISM

# 前　言

汉武帝曰：南岭有富域，山川之典藏，名为富川。

这方县域很荣幸地被汉武帝命名为"富川"。而且从汉武帝元鼎六年（前111年）建县至今2100多来一直就叫富川——富裕美丽之川。

专家考证，广西有文字记载的地名2000多年一直沿用不变的只有4个：桂林、合浦、苍梧、富川。

桂林山水甲天下，合浦买椟还珠美名传；苍梧之野舜帝南巡，富川潇贺古道连中原。

富川，史称五岭之南，四水之源，三省通衢，两广门户，一脉文明。

远古的山，春秋的水，秦汉的路，唐宋的村，明清的城，时尚的人——这就是富川。一座有着数万年原始文明，五千年历史文化，两千多年建县历史的三省边城。

2000多年来，"富川"执着地向世人炫耀着这一方山川的富裕和美丽。

这里有世界上最长寿的民族，最原始的节庆，最原生的歌舞，最原味的小吃，还有最古老的瑶锦瑶绣和瑶医瑶药。

古文化，瑶风情，美生态，慢生活，是富川独具特色的文化旅游品牌。

富川的文化有几"古"？2100多年前的秦汉潇贺古道像一条古老的金丝线，串缀起古韵富川历史文化的珍珠，彰显着富川"千年古马道，百年慢生活"的独有文化品牌。

这里有全国重点文物保护单位楚王马殷庙和瑶族风雨桥群，是岭南两广为数不多的古代建筑国宝；这里有岭南两广保存最为完好的明代县城，广西重点文物保护单位"富川明城"，被誉为"湘西有凤凰，岭南有富阳"；这里有中国历史文化名村秀水状元村和福溪宋寨，在广西目前仅有的9个中国历史文化名村中富川占两席。

富川的风情有几"瑶"？富川是瑶族自治县。这里有国家非物质文化遗产芦笙长鼓舞和瑶族蝴蝶歌，是世界瑶族仅有的几个国家级艺术瑰宝之一；这里有世界上最古最大最长的长鼓，原件保存在国家民族博物馆。

这里有国家民委命名的中国少数民族特色村寨凤溪村、虎马岭、深坡村、岔山村等；这里还有广西非物质文化遗产溜喉歌、喇咿香、踏歌堂、瑶锦绣和盘王节、花炮节、上灯炸龙节、仙娘出游节、脐橙节等民俗旅游节庆活动。

富川的生态有几"美"？我不说这里是中国长寿之乡，也不说这里的负氧离子有多高，你会说其他地方也有。我只是偷偷告诉你，富川没有一滴水是外来的。富川地势高，南面的水流到珠江，北面的水流到湘江，没有一滴水是从县外流进来的，只要富川自己不污染自己，没人污染它。因此，整个贺州除昭平县以外，都是吃富川的水，你说美不美。

富川旅游有几"慢"？这里有中国第四个、广西唯一的一个国际慢城。

富川福利国际慢城始终坚持走一条"农旅结合，以农带旅，以旅兴农"的路子，凸显"慢生活"状态的农业观光体验游和生态养生休闲游，为游客呈现一种"怀旧、从容、养生、休闲"的"慢节奏"的全新体验之旅。

瑶韵富川，橙香慢城。《游说富川》是一本以轻松阅读方式全面推介富川瑶族自治县文化旅游资源的普及图书和外宣读物。

该书图文并茂，内容翔实，语言通俗，考据准确，具有一定的史料价值和文学价值。既是一本可供导游和讲解员培训的参考资料，也是一本介绍富川人文风貌和自然风光的普及读本。让不同的读者从不同侧面了解富川、感受富川、向往富川，进而走进富川，热爱富川，融入富川。

《游说富川》编委会

2020年6月

# 富川瑶族自治县文化旅游产品

## 【A级景区】

神仙湖4A景区

富川生态高值农业科技示范园4A景区

富川神剑石林4A景区

富川瑞光公园3A景区

富川秀水状元村3A景区

贺州市华润循环经济工业旅游区3A景区

古明城3A景区

秀水3A景区

罗丰3A景区

## 【乡村旅游区】

富阳七彩虎头五星级乡村旅游区

城北毛家四星级乡村旅游区

莲山牛背岭四星级乡村旅游区

朝东岔山五星级乡村旅游区

富阳涝溪源四星级乡村旅游区

葛坡深坡四星级乡村旅游区

柳家下湾村三星级乡村旅游区

## 【生态旅游示范区】

贺州市富川县福利国际慢城生态旅游示范区

富川西岭生态旅游示范区

自治区休闲农业与乡村旅游示范点

富川岔山古村落

富川福溪古村落民俗休闲旅游示范点

富川新坝七彩虎头民俗休闲旅游示范点

柳家下湾生态休闲农业示范区

## 【星级饭店】

富川华泰大酒店四星酒店

富川旺源酒店三星酒店

富川党校教务酒店三星酒店

森林人家

灵山居

满叔饭店

清溪山庄

## 【旅游汽车营地】

虎头汽车旅游营地

富川国际慢城汽车旅游营地

## 【旅游手信】

冬梅瑶绣

瑶族银饰

瑶八公土特产

脐橙

梭子粑粑

油茶

（截至2019年12月）

# 富川瑶族自治县所获荣誉称号

（与文化旅游相关的部分）

国家生态文明先行示范区

国家重点生态功能区

全国循环经济教育示范基地

中国特色农业百强示范县

全国标准化农业生产示范县

全国民族团结进步模范集体

广西唯一的国家级出口食品农产品质量安全示范区

中国天然氧吧

全国文明县城

广西全域旅游示范县

中国长寿之乡

中国脐橙之乡

中国蝴蝶歌之乡

中国芦笙长鼓舞之乡

中国瑶族风雨桥之乡

（瑞光风雨桥）

# 瑶韵富川　橙香慢城

## ——富川文化旅游资源综述

### 富川旅游区位状况

**富域明阳，山水画廊。**富川瑶族自治县位于广西东北部，地处桂、粤、湘三省区交界的黄金地带。北连湘楚，南接两广，东仰港澳台，西靠大西南，处在大桂林旅游圈内。全县总面积1572平方公里，总人口33万，分属瑶、汉、壮、苗、侗、回、彝等7个民族，其中瑶族人口占50%。

县政府所在地富阳镇位于美丽的碧溪湖畔，古老的母亲河富江穿城而过，海上丝绸之路的最早对接线潇贺古道纵贯全境，县城距贺州市60公里，桂林市190公里，南宁市500公里，广州市320公里。

县内有永贺高速、538国道和207国道过境，形成了全县"五纵三横"的交通格局。洛湛铁路经过富川并建有客货运站，贵广高铁钟山西站距富川县境不到10公里，离县城30公里。富川县内村村通水泥路，实现了各乡镇半小时经济圈，进入了"粤港澳两小时经济圈"、粤桂黔"一地一廊一带"的旅游联盟和"桂贺旅游一体化"。

富川生态环境优美，文化旅资源丰富，交通便捷，旅游便利，基础设施配套良好。是广西古道文化游、生态乡村游和民俗风情专线游的旅游名县。

### 富川历史文化悠久

**富水天泽，川越千秋。**富川古属楚越交界之地。据史志记载，富川在夏商周三代为荆州南越区域，春秋战国时为楚地，秦代属南海郡，汉高祖时属南越国桂林郡。汉武帝元鼎六年（前111年）始置富川县治，沿袭2000多年。直到1983年8月国务院批准撤销富川县，设立富川瑶族自治县。

**史风久远，文化深厚。**中原文化、湘楚文化、百越文化和瑶族文化在此积淀交融，汇聚升华，构成了多姿多彩、独具特色的多元文化。境内，名胜不绝，古迹繁多。主要有贯穿全域的秦汉古道、岭口古道和潇贺古道；有国家重点文物保护单位马殷庙、瑶族风雨桥群和富阳明城；有秀山、秀水、福溪、深坡等影响深远和保持完好的中国历史文化名村和古村落群。现已形成潇贺古道古村落文化研学旅游产品。

## 富川瑶族文化深厚

苍苍南岭，大美瑶情。1983年10月，经国务院批准成立富川瑶族自治县。富川民族民间文化习尚纯朴，瑶族文化风情浓郁。境内瑶族文化形态丰富多彩，异彩纷呈。主要的有：瑶族盘王节、瑶族芦笙长鼓舞、瑶族蝴蝶歌、瑶族服饰刺绣、瑶族大花炮等多项国家级非物质文化遗产。全域之内，文化节庆丰富纷繁，主要有：瑶族元宵上灯炸龙节和瑶族花炮节、民间歌圩与村寨庙会等极具特色的瑶族节庆习俗文化活动。这些非物质文化遗产和别有风趣的民俗文化节庆，已形成中国瑶族文化研学旅游产品，倍受广大民族学者和游客的青睐。

## 富川生态文明优越

山水丰腴，田园如画。富川古往今来均十分注重生态文明的建设，县域生态环境保护良好。踏访富川城乡村屯，见村必有后龙山，访寨必见香樟树。可谓：生态葱郁，绿林广阔，经年绿意，过境闻香。境内，有中国著名的、作为五岭之一的都庞西岭山国家森林公园；有中国闻名遐迩、浩瀚无垠、碧波万顷的龟石湖国家湿地公园，有华南保护最好的白面寨楠木林，还有立新、白牛、凤岭、凤溪等生态农业旅游示范点和毛家、牛背岭、下湾、虎头、清溪等五星级生态乡村旅游景点。现已形成岭南最佳乡村游旅游产品。

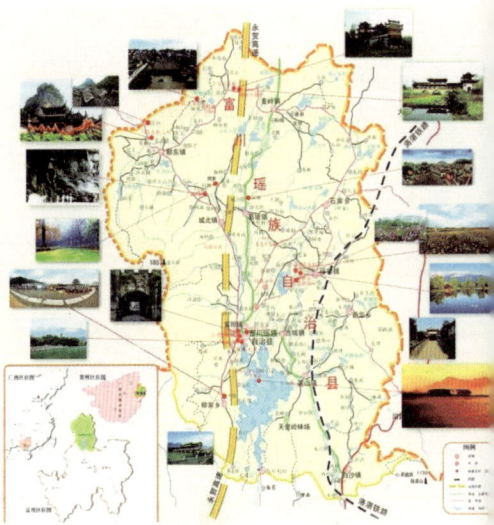

（从左至右：富川民族广场、秀水鸟瞰、富裕美丽之川、旅游图）

## 富川旅游资源丰富

橙香富川，瑶韵慢城。这是富川特色旅游品牌定位。岭南典型水乡田园生态风光是富川的生态旅游名片；国际慢城主题旅游是当今时尚的康养胜地；秦汉富阳明城旅游是潇贺古道历史文化的经典；唐代秀水状元村旅游是中华科举文化活教材；北宋福溪古寨是理学文化宗脉的发祥地；瑶族博物馆、龙集与虎马岭是瑶族特色文化景点；富川古风雨桥建筑群是华夏瑶族民居文化的瑰宝；还有慈云寺、弘扬寺、锁水寺、金山禅寺及明城宗祠群等合法信仰场所是佛教文化、儒家文化与道家文化与民族宗教信仰文化传承的载体。尤值一提的富川脐橙、黄花梨、瑶绣、瑶族服饰、瑶族银器等旅游工艺品更是享誉八桂和直销全国的金牌旅游纪念品。

## 富川旅游产品独特

锦绣瑶乡，步步珠玑。富川文化旅游产品归结起来有古文化、瑶风情、美生态、慢生活四大版块和五大产品类别。

四大版块依次是：

千年古马道，百年老民居——海陆丝绸之路的最早对接通道"潇贺古道"历史文化访古游。

楚风瑶韵蝶歌鼓舞——瑶族风情猎奇观光游。

养生天堂，长寿仙境——"古韵富川、美丽乡愁"全域景区生态康养体验游。

国际慢城，时尚原乡——中国第四、广西唯一"国际慢城"度假游。

**五大产品**类别有：

潇贺古道古村、古镇、古城文化旅游产品（以秀水、福溪、岔山、深坡和古明城为代表）

福利国际慢城文化旅游产品（以神仙湖、神剑石林、高质农业示范园3个国家4A景区为代表）

瑶族风情研学旅游产品（以中国少数民族特色村寨凤溪、虎马岭和黑山村及盘王节、花炮节、上灯炸龙节等民俗节庆为代表）

生态休闲康养体验旅游产品（以西岭森林公园、龟石国家湿地公园和虎头、下湾、茅刀源、城北毛家等一批生态文明村寨为代表）

高科技循环工农业园区文化旅游产品（以广西最大的规模脐橙连片种植示范基地、高科高值农业示范园区和华润工业园区为代表）

截至2019年12月，富川经上级相关部门评审认定的文化旅游产品有：

**A级景区**

神仙湖4A景区、富川生态高值农业科技示范园4A景区、富川神剑石林4A景区、富川瑞光公园3A景区、富川秀水状元村3A景区、贺州市华润循环经济工业旅游区3A景区、古明城3A景区、秀水3A景区、罗丰3A景区

**乡村旅游区**

富阳七彩虎头五星级乡村旅游区、城北毛家四星级乡村旅游区、莲山牛背岭四星级乡村旅游区、朝东岔山五星级乡村旅游区、富阳涝溪源四星级乡村旅游区、葛坡深坡四星级乡村旅游区、柳家下湾村三星级乡村旅游区

**生态旅游示范区**

贺州市富川县福利国际慢城生态旅游示范区、富川西岭生态旅游示范区

**自治区休闲农业与乡村旅游示范点**

富川岔山古村落、富川福溪古村落民俗休闲旅游示范点、富川新坝七彩虎头民俗休闲旅游示范点、柳家下湾生态休闲农业示范区

**星级饭店**

富川华泰大酒店四星酒店、富川旺源酒店三星酒店、富川党校教务酒店三星酒店、森林人家、灵山居、满叔饭店、清溪山庄

**旅游汽车营地**

虎头汽车旅游营地、富川国际慢城汽车旅游营地

**旅游手信**

冬梅瑶绣、瑶族银饰、瑶八公土特产、脐橙、梭子粑粑、油茶

## 富川旅游配套良好

游心且于戏，拾步堪可乐。富川现已形成较好的旅游发展格局和产业体系。富川旅游从生态环境与交通进入，从景区景观到功能配套，从咨询服务到食宿接待等基础设施配套已臻完善，市场秩序井然，服务良好，业态氛围日益活跃且走向欣欣向荣。境内，全县旅游接待设施齐全，有华泰、旺源、维也纳、威尼斯、迎宾馆、瑶王府等一批接待酒店，共有接待床位近1100张；大型活动时可接纳1500人。有旺源、华泰、党校商务宾馆、鑫凤凰、宾宴、金饭庄、大金山等一批旅游餐饮饭店；有极具瑶族民间风情特色的虎头村、凤溪瑶寨、石林瑶村、福溪村篝火文艺晚会；还有享誉南岭地区的东盟国际龙狮大赛、瑶族盘王节盛会和万亩脐橙观光采摘节；有瑶家土特产销售中心和瑶族服饰刺绣研发生产点。另有瑶族风情园、上库、奥斯汀、瑶家品味等一批旅游娱乐歌舞茶饮场所。这些综合接待设施，可极大地满足各消费层的文化旅游消费需求。

## 富川旅游线路科学

经年打造，日臻完善。富川旅游产业经过20多年的发展，已打造出不少经典品牌和黄金旅游线路。这些品牌和旅游线路，品牌专题性好，线面关联度高，观看体验性好，文化科普感强。目前已有较成熟的旅游品牌和旅游线路如下：

**古文化旅游品牌**

一、千年古马道，百里老民居。海陆丝绸之路的最早对接通道"潇贺古道"访古游

线路：秀水状元村—岔山古道—福溪宋寨—深坡古驿站

二、湘西有凤凰，岭南有富阳，两广最美的"古明城"

(从上至下：瑶家导游女、国外旅游团在富川、富川原创大型瑶族舞蹈史诗《盘王大歌》)

历史文化观光游

线路：富阳古明城新永骑楼街—风雨桥—东门楼—十字街—文武庙—十八坡—肖家大院—南门楼—慈云寺瑞光塔—博物馆—富江两岸风情

瑶风情旅游品牌

楚风瑶韵蝶歌鼓舞，神秘瑶族风情猎奇体验游

线路：牛背岭花炮村—黑山蝴蝶歌堂—虎马岭长鼓舞—浮田瑶绣坊—凤溪篝火晚会（均为中国少数民族特色村寨）

美生态旅游品牌

一、湿地公园文化一日游

线路：龟石湖国家湿地公园博览馆—七彩虎头村—龟石湖游览—九凤岭水寨—佛子背渔村

二、森林公园生态一日游

线路：山瑶田过山瑶寨—下湾村道观山—茅刀源西岭药谷—清溪长寿谷

三、生态乡村体验一日游

线路：石家黄竹村—城北周家枫林—六合村—毛家村—朝东白面寨楠木林

四、高科技高值循环工农业园区一日游

线路：立新万亩脐橙园—循环高值园—华润电力园—华润啤酒厂

慢生活旅游品牌

中国第四个、广西唯一"国际慢城"度假游

线路：循环高值农业示范园—慢城花海—神仙湖景区—神剑山石林—茅草屋度假农庄。

## 富川旅游环境舒适

大隐隐于市，大美美于乡。富川是国家生态文明先行示范区，国家重点生态功能区，全国循环经济教育示范基地，中国特色农业百强示范县，全国标准化农业生产示范县，全国民族团结进步模范集体，广西唯一的国家级出口食品农产品质量安全示范区，全国文明县城，中国长寿之乡，中国脐橙之乡，中国蝴蝶歌之乡，中国芦笙长鼓舞之乡，中国瑶族风雨桥之乡。

走进富川瑶乡，楚风瑶韵迎面扑来，总是既能感受到百里瑶乡的生态之美，又能听到历史涛声的古韵天籁。这是美的洗礼，也是美学的慢步和神游。

富川旅游环境一向宽舒，除山清水秀、空气清新、环境优美外，富川的营商、接待、消费环境也非常优越。富川的人民亲善待人、民风淳朴、热情好客，是四海宾客、广大游客最佳选择地。

（古村穿越）

游 / 说 / 富 / 川
YOU/SHUO/FU/CHUAN

# 古文化

——富川文化旅游的灵魂

在富川随便抓一把泥土，就能攥出古文化的汁液；在富川，随便拾一片树叶，就能闻到文化的芬芳；在富川，随便捡起一片残瓦，就能穿越千年；在富川，随便踩一下脚，也许就会踩中地下好几个朝代的文物层。

潇贺古道是祖先留给富川最宝贵的财富，更是富川历史文化的本根和归宿点，同时也是富川旅游最具竞争力的文化品牌。

富川正因为有一条纵贯全境而且横亘了2000多年的潇贺古道，才有了她与众不同的辉煌历史，从而演绎出独特璀璨的古道文化。

潇贺古道是指秦始皇时期在岭口古道的基础上开辟的、由湖南潇水连接广西贺江流域的水陆通道及其岔道的路网群，是中原连接岭南的最早、最重要的通道，也是中原连接岭南的最早、最重要的官道之一。

潇贺古道，北起湖南道县潇水双屋凉亭，经湖南江永县入富川朝东镇岔山秀水，然后南下至富川古城沿富江、贺江出珠江，东进广州并联通大海；西进沟通大西南，特别是经过北流江、南流江可与我国最早的对外贸易港口之一的合浦港连成一体，成为海陆丝绸之路与中原相通的对接通道。

秦汉潇贺古道的开辟，极大地促进了岭南两广地区的文明与繁荣；特别是富川，从被五岭阻隔的穷乡僻壤，一隅之域，一跃成为楚越通衢、古道商都，演变成千年传说的"富裕美丽之川"。

富川因秦汉官道纵贯全境而成为岭南两广最早接受中原文化的洞天福地，成了中原汉人和百族南迁的落脚点，中原文化、岭南文化、百越文化、楚文化、瑶文化在富川碰撞、融会、生根、开花，并由此向岭南传播开去。

时至今日，潇贺古道富川段的人文遗存仍是最丰厚的，沿途的古迹景观也十分丰富，古村古寨古城，古桥梁、古凉亭、古塘渠、古关隘、古营盘、古战场、古民窑、古墓葬、古碉楼、古驿站、古街圩、古村落、古戏台、古书院、古庙宇等古道文化设施遗存遍布山乡。

一条潇贺路，半部岭南史。潇贺古道，不仅仅是一条蜿蜒了2000多年的官道，更是中华文化的丰碑、迁客骚人的情怀，浓缩了太多的文化内涵和民族情结。她的每一方文物，都在展示着富川悠久的历史；她的每一块石板，都在向人们讲述着一段精彩的历史典故；她的每一出残垣，都在传唱着一段感人的乐章；走进富川，走进古道，仿佛进入了历史的长河，享受着千百年来中华文化留下的一个个动听的童话故事……

富川明城
古郡图景

巍楼褀汉邑
冯雁绕窑村
而客安江遥
风隆陵宝胜
各纳孤喜道
谢花雅轩
门小谷依循
骑骑骑古城
颜童威玉教
志赋亭史乾
坤

富川海林绘於

（富川古明城全景手绘图　周海林/绘）

# 湘西有凤凰　岭南有富阳

## ——两广最美古代县城富川明古城景区导游词

　　各位游客朋友，欢迎大家来富川旅游（再用富阳话、梧州话或新华瑶话重复一遍"各位游客朋友，欢迎大家来富川耍"）。

　　各位游客朋友，我刚才是分别用富川方言和瑶话向大家问好。富川人把去旅游说成"克耍"，把好玩说成"好耍"。富川人把卖艺叫耍把式，显摆叫耍给，把小聪明叫耍滑头，讲排场叫耍派头，爱调侃叫耍嘴皮，写文章叫耍笔杆子，练武叫耍刀耍枪耍棍子，对歌叫耍歌堂，调情叫耍妹仔，偷情叫耍人。因此，外地人来到富川都觉得富川好耍。下面我教大家学这句富川话："富川好耍。"

　　好了，我们言归正传。现在我们要去"耍"的是富川古明城。

　　在进入古明城之前，先给大家介绍一下富川县城的风貌。

## 富川县城简介

富川县城是一座非常美丽的桂粤湘三省边城，山水秀丽，风情浓郁。

县城的北面，富川的母亲河富江水百里奔腾而来，穿城而过；南面，5万亩水面的碧溪湖如硕大的翡翠庞然镶嵌，骤添灵气；西面，层峦叠嶂的都庞岭如巨大的靠椅，西屏耸翠；东面，花红柳绿的万亩田畴如巨幅迎宾地毯，山门洞开；城中有凤凰山和马鞍山，玲珑秀美，如两颗玉印信手戳盖在巨幅水墨画中，成就了富川县城"半城山水半城楼，一川风景一川情"的美名。

特别是近年来改造后的富川县城，主街道立面突出瑶族民居"飞檐翘角马头墙、玉题干栏万字窗、素瓦灰墙斜山顶、龙头凤尾伴太阳"的建筑风格，两岸风情，特色彰显；一城灯火，美轮美奂。

更难能可贵的是，富川的县城建设一直不搞旧城改造，而是另辟新区。如今的富川县城，有保留完好的唐宋元明清古风的富阳旧城（明代古城）；有民国时期的县城中心新永街，骑楼风格凸显；有新中国成立后、改革开放前的县城政治文化中心新建路和凤凰路；有改革开放后的都市风貌城东新区。各个历史时期的县城风貌并存，交相辉映，书写了一部中国县城的千年发展史。无形中成就了一座中国县城发展历史的露天博物馆。

富川县城主要景点有：古明城、新永骑楼街、瑞光公园、凤凰山公园、马鞍山公园、城东民族广场、慈云寺瑞光塔、瑶族博物馆、二龙潭庙会、鲤鱼山古人类文化遗址、西屏耸翠、涝溪飞瀑和碧溪湖等。

今天我们重点游览古明城。古明城的所在地叫富阳，人们习惯把它称作"富阳古明城"。

富阳古明城是岭南两广保存最为完好的明代古城。富阳古明城和湘西凤凰古城十分相似，一样的古街城楼，一样的徽派民居；一样的庙宇宗祠，一样的会馆商铺；一样的学宫书院，一样的名宅大屋；一样的两岸吊脚楼，一样的少数民族异域风情。因此，有"湘西有凤凰，岭南有富阳"之说。

## 明古城简介

富川是一座有着2100多年建县历史的文明古邑，但古富川的县治在现在的钟山县境内。当时的富阳镇只是潇贺古道的重要商埠驿站，负责接待历朝历代经古道南下县城和贺州、苍梧的官吏及信使。直到明朝洪武年间，富川县城才搬迁到富阳，富阳才始立城池，成为富川县治所在地。

清乾隆版《富川县志》记载："今城创始于明洪武二十九年（1396年）。旧志云，

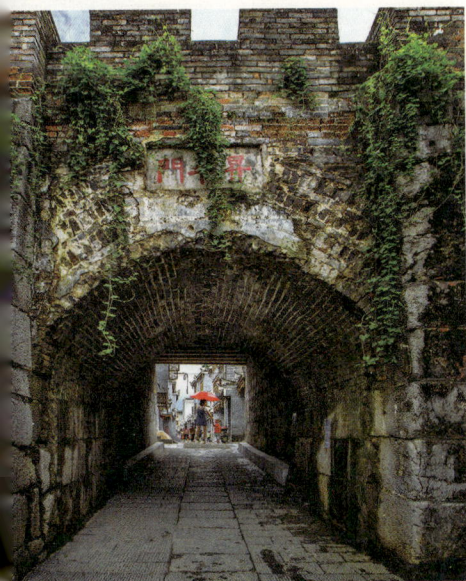

（从上至下：古明城南门楼、古明城东门、古明城北门）

洪武二十八年徙县治守御千户所，二十九年筑城富川。初县无城，是年征蛮将军韩观疏请，知县张廷始建，百户余达，千户汪成、王礼、刘信相继竣事。"据此推算，富阳镇立城已有600多年的历史。

"明富川城"始建于明朝开国皇帝朱元璋时期的洪武二十九年（1396年），初建时为"土城"。按军事城池构造原理，"明富川城"选址严谨，定署考究，规划合理，踞地险要。其南耸官财山，北矗蟠龙山，东倚马鞍山，西屏都庞岭，四山对峙，一江穿流，可谓山嶂叠护，水练环绕。城东西相距500米，南北距600米，总面积30万平方米。万历年间（1573年），明城重修，扩容增量，易土为砖，易砖为石，添廊拓巷，披金绘彩。

古明城原有升平、向日、泰定、迎恩4座城楼城门和镇升、仁义、镇武、阳寿等4条古街16条巷道，呈"井"字型布局。街道路面皆用鹅卵石嵌成金钱图案，俗称"花街"。花街图案秀美，玲珑圆，堪称中华古城步道一绝。

古明城设有三署（县衙署、教谕署、麦岭同知署）三庙（文庙、关帝庙、城隍庙）三寺（慈云寺、护国寺、报恩寺）三塔（护城塔、瑞光塔、文光塔）三书院（富江书院、文庙学宫、义学）三会馆（山西会馆、湖南会馆、广东会馆）三戏班（韶武轩、三和轩、永乐轩即天皇班），还有8座戏台、9座神楼（灯楼）和10座祠堂等古代行政、商贸、文化机构和设施。

城内辖百户千居，街巷井然，民风淳朴；作坊密布，商铺并存，商贾云集，人流物聚，街市齐备，商贸兴隆。明清之际，全国有10多个省、20个州（府）、50多个县的商人来此淘宝创业，演绎了一个又一个"背个包袱夹把伞，跑到富川当老板"的财富传奇故事。古明城成为名噪三省的"古道名城"。

富川古明城于1994年被列入广西文物保护单位。有关专家认为：古明城"迹罕商周、史骄百越、威扬汉楚、墨焕晋唐，文蘩宋元，艺煜明清，昌兴近代"，承载着极为丰富的历史、文化内涵，是一座集政治、军事、经济、宗教、文化史料大全的活态博物馆，有如一幅直观的明、清社会市井全貌的"清明上河图"，是研究中国明代县城的活样本。

游览线路：新永街骑楼城—东门风雨桥—东门楼—镇升街—镇武灯楼—阳寿街—毛氏宗祠—肖家大院—南门楼—十八坡—何氏宗祠—文庙—北门楼或者西门（高中）停车场

## 新永街骑楼城导游词

各位游客朋友，我们现在来到了富川骑楼城。

这条街叫新永街，是民国时期富川县城的中心，从20世纪30年代到70年代初，这里是富川最繁华的街道和闹市。昔日的骑楼城商家云集，鼎盛时共有大小商号100多家。

骑楼的特点是把门廊扩大串通成沿街廊道。廊道上面是楼房，下面一边向街敞开，另一边是店面橱窗，顾客可以沿走廊自由选购商品，楼上一般住人。骑楼街可以避风雨、防日晒，特别适应岭南亚热带气候，骑楼内的店铺可以借用柱廊空间，便于敞开铺面、陈列商品以招徕顾客。

骑楼是典型的粤派建筑，最早出现在20世纪初的广州。因此，广州是中国近代骑楼街的发祥地。

关于两广骑楼的来源，学界主要有两种说法，一种认为，骑楼是越族先民"干栏"建筑的遗韵，根据岭南地区湿热多雨的气候，结合商业经营的需要发展而来。另一种说法认为，骑楼是广东人将西方建筑和岭南建筑结合的产物。至今保存较好的骑楼街有广州的永汉路（今北京路）、太平南（今人民南）、惠爱路（今中山四路）以及长堤等；香港的旺角和湾仔的骑楼也保存完好；广西梧州河东老城区的骑楼城规模之大、数量之多，国内罕见。富川作为边远山区县，能保存这么一条骑楼街，十分宝贵。

## 桂剧传习馆

富川是湘桂粤边界南岭地区闻名遐迩的"戏窝"。富川人爱看戏唱戏，形成了富川独特的文化现象。小小富川，偏僻边远瑶乡，何以会有如此文化奇观？原因有：

一是富川历史上曾是三省通衢，接受中原文化较早。特别是富川曾是潇贺古道中原连接两广的边关重镇，曾历代驻兵。从秦汉以来，历代都有一些从中原一路征战而来的官兵留居富川境内，使各地的文化也随之渗透，形成了一隅多元文化碰撞融合的集散地。

二是富川民族民间习俗独特。各村寨几乎都有自己名目繁多的会期或庙会。每逢庙会，都要祭庙或供神，要广泛开展各类文娱活动，以娱神、娱祖、娱人，为富川山歌、舞蹈和戏曲提供了广阔的施展空间。富川的会期，一年中每个月都有，通常是这村结束，那村又开始，连续不断。有时则是几个村同惯一个会期，同时请来不同的剧团到各自村寨演出，这种习俗至今保持，长盛不衰。许多大的剧团都到富川农村唱过庙戏，如广西桂剧团、桂林桂剧团、柳州桂剧团以及湖南永州、道县、宁远、嘉禾、临武、新田祁剧团，等等。

三是富川唱戏的演出习俗也很独特。富川人对戏曲艺术有着特殊的爱好，自清代以来，形成了名目繁多的演出习俗。主要有：踩台、会期戏、还愿戏、打醮戏、赌钱戏、祝寿戏、庙神出游、立寨日、祖宗生日、耍元宵，等等。戏班演出也有自己的习俗，如：打开台、打对台、打窜台、客串、挂水牌、请角色等。正是这五花八门的习俗，使戏曲在富川有了广阔天地，得以争奇斗妍、五彩缤纷、长鲜不败。

富川什么时候开始有戏曲活动？准确时间已无从考证，不过从潇贺古道遗存推断，

大概应该在唐代富川就有戏曲了。因为富川的一些大姓家族都是从唐代开始沿着潇贺古道从北方南迁而来，在富川落户定居、繁衍生息的，如毛姓、何姓、唐姓、杨姓、林姓等，而且大都是山东、浙江等地逐步南迁的，有的则是中原贵族到南方做大官，告老还乡时选择在富川定居的。那时，唐代戏曲已在中原盛行，他们应该会把这一当时新兴的文化艺术从中原故乡带到他们的第二故乡富川。

富川属西南官话中的桂林话地区，主要流传的剧种有桂剧、彩调（调子）和祁剧。

祁剧，是桂剧的前辈。也就是说，桂剧是从祁剧脱胎而来的，桂剧的师傅是祁剧。而祁剧是比京剧的历史还早400年的地方剧种，旧称祁阳戏、祁阳班子，是湖南省汉族地方戏曲中流行地域最广、历史最悠久的一个剧种。在漫长的历史发展中，祁剧积累了不少优秀的剧目，曲牌丰富，形成了以弹腔为主的多声腔的湖南大戏种。

富川与湘南有180多公里的边境线，山水相连，语言风俗相似，地域文化也相通，因此，自古就有祁剧在富川农村演出，后来富川桂剧团也经常和湖南的祁剧演员同台演出，互相调济演员。现在富川桂剧团的几个台柱演员也是直接从湖南的祁剧班调过来用的。

至于富川何时开始有本地戏班出现，精确时间也无从考证。现所知富川最早的戏班是清朝嘉庆年间城北凤溪村翟苟二祁剧班和道光年间的翟燕堂祁剧班（至今仍有道光九

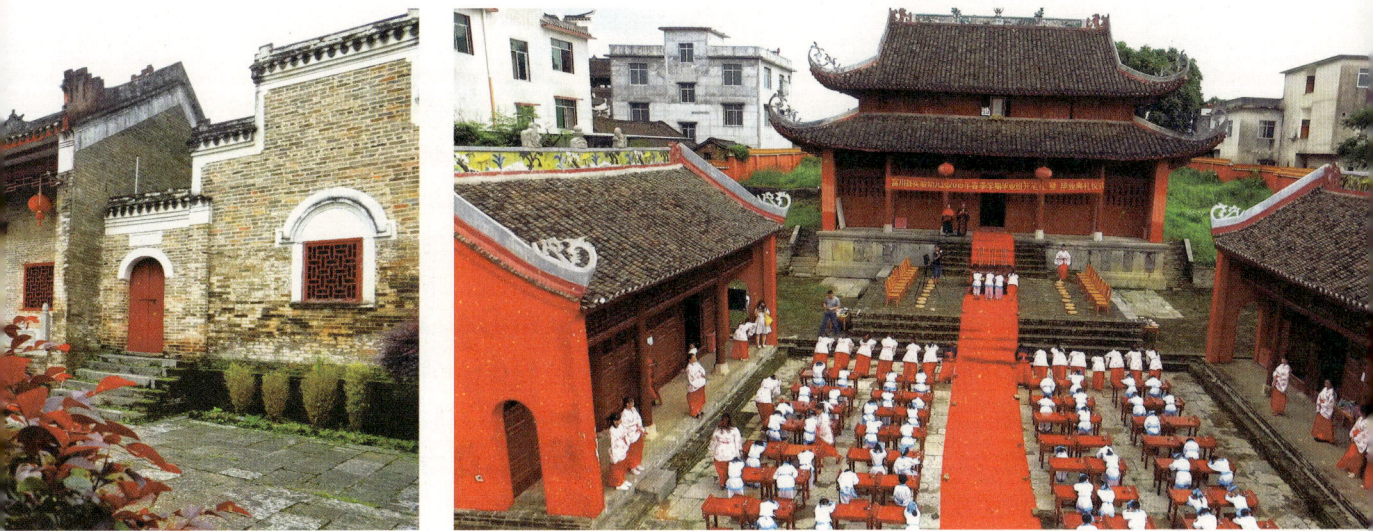

（从左至右：老城故事、古明城街道、何氏宗祠、文庙拜师礼）

年手抄本遗下），距今已有200余年。另，清光绪三十一年（1905年）及三十二年（1906年）葛坡林桂大村及老村的两个业余调子班，也是现所知的富川最早的彩调活动了。

新中国成立前，富川各地就曾兴办过众多的各种类型的戏曲机构，分别分布于富阳镇、老古城、城北、白沙、葛坡、新华、福利等地。主要有：古城"赛舞台"祁剧班、城北"金瑞园"祁剧班、富阳镇"富舞台""永乐轩"（天皇班）、白沙街、城北街桂剧班及新华板下调子班、盘家坝调子凑凑班等，以及古城"共乐轩"、富阳镇"韶武轩"、"三和轩"、白沙"鸿昌铺"等地的玩字馆。

最初，这些戏班、玩字馆都是聘请外地艺人入班演出或传艺，其中有的还有一定影响的演员，如"赛舞台"李芳玉、钱福花等，"永乐轩"师傅肖先琴、邓巧荣等。不久，富川一些戏班中也渐出现了一些在一定范围内有一定影响的本地演员，如毛明求、莫有福、甘功文等。这些戏班子主要活动于富川城乡，也常到八步、钟山、湖南一些乡镇演出。他们对富川戏曲活动的进一步普及，起到了一定的推动作用。

在此期间，富川的演出场所又有新的发展，除过去的寺庙戏台外，还出现了戏园。如，当时已具一定规模，并且设有茶座，可供戏班售票演出。另，还有古城街戏园，内可容纳数百观众。

我们现在亲临的传习馆，就是当年三界庙戏园。

## 东门风雨桥

风雨桥又称廊桥，它是在桥面上盖建廊屋，集桥、亭、廊三位一体的特殊桥梁，集风水、风光、交通，集会于一身。富川是中国瑶族风雨桥之乡，新中国成立之初仍保存有108座风雨桥，时至今日，富川仍遗存有27座各具特色古代风雨桥。富川瑶族风雨桥是石券廊桥，集我国北方的石券桥、南方的亭、古远的阁四者造型的特点于一体。大多是石墩柱、石券孔、石桥座，然后在石桥上用砖木构建亭阁桥廊，顶盖青瓦，马头骑墙，飞檐重山。桥、亭、阁、廊浑然天成，风格典雅别致，为中华古建筑史上的一大奇观。

富川瑶族风雨桥群于2013年被列为第七批全国重点文物保护单位。

我们现在看到的这座风雨桥是东门风雨桥，是2018年在原石墩石券桥的基础上修建的。在原老桥上用砖木构建亭阁桥廊，顶盖青瓦，马头骑墙，飞檐重山，桥、亭、廊浑然天成，风格典雅别致。该桥一竣工，迅速成为"网红桥"。

## 东门楼

城墙上的门楼是"城"的标志。其雄伟壮丽的外观显示着城池的威严和民族的风采。城楼是瞭望所，是守城将领的指挥部，又是极其重要的射击据点。

富川古明城原有4座城楼城门：东为升平门，南为向日门，西为泰定门，北为迎恩门（除西门被毁外，其余3座城楼保存完好）。城楼原为砖建，清乾隆八年（1743年）易砖为大方青石。每块一般长1.8米，高0.58米，厚1.02米。每座城门大约由896块大方青石垒成。

4座城门的造型大同小异，城门高6.5米，周长51米。都有中道门，门道高5.1米，宽4米，纵深14.7米。中道门居中部分，有两扇铁木结构的严厚大门，上有铜钉铁叶，巨型门环。每座城楼都在进城的右侧地筑有一条高1.5米、宽0.8米的地道沟通城内外，它有两用；平时作城堡的排水道，战时作军事行动的通道，可上可下，攻守齐备，进退自如，真可谓一夫当关，万夫莫开。

与四楼相连接的城墙用青砖砌成，护城墙周，634丈（211.3米），高1.8丈（6米），墙顶宽8尺（约2.7米）。绕城而设的护城池亦长达2113米，深6.3尺，池水与富江沟通，常年深水护城，城楼与城墙中共设有军事战备垛口909个及堡垒108个，可见其森严壁垒，固若金汤。

我们现在看到的这座城门为东门——升平门。顶为圆拱形，城门上的城楼采用"木廊结构"，由8根高6米、直径30厘米的木柱支撑，不用一根铁钉，青砖青瓦，红柱飞檐，气象肃穆庄重。城楼大厅宽敞明亮，凉爽宜人。登楼远眺，寺塔风景，水色山光，尽收眼帘，使人胸怀开阔，心旷神怡，一向是游人观光赏景的好去处。

富川古明城的每座城楼都有"镇"楼之宝。"镇"有内外之分：内"镇"的图腾分别是有"鲤鱼石"（东门）、眼眉石、"芒鞋石"（南门）、鸳鸯石；外"镇"分别是响鼓石、接龙桥、偃月井、花月塘。

此外，城内还筑有"四漏""九井""四塘"的设施。"四漏"就是每座城门的地下通道；"九井"是城内的九口水井；"四塘"是指每座城楼旁边的池塘，作蓄水用。"九井""四塘"，可用于明城防火灭火，若城堡被围，有这"九井""四塘"的用水，一年半载也不用惊慌。

各位朋友，看到古明城如此高大的城门，会不会勾起你的美丽乡愁呢？反正我每次走过城门都会想起小时候玩过的"城门城门几丈高"的游戏，回忆起那首"城门城门几丈高"的童谣："城门城门几丈高，三十六丈高，骑白马，带把刀，走进城门操一操。"

（古明城东门手绘图　周海林/绘）

# 十字街

各位游客朋友，我们现在站着的这块地方就是富川古明城的最中心区域十字街。

古明城城内街道共有4条，分别叫镇升、仁义、镇武、阳寿，呈"井"字型布局，交叉分成12方阵16巷道。街道宽2至3米，路面全部用鹅卵石铺成，呈龟背形，间隔不断镶嵌有金钱图案，线条粗犷，古雅别致，俗称"花街"。

我们刚才从东门走过来这条街道叫镇升街，通往南门这条叫阳寿街，左侧通往武庙（关帝庙）这条叫镇武街，穿过门洞沿着十八坡走上去那条街叫仁义街。

各位朋友，请看——街道两旁的民居都是明代建筑，建筑特色是徽派风格的飞檐翘角马头墙融入瑶族吊脚楼，一色青砖黛瓦，朴素淡雅。

街巷布满民居古院，推开院门，进得一院，还有二院三院，大院套小院，天井连天井，池台花木，回廊亭榭，古色古香。再仔细观看，长檐遮街，上面的瓦当吊檐，下面的木质门窗，都有花纹雕饰，特别是那些木条花格窗，其图案千姿百态，争奇斗巧，每一件都是精美的艺术品。各个民居古院，其建筑风格也各不相同，或为商家华丽型，或为文人典雅型，还有官家宏大气派的大院

历经600多年的风雨沧桑，富川古明城依然完好地保存着明、清和民国时期的民居、会馆、商行、客栈、灯楼、镖局、作坊、祠堂、寺院等古建筑360余栋，总面积近30万平方米。其规模之大、气势之雄、建筑之奇、保存之好为岭南罕见。

广西师范大学历史系资深教授钟文典先生评价说：富川古明城是一座集政治、军事、经济、宗教、文化史料大全的活态博物馆，有如一幅直观的明、清社会市井全貌的"清明上河图"。

# 周家大屋

周家是古明城中的望族，书香门第，书画世家。

富川的周家大都是从湘南道州迁徙来富川的。湖南道州有"周半州"之称，说是道州有一半人是姓周的。理学鼻祖周敦颐就是道州人，有名篇《爱莲说》传世。周氏后人都以"爱莲堂"作为居家堂号。

传说，古明城周家祖辈刚到明城时并不富裕，行囊中银子不多，但"笔、墨、纸、砚、章、字、画、印泥、装裱、颜料"这10件书画工具齐全。有一次周老先生到明城有名的酒馆"溢香楼"吃酒，点了几碟富川非常有名的"古努肉""箩豆堆""冒狗勒"等风味小吃，要了一壶富川米酒"水古冲"，独自有滋有味地品尝小酌。可是等到结账时才发现身无分文。店小二以为是又遇到来骗吃骗喝的"主"，当即大声训斥，引来众

人围观。只见周老先生不卑不亢、不慌不忙地掏出一条手绢，到柜台上蘸满墨汁，走到柜台正面的白墙上一阵飞舞，"香远溢清"4个龙飞凤舞的大字跃然墙上，引得众人一片惊呼。酒店老板跑出来一看，"香远溢清"4个大字不仅书法功底厚重，而且嵌有"溢香楼"酒店的店名，顿时连称"高手、高人"，连忙拱手作揖道歉，并重摆酒桌与周老先生对饮赔礼。从此，周老先生可以随时到酒店免费吃喝。

又有一次，周老先生在街市闲逛，看到一个乡下的老太婆挑了一担自家编织草帽在集上叫卖。那草帽很简陋，没有什么装饰，引不起过路人的兴趣，叫了半晌午也没卖出几个，老婆婆十分着急。周老先生看到这情形，很同情那老婆婆，就上前跟她说："你这草帽上没画没字，当然卖不出去。我给你画上几笔，怎么样？"周老先生当即拿来笔墨，在每个草帽上分别潦草几笔，画上松竹梅菊。集上的人一看是周老先生的书画，都抢着买。一担草帽不到一袋烟功夫就卖完了。从此周老先生的书画名声大振，城里的署衙、商号、会馆、店铺和街坊红白喜事都来向周家求个字画。

说来也怪，周家的字画竟然代代有传人，古明城现存的牌匾和碑刻，不少出自周氏书画家之手。周家的彩扎工艺等手上活在城里也首屈一指，他们扎的龙头、狮子、花灯和道具堪称桂东一绝。县衙门每年进贡给朝廷的瑶斑布、瑶锦、瑶绣、龙须席等工艺品也都请周家设计图案和把关质量。其中最得意的代表作是他们参与设计和编织的龙须席，荣获1915年巴拿马万国博览会金奖。

## 镇武神楼上灯

各位朋友，看看我们面前这座精致的小楼。大家猜猜这小楼是干什么用的？

这叫神楼，也叫灯楼，是街坊百姓每年元宵上灯拜神用的。

富阳古明城现存有9座这样的灯楼，每条街都有一座。

富川元宵上灯的习俗由来已久。当地风俗习惯，农历正月初十为上灯日，十五元宵为下灯日。每年这个时候，凡上年度有小孩子出生的家庭，都要在神楼挂上一盏花灯，以示"添丁之喜"。过去只有生男孩的家庭才可以"享受"上灯待遇，如今人们思想观念转变，生女孩的家庭也可上灯，体现男女平等的时代观念。而且生男孩的家庭上龙灯，生女孩的家庭上凤灯。花灯造型各异，有走马灯、鲤鱼灯、八角灯、莲花灯、芙蓉灯、牡丹灯等等，琳琅满目，争奇斗艳。每盏花灯都绘有各式图文，写有新生儿名讳及父母善男信女某某鞠躬敬奉等字样。因此，灯楼又称为"子精楼"。凡上灯日，神楼张灯结彩，布幔高悬，喜联耀眼，灯火辉煌，一片祥和。

上灯期间，还举行舞龙舞狮、彩调桂剧、时尚歌舞等民俗娱乐活动，吸引众多亲朋好友和外地游客前往观赏过节和参与"炸龙"活动。每天晚上，各条街的彩龙便来拜神

（从上至下：明城神楼、明城上灯、明城关帝庙）

楼，贺花灯，人们可以任意扔鞭炮炸龙。每年的闹元宵，富阳古城内家家高朋满座，户户酒肉飘香，楼楼流光溢彩，夜夜调龙舞狮，天天歌舞升平，古明城成了一座狂欢欢乐的山城。

富川民间传说：富阳古明城的灯楼和上灯、炸龙等习俗，是明代万历年间由何廷枢从南京引鉴回来的。

何廷枢是富川朝东豪山的大才子，明万历年间进士，曾任南京御史、八省巡按、代天巡狩。来自蛮荒岭南的山村才子何廷枢御史，置身南京六朝古都，自然为十里秦淮的青楼花灯、花船幻影所深深震撼。一次他回乡省亲参拜完明城故里的何氏宗祠后，认为富阳明城山清水秀，城池井然，颇有中原遗风，但文化氛围欠缺。于是他建议富川知县参照南京秦淮岸边的做法，在富阳明城井字形街道的每个交汇处增建一座神楼，作为文化景观。同时，将中原一些城镇"上灯""拜神楼"的习俗介绍给街坊，建议每年把"闹元宵"作为明城的文化节庆。何察院的建议很快被街坊所采纳，富阳明城内先后建起了9座神楼。这9个神楼分别是菜花楼、十字街楼、关帝庙楼、北门街楼、岭头街楼、横街神楼、南门街楼、新永街楼等，并约定，每年正月初十至十五为明城上灯拜神楼节庆日。

## 毛氏宗祠

各位朋友，我们现在来到毛氏宗祠。

据《毛氏族谱》记载，富川毛氏是从

浙江衢州江山县迁徙而来，据中国著名历史学家、广西大学历史系教授钟文典先生考证，富川毛氏和韶山毛主席的家族同宗同源。

富川毛氏自唐朝开元年间开始到富川安家立寨，至今已有1300多年的历史，已发展到几万人。较大的村寨有秀水状元村、福利毛家寨、柳家毛家村等古村落。富川毛氏家风淳厚，英才辈出，曾涌现一代状元30多名进士。

其始祖是唐开元十三年进士、贺州刺史毛衷。毛衷在贺州官邸的自勉联句流传至今：

自故园而来，故乡他方，两地民情同满目；

做刺史之后，刺手痛筋。万家疾苦总关心。

关于富川毛氏的故事，我们到秀水景区游览时还会详细介绍。

## 肖家大院

在富川古明城中，有一座肖家大院，清代建筑，徽派风格，豪门宅院，著名景点。这里，曾出过本县清末民初最著名的"旷世英才"肖晋荣和肖继荣两兄弟，人称"肖氏双雄"。

肖晋荣（1876~1917年），名荣春，字曜海，清末进士，富阳镇牌坊脚人，为本县清末民初的著名人物。

肖晋荣生于清光绪二年（1876年），癸巳科（1893年）试入邑庠，丁酉科（1897年）试入副榜，次年入京就任荣相国幕僚。庚子（1900年）年八国联军入侵北京，护卫慈禧太后往大同经山西至西安避难，肖以军功保举直隶州知州（相当于北京市市长）。民国二年举为众议院议员，总统府咨议。民国四年兼任京都视学职务，巡视广西等处。

肖晋荣在担任国会议员期间，袁世凯伪造民意请愿，准备次年元旦改立"洪宪"自称皇帝，并许愿如肖晋荣承认帝制就给任武昌道掌厘全职，但肖晋荣在国会上痛斥袁世凯，言道："……其逸出宪政轨道者，无论是否本党之蟊贼，必尽力以排斥之！"慷慨陈词，果断地拒绝了袁世凯的拉拢。民国五年8月，北洋政府国务总理段祺瑞刚愎自用，肆意践踏民意，与国会矛盾日益加深，企图解散国会，肖晋荣与内务部长孙继尹联合议员20余人，联直倒皖，迫段祺瑞下野。

民国六年7月，以孙中山为首的国民党发起反对北洋军阀政府，恢复国会和《约法》的"二次革命"。9月，孙中山率驻沪海军到广东召集南下议员共同商大计。肖晋荣响应，抱病沿京沪道南下赴会，因积劳成疾，途中肺病发作，至上海时不幸病逝，年仅41岁。孙中山亲制挽联写道："旷世英才天人共庆，悬河利口袁段皆倾。"

肖晋荣一生四处奔忙，他在外求职期间，仍然十分关注家乡事业。民国初年，有几件事至今令人称道和难忘。

其一是修建慈云通道。位于县城西南的慈云寺是个名胜点，其前面的通道原是荒芜小径，他看到游人频繁，通行极为不便，于是慷慨解囊，将此道整修拓宽。其间占用了不少他家的私人水田，但他却毫不吝惜。通往慈云寺的通道修缮后，更为宽阔、便利，前往游览的行人日益增多。

其二是疏通扩展富江航道。自古以来，富江航道一向自古城直通八步，肖晋荣为促使富川更为繁荣，使船只能从古城直通县城，乃倡导进行浚修，后来船只就能从古城直至富川县城南门城外枣子园一带。由此，富川县城就与富江航道相通，并与桂江航运相联结。

肖继荣（1879～1966年），字亮公，名荣彬，肖晋荣胞弟，清末生员。清北京泽学馆毕业，曾留学日本。民国初年到欧洲留学，归国后在中华民国外交部工作，曾任外交部秘书等职。民国十年前被派赴英国、法国、德国、葡萄牙等国使馆任代办、参赞，后任瑞士国公使。曾多次代表中国出席国际劳工会议。他博学多才，机敏善辩，对于外交屡有建树。中华人民共和国成立后，任上海市人民政府参事室参事。1966年9月在上海逝世。

## 十八坡何氏宗祠

南宋大理学家朱熹先生有云："南方之民，多聚族而居，并广为兴祠，汇集历代祖宗于一堂，左昭右穆，岁时祭祀，尊宗敬祖，雍雍如也。"

富川是一个有着2100多年历史的文明古县，历史文化底蕴厚重，祠堂文化成为其美丽壮观的一大特色。几乎每个村庄都有祠堂，每个村里各姓氏有各姓氏的祠堂，甚至同个村子同个姓氏不同房系也有各自的祠堂，祠堂是村民和族人心中的圣地。祠堂也就成了每个村里最好的建筑，而且也是保存最完好的古代建筑精华。

宗祠的主要功能是用于尊宗敬祖，族人将历代祖先的牌位汇集按辈分排好座次置于灵位，择时祭祀。宗祠的另一大功能是严肃族规家训，惩恶扬善，教化子孙。再有的功能就是用于族人聚会，商议族务，族人中的红白喜事也在祠堂举办。因场地宽敞，设施完善，给族人提供极大的便利。

明代洪武年间，富川建城于富阳镇之富江西滨，成为湘桂粤三省边城，湖湘进入两粤的重镇。有实力的大姓族群开始在县城建宗族祠堂，古明城内很快发展到几十座姓氏祠堂，成为小县城的一大奇观。最有影响的有10座宗祠，其中又以毛家祠堂、何家祠堂和汪家祠堂、蒋家祠堂等为盛。

各位朋友，我们现在看到的这座何氏祠堂是古明城保存最好大屋，是明代古建筑的经典。

何氏宗祠始建于明代弘治九年（1496年），至今已有500多历史，仍然保存完好。何氏宗祠位于城中十八坡高地，坐西朝东，背靠县署衙门，面朝大片街坊，俯视全城。其建制新奇，构造精湛，坚朴古雅，大气雄岸。建筑体制在保持明清风格的基础上，融入了南粤海派风貌。独成一体，独树一帜，成为古明城一道靓丽的风景。

据历代县志和何氏族谱记载，何氏在富川是大族。富川何氏本籍山东青州齐郡。鼻祖何英，是唐朝镇南大将军，赐爵忠肃护国公，曾任广州刺史。他的第三个儿子何勉因父辈功爵出任贺州太守，致仕后卜居富川朝东东水。此后世代蕃衍，至今已发展到近5万多人，分居在湘桂两省的6个县上百个村寨。

富川何氏人杰地灵，英才辈出，曾涌现过父子登科、兄弟进士的传奇。何廷枢，何廷相兄弟进士是富川历史上最大的官。

何廷相，万历三十五年（1607年）进士，曾任温州府、保定府、韶州府、衡州府知府，后升任两淮盐运使和户部郎中。

何廷枢，万历四十四年（1616年）25岁时考中进士（丙辰科第七名亚魁），曾任中宪大夫、太仆寺少卿兼陕西道监察御史、南京御史、巡按应天、代天巡狩，获崇祯皇帝御题"精忠正大"之褒扬。

富川何氏还流传着父子登科的故事。说的是富川老朝东的何启任、何绍东父子分别为清雍正和乾隆年间进士。

何启任，曾任四川省"川东重镇"内江知县，他与友僚一道力主兴建的"静宁寺"，至今仍是川东名寺。

何绍东，何启任之子，清乾隆七年（1742年）壬戌科进士。授翰林院庶士，才华横溢，著述颇丰。

各位游客请看何氏宗祠的这府对联就是何绍东亲笔书写的。

上联是：四东旺祠　耀万古奎光　鉴之明　衡之平　赫赫神功培植英才昌国运

下联是：百世家园　扬千秋文采　理则易　词则简　煌煌规训维持名教振儒风

## 富川文庙

富川文庙，俗称文庙、学宫，是富川古明城的重要一部分。1980年被列为县级文物保护单位，1994年被列为自治区级重点文物保护单位。孔子为后世留下的有关道德、伦理和教育思想的言论，不仅对我国几千年的文化教育产生了深远的影响，还影响东南亚乃至全世界。富川文庙既是富川人民对儒家文化的认可，也是汉族与富川少数民族相互融合的历史见证。

富川文庙原建筑群具有深刻的文化内涵。建筑群整体坐北朝南，成方形大院，分为三大平台，规模宏大，设施齐全。但因为历史的原因几经变故，现仅存大成殿和东西配庑，四面有围墙，总面积为4527.5平方米。

至明代，富川县已文教蔚然，尊孔祭孔之礼日盛，文庙亦因此应运而生。明洪武二十九年（1396年），士绅捐款将其建成，坐落于古明城外西南郊。其功能主要有两个方面：一是宗教功能，大成殿供奉孔子并4圣12哲，东西庑原供奉先儒乡贤148人（东西庑各74人）；二是教育功能，文庙即为学宫，是学习的地方，也就是我们现在所讲的学校。

在历经多次损坏重建后，明正德元年（1506年），督学姚镆将文庙迁建至富川古明城内北偶（即今址）。此后数百年，各个建筑设施逐渐建成完善。详情如下：

明嘉靖年间，通判邓辂用石材重建棂星门，教谕徐一瀚鸠工凿泮池；明嘉靖二十二年（1543年），知县陈东重修。

明万历六年（1578年），知县李元凤建尊经阁；九年（1581年），知县周笃棐重建；三十五年（1607年），知县张文耀、教谕张翊重修，并置学田铺、学田。

清顺治十四年（1657年），知县雍恭重建。

清康熙四年（1665年），知县张鹏翼重修；十一年（1672年），知县刘钦鄰、教谕颜以庄重修；五十二年（1713年），知县梁子豹重建大成殿；五十三年（1714年），重建两庑；五十五年（1716年），知县王淑京重建崇圣祠、明伦堂、尊经阁、乡贤名宦祠、戟门、泮池、月桥、棂星门。至道光十四年（1834年）总体落成。

几年前文庙已成一片废墟。近几年来，县文管所多方筹集资金160多万元，对文庙进行了考古调查与发掘，先后修缮和重建了天子台、东庑西庑、泮池状元桥、文庙大门、礼门义路，重建围墙，整治文庙，请了孔子大铜像、四配像和木刻72乡贤先儒等。

## 结束语

走进古城，凭一双眼睛；感受古城，凭一颗心灵；解读古城，凭一种感觉。

好了，朋友们，关于富川古明城的前世今生就向大家介绍到这里，富川古明城是一部厚厚的书，要说的还有很多。小城故事多，充满喜和乐。她历经千载沧桑，至今古韵悠悠。希望游客朋友能在这里体验到不一样的古城风情，今后还会时常想起这个美丽厚重的地方。

# 瑞光呈祥　慈云护域

## ——3A景区富川瑞光园导游词

### 县瑞光园概况

　　富川瑞光园，位于巍巍都庞岭下，处在滔滔富江河边，镶嵌在美丽的富川县城西郊。与岭南名刹慈云寺和县田径健身运动中心融为一体，合为富江西岸文化带。其体量浩大、内容繁多、项目丰富、风景别致，是广西县级最古老、历史文化底蕴最为深厚的休闲旅游生态公园。

　　瑞光园始建于明嘉靖三十四年（1555年），因园中有瑞光古塔而得的名。公园内历史名胜典雅，生态景观多样，瑶族文化浓郁，是广大游客最为钟情的休闲观光胜地。园区功能齐全，是集合宗教文化、红色旅游、休闲娱乐、健身康养、游园怡兴、广场文化和大型节庆文艺展演于一园的文化综合体，是中国瑶族盘王节、中国·东盟龙狮大赛、富川脐橙节和富川瑶乡文化旅游节举办地。风雨桥上观风景，富川江上享清风。慈云梵宫礼佛事，瑞光园里听瑶笙。这就是富川瑞光园风情旅游文化的翔实写照。

（瑞光公园一角）

## 景点推介导游

各位游客朋友们，大家好！此时我们正在前去参观的景点是富川瑞光园。瑞光园面迎富水，背靠都庞，风清气朗，秀色迷人，其以历史悠久、文化多样而成为桂湘结合部地区瑶族县中最具旅游文化价值的风景名胜区。景区中有一江两岸风光、湘桂名刹慈云寺、瑶文科普博物馆、潇贺古道博物馆、古城起义烈士园和绿色生态休闲园。

瑞光园最早始建于明嘉靖三十四年（1555年）。时值明代，邑人因崇信佛教，便择穹隆吉地建造瑞光佛塔，以开菩萨道场，弘扬正教佛法。圣塔矗立后，其佛号经声又及晨钟暮鼓纷纷吸引了许多湘粤信众、迁客游者和过往文人，他们青睐此地的丛林风景，以致倡导捐资，力求扩建，加之逐代贤能又举力相继拓展，现如今方得瑞光此园。园中因有瑞光古塔而得的名。邑人有联云：八百里湖山开慈云觉路，两千年画卷现瑞光华园。联句所描述的内涵，正是恰如此地此景的吧。

## 瑞光风雨廊桥

朋友们，要想入得瑞光园里，首先得通过这座瑞光风雨桥。该桥建于1993年底，为富川瑶族自治县成立10周年县庆的献礼项目。瑞光风雨桥以富川油沐黄河上500前建的迴澜桥为原型，因考虑车行人往而改以水泥构造，然其建筑型体风貌则纹丝未易，较好地保持了富川民间瑶族风雨桥的古代建制，极具人文观赏价值。

富川瑶族风雨桥造型典丽，风格古雅，历史久远，文化厚重。据文物部门查考认证：自宋元明清四朝以来，富川历史上共计有大小各式各样的风雨桥121座，因朝移世易，时代变迁，损毁消失了近百座，目前所剩27座已列入全国（国家级）重点文物保护单位。

富川瑶族风雨桥是中华古代桥梁建造艺术的文化瑰宝，是中国古代山野园林艺术门类中的奇葩。它以中原石券拱桥为基础，建瑶族吊脚楼廊为引身，纳荆楚方棱空阁为起首，采江浙楼台亭榭为穿顶，筑晋徽山墙为罩壁，五位一体，包纳融合而形成"绝句式古建"，可以说其文化意蕴是丰美卓绝的，是世界唯一的。

游客们，过了瑞光桥就进入瑞光园。站在风雨桥中我们看到，风雨桥极其富有瑶族文化元素与特色，其廊桥结构与歇山重檐和斗拱雀梯是何等俏丽。桥廊上对联也很有文采，你看这副对联："风景宜人，人观风景，人景融于仙境；雨中画桥，桥隐雨中，桥中胜似蓬莱。"还有刻在桥前东门那副对联："俯瞰越地，珠江源流悠悠东逝，富水有回奔南海；极目楚天，秦皇古道迢迢北去，萌岭无栏通长安。"除了桥门，这副西门对联："金凤东鸣，一塔凌空，慈云古刹经风雨；玉龙西来，三桥飞渡，富阳明城历春秋。"这些联句无不道出了富川作为潇贺古道明珠名城的古道古桥、古城古韵和瑶乡瑶情的人文情怀。

## 瑶族博物馆

走下了风雨桥，游过了江滨瑶台，沿名都茶庄过去，前方的这座特色建筑就是富川瑶族博物馆。富川瑶族博物馆场地总共占地面积为1800平方米，主馆建筑占地总面积为460平方米；博物馆场馆总建筑面积约800平方米。展馆功能共为三层展示，分别设计为《沧桑的回响》《远古的图腾》《眷恋的盘瑶》《牵挂的乡愁》和《绚美的瑶锦》等共五大版块的内容。古拙的文物和华美的展陈，精妍的描述及朴素的器具，皆系统地展现了富川瑶族文化的动脉根影及其发展历程，可以这么说，富川瑶族博物馆是一部深刻的瑶族文化大辞典。

让我们看下，富川瑶族博物馆的外景设计是不是很有创意，不知大伙看出什么玄妙了没有？好了，还是让我来给大家解读一下该馆设计者的文化创意吧。

我们透视全馆建筑的整体来看，是否发觉，馆楼的屋顶与下方的檐线组合如同一个"宝盖"，馆楼的主屋是不是近似个"畐"字，而前置的门厅不就正如一个"田"字嘛，所以三体合叠合一个"富"字不就凸显出来了啦。接下来，我们再继续往广场的地坪前看：前方中间的曲拱桥是否就如同天安门前金水桥一般，而三道相应间隔开来的三条桥不就像一个"川"字吗。如此，富川瑶族博物馆整个大型的立面外观看上去就是"富川"两个字。所以嘛，这就是仁者见仁、智者见智的道理啦。

好了，说到这里，我们还是进入到博物馆里去领略一下里面各式各样的瑶族风物展品和地方文物藏品吧。我相信大家看完展览后，一定会对瑶族文化有了新的了解，同时，也会对富川地域的瑶族历史人文有更加深刻意义上的解读。

## 慈云寺瑞光古塔

丛林育僧道，寺庙祈福祷；天王盖地虎，宝塔镇河妖。这四句话各位可都能讲得出个道道来吗？如果暂时还讲不出，那就随我一同去到慈云寺参拜礼佛吧，《佛说》会指引你在参禅中大觉而大悟的。

慈云古刹，教界正称为慈云禅寺。该寺庙始建于清康熙十六年（1677年），其占地约为8亩，寺院之内，梵音不竭，数百年以来香火不断，蔚为肃穆庄严，实为僧家丛林之宝地。慈云寺位于富川古明城南郊500米富江西畔的急转弯处，是富川古代先民崇敬菩萨、礼信佛法的道场。慈云寺共有三殿两厢房，即为：欢喜宝殿、大雄宝殿、观音宝殿和两厢的藏经室与僧客堂。寺院虽小，然而非常别致，在明代年间曾一度成为湘湘广粤相邻结合部的名胜古寺。

慈云寺原名镇江寺。传说清康熙年间的一年，富江暴雨连月，阴风连绵，洪涝兴

（从上至下：瑞光园夜景、瑶族博物馆、慈云寺）

浪，水患扰民，龙妖乘机作怪，兴浪毁坏农桑，致古明城惨重灾害。观音发慈悲心，驾云为救庶黎，即托梦吏民立寺以镇江中龙妖。寺立洪止，民生安然，百姓即改镇江寺为慈云寺。至此之后，慈云寺广荫百姓，福慧万方，深得大众信仰，广纳四海香火。

擎臂破晴天，佛炬照江边；宝剑立天地，丑恶不褒偏。这是瑞光佛塔顶天立地的佛性写照。

瑞光宝塔，为富江西岸洲渚上的佛教浮屠，是富川城古代的地理文化及建筑标志，在富川毗邻的湘粤县邑中有着重要的宗教文化影响力。该塔建于明嘉靖三十四年（1555年），瑞光塔建在前而慈云寺建在后，寺塔相靠，塔庙相妍。塔周松柏青翠，花草幽香，曲径相通，渠水穿前，甚是一派祥和景象。塔为楼阁式砖塔，平面为正六边形，塔高28米，共有7层，呈递收上升，塔尖有重达400公斤的铜刹盖顶。各层皆有一门，依次顺时针变化门向。顶层六面有门窗，塔内有螺旋式砖梯78级，环形而上，可直达顶层。登塔远眺，除可尽收古明城景致于眼底外，塔周的园环景致十分优美，临塔有念，登塔受福，常使游人流连忘返，赞叹不绝。

传说，明嘉靖三十四年，朝纲奉行佛理，自上而下皆倡导以佛经开化文明。时任富川县令即根据社情民意，顺势招募捐建瑞光塔。倡议颁布，四面八方群众响应县谕，齐力共襄盛事。经半年倡导，共乐捐到28000两白银。历1年8个月后，佛塔成工，全额应支完毕，财政师爷结算得知，专款尚余500两白银。县令顿生贪欲，欲将余金贪为已有，即于八月十五月明之夜，时值亥时正，在塔尖投影定点处，令师爷财务拙坑暗藏余款。一年已过，时值中秋十五夜同时同辰，县令即往原定塔尖投影地点拙银，然尽其全力亦未拙得银两，县令郁闷心结，月余后便气绝乌乎。信息传出，历来拙银者无数，概不能得宝，故今时塔之四周，四处坑洼不平，乃为拙宝者所致也……

说到慈云禅寺与瑞光古塔，是名人光顾频繁之地确也不虚，它的确从来不乏历史名人的眷顾。据碑林文载，此地曾有唐人画家吴道子观音篆刻，有明代佚名词家赏景遗赋；有清末两广都督陆公荣廷至此留诗，又有南海将军潘鄰登塔受福；民国初年还有中山先生的密使入寺传播救国纲领和开展救亡讲义活动，等等这些过往的经典传奇，都为慈云寺、瑞光园披上了浓重与神圣的人文色彩，因此说瑞光园是岭南地区文化名胜。

## 古城起义烈士陵园

富川古城起义烈士陵园是为了纪念1947年6月25日在领导桂东古城武装起义中壮烈牺牲的毛文彦、孙忆冬、姚大年、李康等8位革命先烈所建造的，目前是爱国主义精神和红色革命教育的示范基地。

1947年，全国解放战争由战略防御转入战略反攻并取得节节胜利，国民党反动政府蒋介石管辖区人民的革命运动蓬勃发展，在中国革命新高潮即将到来的大好形势下，富川地下党组织根据中共中央的指示精神以及广西省工委和桂东地下党组织的部署，于6月25日发动了震撼桂东的古城武装起义。陵园中纪念,8位英烈，他们发动群众，组织队伍，举起刀枪，向国民党反动势力发起猛烈的攻击，揭开了富川人民在中国共产党领导下进行武装斗争和争取解放胜利的序幕。他们发动的古城起义，为后来富川解放与胜利打下了坚实的基础，为新中国的成立谱写了一曲革命英雄主义的壮丽凯歌。

## 生态休闲公园

骏马奔腾跃富阳，绿水翻跹展凤凰。瑞光园中跳长鼓，蝶蝶歌飞满川江。在瑞光园内仰可观马鞍山和凤凰山，近可见玉带富江河与风雨桥，四面美景，且还四下绿树成荫，有曲水萦绕，有小桥廊亭，一年四季，花草飘香，它确是一个怡心怡情和风光秀美的园林公园。再者，瑞光园里面还有法制文化园、凯旋K歌园、民族歌舞园、九松琴韵园和亲子游乐游戏园等。朋友们，大家不妨去自由体验一下，采撷些美好的风光风情吧！

# 华夏乡愁　千年秀水

## ——秀水"状元村"景区导游词

### 途中导游词

各位游客朋友，你们好！欢迎大家前去游览富川秀水"状元村"。首先，请允许我向大家做个自我介绍，我叫×××，今天很高兴给大家当导游，我将带领大家一起前往风光秀丽、文化神奇、生态优美的富川秀水"状元村"景区。下面我先给大家介绍一下秀水景区的概况。

## 秀水简介

　　秀水"状元村"是中国历史文化名村，是国家3A景区，是广西37个重点建设的旅游景区之一。

　　秀水"状元村"于唐开元年间立寨，至今已有1300多年的历史。景区山水秀美，风光神奇，文化深厚，古迹繁多，素有"小桂林"和广西"周庄"之美称。据来自各方面的专家、学者认证，秀水拥有：世界最佳人居环境，华夏一流氏族风水，岭南最佳水乡风光，广西一流田园风情。其古居成群、古建繁多并历朝同存，因此又可称为"多朝代古民居露天博物馆"。

　　2014年，中央电视台在全国挑选100个历史文化村向世界推介，秀水村入选且排名26位。为此，2015年2月18日，央视国际新闻频道在《记住乡愁》栏目中以"崇贤重教，读书明礼"为题，用了40分钟来推介秀水的优良国学传统，引起了强烈的反响。海外游客

（秀水青山新画卷）

将景区称之为：华夏乡愁，唐村秀水。

央视栏目导演说："50年前，像秀水这样的原生态古村落在中国可能会找到很多。20年前，能见到秀水这样一个保存完好的古村落，已经是重大发现。到今天，能见到一个像秀水这样存活了1300多年的原始淳朴古村落，真的是我们的运气。"

各位朋友，希望秀水之旅能给您带来好运。现在我先给大家介绍一下秀水的几个看点。

**一、秀水状元村以科举文化而兴盛，历史文化遗存特别深厚，是一个集仕、农、商三位一体的古村落**

北宋初年，秀水毛氏抓住了朝廷佑文轻武之机，倾其资产，大兴学馆书院，广育人才。结果历代科甲鼎盛，名儒显宦迭出，走上了一条以儒名家、科举兴族的道路。

宋朝时期，秀水书院共有4所（山上书院、鳌山书院、对寨山书院、江东书院），学子数百，求学者远及湖南、贺州，近及富阳、钟山、桃川。村内众多的有形实物和丰厚的文化遗存，向我们再现了昔日秀水耕读传家、崇文重教、读书明理、书院林立、科举昌盛、官宦如云的辉煌景象。

据《富川县志》记载：自唐、宋、元、明、清五朝以来，秀水村涌现了毛基、毛奎、毛亮等26位文武进士27名，更可赞的是还出了一代状元。南宋乙丑科状元毛自知跻身"广西十大状元"，是中国1300年科举制度下产生的508位状元之一。秀水村历史上还出了不少因科第而宦的大官，其中毛炳因武举而名官至太尉；毛基因文而名官至太守。"廿六进士十京官，六帅三童一状元"便是秀水才子攀蟾折桂的佳绩写照。

秀水村不仅在古代出神童进士状元，在现今照样涌现出考取名牌大学的学子。据统计：自1977年恢复全国高考以来，该村共有227人分别考取全国各类大中专院校，其中不乏清华、北大等名校的"天之娇子"，由此又可见"唐代贤科翔彩凤，宋朝殿榜占群龙"和"史出贤豪，今涌群英"的文风奇迹。

**二、秀水状元村古建筑数量众多，类型齐全，规模宏大，在全国自然村中实为罕见，是世界人类文明的瑰宝**

秀水村在建造初期设计时，整体布局是仿唐宋时期的村寨里坊规制建设的，直至今日保存完好，国内绝无仅有。秀水村现存古建筑面积达5万多平方米，有各类建筑700余栋（间）。这些传统建筑中，有古典风范的民居建筑，有宏伟壮观的宗祠建筑，有幽雅别致的庙宇建筑，有功能各异的文化建筑，如纪念性楼堂、书院、戏台、牌坊、照壁等，还有店铺、水井、桥梁、古墓、古塔遗址等，可以说，我国古代建筑中的基本类型都能够看到。村中较好地保存了一批有确切纪年的明代及清代早期的民居建筑，无论是生态环境、村落布局，还是古建规模、人文风情；无论是历史的记载，还是现今之遗存，秀水村在广西是独一无二的，在全国是屈指可数的，在全世界来说也是为数不多的人类文明的瑰宝。专家称之为"多朝代古民居露天博物馆"。这对于研究我国古代民居建筑的演变提供了宝贵的实物资料，具有重要的历史价值和科学价值。

三、秀水状元村的整体布局在我国古代的村落规划思想中独树一帜，是我国传统建筑"天人合一"的光辉典范，是"中国传统农业社会的最后标本"

秀水始建于唐朝开元年间，经历了唐、宋、元、明、清5个朝代延续至今。在历代族人的规划、营造下，建设成为现在的规模，村庄达到15公顷。

秀水村是桂湘边境上的一个盆地山村，喀斯特地形延续着桂林山水的精华，山青水碧，自然环境十分优美。境内有秀峰山、青龙山、鳌山三峰鼎立；黄沙河、石鼓河、秀水河三水汇流。奇峰挺秀，绿水环绕；植被丰韵，古木参天；田野宽阔，阡陌纵横；小桥流水，古巷人家；好一派江南水乡风光。

秀水村庄依山傍水，气氛雄浑，民居古楼，鳞次栉比，纵街横巷，井然有序。整个村落徽派风格，湘楚特色，青砖墨瓦、飞檐翘角、马头骑墙。村前河滩广场、青石板街路，村中鹅卵石花街大坪和散建有序的5座古戏台、4座祠堂、12座门楼、4所书院、3处商贸交易区，形成了独特的人文景观。

秀水古村民居建筑的风格，既像一座城池，又是一座古寨。专家学者曾概括为"既非官非民，又亦官亦民；既非城非乡，又亦城亦乡"。其功能与总体布局，既不同于以官阶等级为象征的宫廷官府建筑，也不同于商贾富豪炫耀自己的宏大群体建筑，代表了桂北湘南区域传统民居的典型类型和风格。为研究中国古代的村落规划思想提供了一种全新的例证，是中国南方传统居住村寨的活化石。

秀水古村是唐代以来江南典型的村落之一，不仅是明清时代民居建筑的典型，而且是我国古代北人南迁的典型，小盆地农耕经济的家族社会的典型，明清时代大家族聚居的典型，从多方面反映出明、清、民国等历史阶段的政治、经济、社会和文化，对研究这一历史时期两广社会发展史和中国宗法制度下农村社会的政治、经济、文化来说，极具历史、学术和科学价值。

四、秀水状元村是一个有千余年历史的毛氏单姓聚居的血缘村落，宗族活动遗存十分丰富，是中国农村封建宗族社会的缩,

秀水村是唐开元年间进士、贺州刺史毛衷所创建，据《毛氏族谱》记载：毛衷乃浙江江山县人氏，唐开元十三年由刑部郎知贺州刺史，由贺临富，道经富川秀峰（今称秀水），见其山川之秀，地相灵蕴，即曰：此为圣地，居择于此，我族后世当有贤豪者出焉。于是，毛衷恪守初衷，离任后果然携妻带子到秀水安居建寨，成为秀水村毛氏始祖。由初期的10余户，发展到现在的近600户，共2400多人。因支系繁衍，原秀峰村划分为8房、安福、水楼、石余4个自然村，皆为毛姓。

千门万户，聚居一家，是秀水毛氏村落的特色。在1300多年的漫长岁月里，秀水

（从上至下：秀水旅游文化节、国外游团游览状元楼、古道秀水）

毛氏一直单姓聚族而居，既为毛氏宗族活动奠定了客观基础，又形成了传统宗族文化的牢固载体。严密的封建宗族制度，是秀水凝聚族众、维系秩序、稳定发展的重要支柱。今天，秀水村仍较为完整地向人们展示出农村封建宗族活动的遗存：版本众多的宗族谱牒，遍布村巷的宗族祠堂，转型之中的宗族活动，丰富多彩的宗族文化……

秀水古村的建筑群落，是由数代同堂或以血缘关系聚族而居形成的建筑群组。秀水毛姓族人按房派宗支分巷居住，住宅、宗祠按房派宗支而建，形成"以分祠为核心构成居住团块，再以团块组成村落的多层级的团块式"的布局结构，

五、秀水民俗文化是潇贺古道文化的遗存，是湘楚文化、岭南文化与瑶族文化的叠加，是楚越文化的一朵奇葩

地处桂湘边界的秀水古村，位于桂东北最顶端，是一个"一脚踏两省，风俗通桂湘"的民俗文化圣地。同时，秀水是海上丝绸之路最早对接通道——潇贺古道的两广始发节点，形成了秀水独特的"楚风桂俗瑶韵"的秀水文化现象。

通过近千年耕读传家的生活与传统，形成、养育、发展了丰富多彩的秀水乡土文化。农耕文化、宗法文化、德性文化是秀水文化的主体，发达的书院文化、鼎盛的科举文化是秀水文化的主要内容及鲜明特点，秀水世人用自己的勤劳和智慧，不仅创造了诗书、绘画、

雕刻、建筑等许多极为精美的主流文化，而且融合了瑶话、瑶歌、瑶舞、瑶锦瑶绣等诸多桂北乡土文化。秀水保留的千年民俗是不可错过的风景。

好了，秀水之奇美说不尽，道不完，还是让我们一同用心灵去感触，用慧眼去探视它的风光景象吧。

秀水景区游览线路：石余东江桥—石余赐福洞—龙山观赏林—龙山神童墓—龙山状元岩—龙山仙娘岩—石余仙娘井—石余仙娘庙—神镜青龙湖—登瀛风雨桥—八房石拱桥—印象毛公山—秀峰进士堂—八房古大坪—石鼓清云楼—富江首辟门—安福文魁祠—安福古龙樟—挹爽独秀峰—秀峰爱晚亭—安福长寿井—宋代状元楼—水楼双仙井—神树过江龙

## 石余东江桥

秀水"状元村"景区共由四个分景区组成，它们分别是石余景区、八房景区、安福景区、水楼景区。这4个景区亦是4个自然村，都姓毛，均为古代秀峰村繁衍派生而来。景点各具特色，自成一体，名胜有别，风情独具。现在，我们正处在第一个景点石余景区之中。现在大家看到的这条河叫东江河，河上的这条古桥叫东江桥。该桥始建于宋代开禧年间，是毛氏族人为迎接合族荣耀的状元郎毛自知归故里而修造的。该桥原为风雨桥风格造型，原桥前有阁亭，称"魁星楼"，中段有桥廊，称"秀风廊"，后端有山墙罩壁，题有"山明水秀"字匾。桥栏柱端共有石雕瑞狮20对，为当朝富邑县令所赐。古桥建筑华丽、壮观，遗憾的是，年深日久，风雨剥蚀，于民国十年毁于洪袭，如今只留下了"风雨旧时，华彩烟黄"的遗憾。

## 石余赐福洞

"临境还须抬望眼，恋物更待解读心"。挡眼所见的这座山，绵延约1.9公里，苍苍莽莽、郁郁青青，形如一条盘踞欲起的青龙，故名青龙山。整个石余村均在青龙山的环抱之中，青龙献瑞，玉溪呈祥，仙泉溢韵，灵岩览胜。

现在请大家光临赐福洞，赐福洞是青龙山脚下的第一大洞，洞内幽径通达，奇石遍布。岩洞中石笋、石柱美不尽收，奇形怪异的洞中景观将使你惊叹不已和大饱眼福。下边请随我进洞中游览。

## 龙山观赏林

石余风光亮丽，风水氤氲，造就出进士8人，贡生13人，神童1人，可谓风水宝地，胜境育人。大家边走边看时，别忘了仔细察看青龙山植物的珍奇。据广西社科院师公亮老先生所言：此山堪称广西山峰一绝，其怪石嶙峋，奇木百种，石隙险生，奇树抱石而长，是为"树抱石景观林"，不可多见。你不妨仔细观赏，山峦之腰，山峰之巅，无论围抱之粗还是握把之细的树株，皆是生长于石缝间隙之中，且还茂密青葱，绿冠如伞，生机盎然。若不是灵山滋润，青龙呵护，哪会有如此罕见的景象风貌。真是"青葱漫龙背，浸润育树林"。

## 龙山神童墓

"石余石丰富，岩洞奇象藏"。青龙山地洞丰富，岩溶叠藏。往前行10米处，是宋赐神童毛永晋的墓藏所在。毛永晋为进士毛瑞芝之孙，毛凤嵩之子，出身书香门第，诗礼之家，自幼聪敏过人，行迹机警。3岁熟诵唐诗，5岁善对联句，7岁精通书画，9岁擅弈棋牌，并能代父执教，批阅教案，因此，受到宋皇室重视，晋赐"神童"称号。

相传，一年春节刚过，其父因病不能前往私塾学堂上课，永晋毅然代父出堂，父不允，但又拗他不过，只好任其意而行。学堂旁有一杂货铺，铺中老板见"小先生"执教案前来，经问方知永晋代父教学，便有意考他对子，若对得上，方可入堂，否则，贬其为误人子弟，随后即出上联曰：小童生三元开泰。

永晋不假思索，即刻口出句成：大老板四季发财。

成句对仗工整，天衣无缝，老板只好任其傲然入堂。

又一次，永晋于小路上东颠西跑玩耍藤圈，挡了一个过路秀才的去路，秀才不满，脱口而出一则上句，有意讥讽永晋挡道之行为，句曰：幼子横道嫌路窄。

永晋巧答反讥，引物成对道：大鹏展翅恨天底。

秀才惊叹，连称"神童"。

再一次，一位湘南某县的知县路经秀水，走过毛家庭院，见永晋正拿着竹筒节追打偷吃坪中稻谷的鸡群，随口吟道：饥鸡盗稻童筒打。

永晋止步，行到县令跟前，欲寻对答却又良久不得妙句。思忖间，见县令饮水时不小心，噎了喉咙，小咳了几声，将房梁上避暑的硕鼠吓跑了，永晋顿悟，心机开窍，即成下句，曰：暑鼠凉梁客咳惊。知县大喜，欲留其在身边，永晋之母婉言谢绝。自此，石余神童名传八方，享誉千里，深受合族长少之爱戴。

# 龙山状元岩

　　"江山代有才人出，各领风骚竞潮前。"说完神童的故事，让我再将大家引到状元岩的传说中去吧。眼前的这口溶洞叫"状元岩"，别看它洞厅不大，高度偏低，可它深不可测，沿小口入去，可与前面毛家酒馆庭堂中的"赐福洞"相连，且还与下一景点的"仙娘岩"相接。洞中幽脉繁多，集结如网，奇观无数，怪石丛生，遗憾的是，目前尚未进行整理开发。"状元岩"洞高约5米，宽约6米，进深8米，其夏爽冬温，奇妙无比，许是英灵不散，仙气常留的缘故吧。洞内常是乳雾缠绵，灵气飘娑。传说，"广西十大状元"之一的宋乙丑科状元毛自知，年轻时期常在此温课习书，还留下了一段"才子佳人绵情长，红粉玉骨竞文采"的佳话。

　　传说，一日将暮，气色昏冥，岩外春雨潇潇，岩内凉气袭人，毛自知欲归不能，正徘徊踌躇。怳然间，洞口内一丝轻烟飘浮而出，烟尽雾散之后，一窈窕淑女手抚明灯，袅娜而现，面带恬笑地作揖于自知跟前道："小女子所住南村之赏月轩，久闻公子治学勤奋，德才感人，实令小女钦佩。今见天色昏暗，冷雨连绵，不忍公子独守凄凉，故来予你献灯陪坐，望公子切勿推辞。"言毕，随即将明灯悬于岩壁。明灯映照之处，光辉透亮，温暖渐生，毛自知称谢，少女殷勤，岩内两下交谈，美意不尽。说笑间，少女诚邀自知联袂对句，自知欣然应合。少女恬笑中一展清音，脱口而出上句一则："明灯时作伴"。其借以灯盏，又加以人伴成句。自知从容对答："古书常为朋"。妙用书籍，又巧借一朋答句，自然天成。少女紧接又是一句："星垂天放弹"。应合天色，指代场景，用词简练。自知不加思虑答道："月照水含珠。"对仗工整，机缘密应，甚是美妙。少女又借机问得自知住所之名叫"吟风楼"，便娇嗔地要自知以其住所之名集句出对。自知妙语叠出地脱口道："吟风风住，住吟风楼中住吟风，声声号号吟吟吟。"少女暗感毛郎文思敏捷，心喜非常，便也以其居住地"赏月阁"组词，抿唇一笑应答曰："赏月月来，来赏月阁上来赏月，丝丝缕缕赏赏赏。"自知动情，心想；方圆不足十里地，哪家竟有如此才女？钦慕与感怀之余便对少女平添了许多好感。于是，春去秋来，暑往寒逝，以岩洞为鹊桥，男敬女慕，两下合美，爱情萌生不息，书情诗意弥漫不绝。

　　一年之后，毛自知龙首高登，于乙丑科状元及第。其在告慰过亲朋之后，念少女心切，便独步岩中寻唤少女，不得回应。又寻至南村"赏月轩"，然答无此人。失落伤情的毛自知重回岩中，触景生情，悲叹不已，言道：三春花满香成海，枉得魁名，难全真爱。语音刚止，岩中荡出女子应声：八月涛腾水似山，幸登龙首，勿忘乡情。余音渺渺缠缠，勉诚殷殷，自知情不自禁，循声寻迹，终不得见，方悟美妙女子乃是仙灵之躯。正是：一段真情，两下无依。

各位朋友，眼前的岩洞与陈列的石台与古檠，皆是古代状元才子们习书时坐用过的，你是否也前去试坐小歇一下？哪怕是触摸一下，也可以沾上些状元及文魁的灵气。尤其是莘莘学子入洞坐上片刻，说不定来日也金榜题名、心想事成哩。若是心命俱好的，兴许还会偶遇一位娇美聪慧的才女，缔结出美满一生的福分姻缘呢。

## 龙山仙娘岩

各位朋友，沿着青龙山脚下这条蜿蜒曲折的游路，顾看四方秀水村那种古朴幽然的情景就跃现出来了，看着对面灵山脚下那古色苍苍的民居和灰茫连波一片的素瓦；再看那民居瓦脊腾升的袅袅炊烟和青峰绿林森环的村郭，无不昭示出一种"梦境家园，古韵诗画"的意境。自治区旅游规划专家组的专家、著名教授、博士生导师张定一先生说："秀水，之美在乎于她人与自然的高度和谐，在乎于她历史文化与现代田园的精美衬映。秀水确实是村村与山伴，山山有人家，不愧是山清水秀村美、风光绚丽灵气盈的田原胜地，可开发规划成岭南乃至中国最佳的乡村游景区。"眼前这条卵石小径通往的地点是仙娘岩，目前仅仅是初步开发，洞中凉气袭人，幽意丛生，洞景美妙，灵气浑然，是连通赐福洞的第二个洞厅，请大家跟我一道去游览吧。

## 石余仙娘井

好了，进入"坦川福祉"的大门，眼前我们看见的这泓清池便是一个由十来口泉眼形成的泉林池，俗称为"仙娘井"。其水质清纯而不亚于临潼华清池的水质，"一代皇妃沐华清，七仙宫女嬉玉泉"。仙娘井，雅称"天然玉鉴"，因其辉明若镜、凝脂如玉而得名。该泉一年四季不涨不消，永久持平，每秒涌水量在0.7个立方米左右，且常久如此。该池之水可灌溉着下游秀水村近600余亩的农田。"秀峰沛水泽村域，玉带千寻渡游君"确是不虚。据民间相传，"仙娘井"的来由有着一段神话故事；玉皇七仙女因困守天庭，烦意不消。一日父皇诰封众宦，天庭喜庆，七女趁机出游天宇，晃见人寰巨泉光亮如月，逐下凡至此游玩，拂水清凉中，即生下井沐浴之意，于是欣入泉池戏耍游泳，欣然间不觉已到天晓，因恐于违反天规，便相邀归宫，寻伴时唯不见六组身影。原来，六姐深潜水底时，发现池底泉眼众多，只是水口窄小，出水不大。六姐欲造福人寰，拓宽泉眼，壮大水量，以利农田用水，正探究方略，踌躇不展中浮出水面，欲与众姐妹相商，殊不知众姐妹已来不及等她，早已奔天而去了。六姐不顾违反天约的责罚，为人寰幸福而扩展水源，她以石器为凿具，毅然深潜池底，凿挖泉眼……在经历了漫长的49个昼夜的艰辛劳作后，泉水激涌，水量超出了平常的20倍，如现在的状态一样，足足流驶了近千年。水沛物丰，田润稼泽，丰收的农夫不忘六姐艰辛卓绝的功德，纷纷捐资修建歌台、戏楼，赞颂仙女之德，并颂祝丰盈富裕的美好生活。同时，还择每年阴历的九月初九为歌墟会期，并兴歌舞狮，唱戏集娱。奇怪的是，欢庆期间总有那么一段时辰，泉池会涌出一股乳白色的泉流与清泉水浑成一体而成乳泉。掬手捧饮，异常清甜爽心。在旁的朋友若得重游秀水，定要择取九初九的好佳期，兴许那时吉日乳泉会让你芳容红绯，青春永驻；去疾消病，福寿双延哟。各位朋友，井围边上的这座古戏台是宋代建筑物，因几经战火，曾毁多回，又复修数次，最后一次完整修建成现在状况的是明末年间。以后村民逐年刷新，作为娱乐用场。台上"山水清音"4字，沿自"山水有清音，人间颂太平"之诗句，表达了村民向往美好生活、神往佳山丽水的愿望；台口檐下悬着的巨匾题语"如斯夫"，出自春秋时代著名教育、思想、儒学与哲学家孔子的哲理名言之"逝者如斯，不舍昼夜"一语。其意为：人间生活譬比当下这道流水，白来清去；世上经营譬比这方舞台，贫富无常。流水世故与戏中人生，恩怨情结和荣辱得失，莫不在朝移世易中如眼前的东流之水和台下的空洞虚涵，缥缈无定，流驶如初。是非成败且任由它去，宠辱得失且让它轮回。今天让我们潇洒走一回，当下让我们过好此一生。朋友，你不妨看看这清澈的泉水，在不舍昼夜和一如既往中告诉你；人生怎么来，还怎么去。

## 黄氏仙娘庙

大家再往对面看，这座造工精细的楼宇便是"仙娘庙"。"一泉两楼相对峙，三山二水映一村"，这石余村无疑是一方山水集成的风光宝地。青龙山、灵山、东头山三山相应；青龙湖、仙娘泉二水关联，真是物华天宝，孕育生灵。

仙娘庙祀奉的是明太祖朱元璋御旨追封的仙娘，即毛氏家族之祖妣——黄氏。黄氏乃是毛贤公之妻，18岁自湖南永明嫁至富川秀水，其出身武术世家，行侠仗义，见难乐施，为毛姓合族多敬仰。时逢宋朝多难，金蒙匪寇多犯中原，国治不力，外扰与内患重复交集，强盗与土匪勾结掳夺民财，甚至大行杀戮。黄氏曾多次力谏上疏朝廷，倡议抗敌剿匪，以保民众安定及大宋皇室与华夏江山。然未被朝廷重视，以致秀水这个边陲小镇匪乱多发，秀水村民深受其害，民不安生。每每秋收时节，土匪进村劫财劫粮，都是深明大义的黄氏率领村民自发组军与敌匪抗战。最后一次大规模的保卫拼杀于严冬十二月，匪方集军数百人，进犯秀水，黄氏率领的数十名义勇将士奋力抵抗，然皆因势单力薄而终不敌匪，全军覆没于老桥头沼泽地中，黄氏也壮烈殉职，时年36岁。黄氏气节凛然，不畏顽敌，护寨有功，声名远播，深得民间钦佩，一时传为佳话。黄氏功绩传至朝廷，明太祖朱元璋闻其娴德睿智，刚烈标励，即下发追封诏书，追认黄氏为仙娘，允准立庙祀奉，以为缅怀纪念（时年为明洪武二年）。后来，村民接诏立庙，并定每年孟冬二未为祭日。由此，仙娘庙香火不绝，子孙凭吊，景仰络绎。现在我们看见庙宇的庄严气象，便是前年族人捐资整治翻新修复的结果。

## 青龙湖石街

"悠悠旧事去，坦坦湖波来。"让我们重新回到现实中来，漫步足下这条龙湖堤畔的柳岸石街吧。阁下踏过的这条石街是毛氏家族集资并于开禧乙丑年间为迎接状元毛自知而修建的。毛自知为秀峰四寨中的八房人，其荣归故里时，必先经石余，再至八房。现在大家足迹所触之地，无不是一代状元所走过的，因此，朋友们还得庆幸自己也将走上了成功的及至富贵的坦途哟。

两岸青山相对出，一派光明入襟怀。大家请放眼湖畔的青峰和池边的农庄，那层叠不穷、绿树成荫的景致与层累不尽、古屋成群的雅韵，也许会冲刷掉你心中的倦意吧。你不妨又再瞧瞧路边两侧的湖水中这鳞鱼欢游和勾虾斗戏的情趣，此番景象不亚于姜太翁放钩垂钓的青纱湖吧。此行中哪位朋友若有钓鱼雅兴，不妨入坐钓鱼台试试，兴许会大有收益的。

好，让我们站在这最后一截塘堤花街上，回顾下青龙山的雄姿。青龙山与青龙湖相映成趣，关于这湖山的来历，还有着这样一段神话故事：

青龙山是由一条被玉帝贬降人间的天宫神龙变化而成的。天宫神龙因偷钦御酒，触犯天规被玉帝剖腹取下丹珠，罚贬至凡间成为地龙。地龙下到凡间不思改造，终日思念天庭繁华，于是整日栖伏于坦川附近的山地或幽壑间，吸取膏露之精华，以再炼丹珠，重归天宇。一日玉帝华诞，天宫聚庆，天医言称：玉帝若得龙腹之丹食用便可长生不老。玉帝大喜，即命天师将存于天储宫金光罩中的神龙腹丹取来饮用，殊不知天师忙乱中，竟将龙丹遗落天空。休歇于夜幕之下的地龙，忽被一道扎眼的光芒刺醒，它定睛一看，哈！原来是自己腹中的丹珠，若得重入丹田，即可腾空归天。惊喜之下，正欲前去接取，岂知力不从心，弹动不得，而且愈动愈乏力，不到几个时辰便僵死过去。原来，此对龙丹早被玉帝视作禁物看管起来了，置于金光罩中。而但凡置于金光罩的物品一律要念出繁杂的咒语方能取出，且存于金光罩中的物品一律会凝聚上一种冷冽的毒光，除天宫神仙外，任何人均不能近身，否则触及瞎眼，近物僵死。地龙就是这样被冷冽的毒光所害，而化成了眼前这座极具腾飞之状的青龙山。山下的这泓碧湖，因依山而傍，故也得名叫青龙湖了。据秀峰老人们说：早年，曾有一位不知名姓的道师，云游秀水，见青龙山脉与秀水地相如此奇丽相谐，便称绝不已地说道："一龙欲腾冲霄汉，丹珠造化毓贤能；五峰奇秀昌文俊，风华世煜万代荣。"所谓龙即是青龙山，所谓丹珠便是龙丹所化成的湖畔灵山、秀峰、印山和鳌山。不知是否应验，而秀峰历朝进士共27人（含状元毛自知在内），若不是因风水所育贤能而致俊彦频出又将如何评点呢。

各位团友，走出青龙湖，足过石街路，这里是"奇涧浮鸭"和"清渠飘藻"的观赏处，每逢农闲，你可见这一壁绝仞之下，白鹅浅唱，羽鸭戏水，其悠闲得意与幽情相偎的情景会不会令你神往呢？古诗中有句话：但学翎羽长相伴，却若仙游在水天。眼观景致，各位是否也有同感呢？好了，游过该景，石余景点的游程算是划上个句号了，在揭开第二道旅游帷幔之前，先让我们一道来放松一下。前方这条清亮的小河，叫秀江河，河水清凉着呐。请问各位要不要游泳一下，或者是到浅水区的滩头上寻找河螺和怪石什么的，河滩里，石类种色繁多，经远程冲刷抛磨，石形奇怪无比。你不妨下水寻寻看，听说城市里奇石价格不菲噢。运气好的话，说不定一石千金，那时你就会说"不虚此行啦"。行，就地自行活动5分钟，待会岸上集合，往八房景点游览。

## 八房村简介

朋友们，请大家关照一下，看看是否有团友掉队，若到齐了，我们就开始第二景点八房村的游览。八房村，顾名思义，就是毛氏家族的第八房人，简单地说，就是第八支脉。据说，秀水村始祖毛衷自浙江省衢州市江山县举家迁居秀水时，除带上妻妾之外，并带了次子毛寰和季子（第三个儿子）毛傅一同前来，其长子毛荣已在江山县婚配成家，次子毛寰在途中择居桂林阳朔故不能随父前来秀水定居。毛傅于秀峰成家立业之后，共育有8子，每子均系一房，共为8房儿孙，继后各房分系，也就成了现今共有2400多号人的秀水毛氏大家族。此外，据查实：富川土著的毛姓人氏，皆出于此。由此可见，毛衷、毛傅二位先祖与后辈的功德与艰辛，他们勤于垦殖，并不断在生产生活中繁衍生息，为氏族文明做出了不可磨灭的贡献。毛衷、毛傅初建村寨于鳌山，也就是在沿江而下的象鼻山附近。唐末宋初，鳌山古寨不过30户人，共100来号人，后因家族自小变大，人口与可垦土地比例失调，加之鳌山地势偏低，每遇洪涝，皆遭受洪水侵袭，经商议全族并举迁寨，各房各居，相对分散经营，故派生出今时的秀峰四寨。八房村所居住的是毛傅的第八子分支亲脉，故为八房村名之由。

## 断桥古残碑

立在大家面前的这块石碑，印证了民间的一则奇妙传说，该碑之碑文中所记述的是这座残桥——"登瀛桥"的重修碑记与各乡里族人捐资的实况。此桥原为风雨桥造型，"登瀛桥"是富川民间最早且最为壮美的一座。据毛家人说，建此桥时，村民奋勇投工，齐力投料，于荒山中采回巨石，并精细加工成380块方料，经湖广两省能工巧匠砌筑而成。原桥上有石狮88个，中段设有盖项桥阁，檐栏丽瓦，镂斗纹梁，壮美非常；后因清代匪乱，溃于战火。桥毁不吉，征兆不祥，族人又于清光绪九年重修此桥，建制虽无前时恢宏亮丽，却也算得上精致美观。桥建好后，主要是供村民交通与观赏风光用。然以族中意图而言，它是一座回澜缓水的功能桥，可镇锁奔涌而下急流狂涛的秀江，同时还是一座沉淀吉运的风水桥，可揽抱灵江浩气、水流玉脉，让宗族鸿运经久不泻，与日长存。此外，该桥还异常奇巧地在一代伟人毛泽东主席诞辰年（1893年）同年建造，又与毛泽东主席的辞世年（1976年）同年坍塌，复修后的登瀛桥仅存了83年，因而民间便有了许多奇巧的传说，在此就不展开讲述了。然而作为一代伟大领袖的毛泽东主席，一生英明，一世为民，为党为国鞠躬尽瘁，死而后已，仙灵飘逝之时，山河默哀，天地也为之动容不已啊！如此看来就不是什么奇巧了。桥下这四柱桥墩历尽经年，依旧是岿然不动，如钢铁卫士，驻守江河，村人因桥灵验，故不愿拆除和重新搭建，暂留作景仰或作纪念，而在下游另建风雨桥景观，以飨游客。请跟随我一起游览仿建的登瀛风雨桥。

## 登瀛风雨桥

富川瑶族风雨桥，是中国古建筑中的精品，是中原古桥建筑风格与当地民族建筑工艺完美组合的结晶体。

风雨桥是瑶族地区有特色的公共建筑。富川瑶族风雨桥集纳北方石券桥、南方古神亭、中原古楼阁、楚风杆栏和瑶家吊脚五位一体，融合交通、避雨、歇息、集会等功能于一身，荟萃风水、风光、风情、风貌于一景。石券廊桥、砖木混构、顶盖青瓦、马头骑墙、飞檐重山、吊脚杆栏、桥亭阁廊，浑然天成，风格典雅别致，为中华古建筑史上的一大奇观。"富川瑶族风雨桥群"于2013年被国务院公布为第七批全国重点文物保护单位。

富川平地瑶族聚居区溪涧河流纵横交错，应运而生产生了众多的风雨桥。据不完全统计，直到20世纪40年代末，富川的风雨桥有108座之多。现存仍有27座，其中最具特色的要数回澜、青龙两座风雨桥。秀峰登瀛桥是富川最早的风雨桥，始建于大明万历年间（1593年），它和油沐现存的青龙风雨桥及回澜风雨桥（始建于1614年）齐名，比驰名中外的三江程阳风雨桥（1916年）早建400年。

瑶族风雨桥像一串串闪亮的桥亭建筑工艺明珠，散落在潇贺古道两侧的山水田野，熠熠生辉。它们造型各异，风格彰显。它们或轻巧逶迤，或雄伟屹立，或潇洒飘逸，或古拙木然，或精美绝伦，或彪悍雄浑。每座桥的名字都那么有文化，每座桥的桥体都那么有形蕴。每座桥都有自己的历史，每座桥都有自己的神奇，每座桥都有自己的沧桑，每座桥都有自己的故事。秀水登瀛桥上印志着一代状元26进士攀蟾折桂，步步登瀛的足迹，凤溪朝阳桥镌刻着双凤朝阳的神奇，侯泉桥记载着放牛娃封侯的故事，回澜青龙桥承载着瑶妃御史凄美爱情的美丽传说……

## 八房石拱桥

"八房桥上景万千，四面妙意任君拣，若得游心相呼应，梦境还系心中连。"各位朋友，八房桥中观景象，万物皆趣奇异绵，它是最好的天然观景台。在石拱桥上可欣赏到秀水古八景的"三江涌浪""眠兔藏烟"和"化鲤排云"及"波映江楼"等奇妙观景。

站在桥上看秀江河的上游，可见右边的石鼓河、中间的黄沙河与左边的东江河一同交汇，呈现出"三江涌浪"这气势非凡的景象。一江春水向东流，满怀愁思随风休。眺望三江欢合，玉浪千层，欣赏浮翎点水，江雾飘盈，你还会沉思旧事、怀藏不悦么？感受了三江汇流的景致，你不妨把目光移到江边这一条古色苍冥的旧街当中，那层出不穷、高低错落的古民居，在三江的映照下，灵气活现，意味盎然。有位词人曾这样描绘江畔楼景：秀水去悠悠，拍浪滩头。奇木丛林砥中流，云水欢腾相激荡，波撼江楼……又有位诗人曾这样描绘三江及古楼：三江绕村汇，四水此徘徊。古宅泛幽韵，桃源胜蓬莱。你不妨注目江边的草篷、河中的摇舟、岸沿的浣女、水中的鸭鸥，以及青天忽掠而过的鸟虫飞禽，这幅画卷与陶渊明笔下的《桃花源记》是否相似无异呢？好了，让我们转过身来，仔细欣赏一下秀江下游方向的几道亮丽景线吧。秀江两岸，风光优美景色迷

人，放眼望去，一幅巨大的天然山水画屏是否美妙至极，情致怡心？诸位，请沿我右手方向去看就是岔山峒，天际之处群峦连绵，山岚袅袅，远方那座圆拱状的山峦，形如一只灵兔。若遇雾岚弥漫之时，山隙之中白雾缭绕，衬映兔山，犹若一只灵兔熟睡在白洁无瑕的帷幔里，让人平添许多惬意之感。"一带江山如画，岔山峒景潇洒，灵兔金象兼水色，任尔游巡赞口夸。"沿秀江河流向直看，前面的这座小山就是鳌山，当地人也称其为"象鼻山"。因为鳌山与桂林漓江河中的象鼻山极其相似，无论山形、石质、岩口与比例都几乎一致，令人难找出极大的差异来，故又有"桂林象山"之别称。"古桥镇急水，象鼻锁洪流，仙岩溢灵气，田原若金洲。"秀江两岸丰饶富丽，确是老天垂青、上苍造化的恩典呀！

## 印象毛公山

各位团友，秀水之美揽不尽，一时难以全观瞻，让我们将美好置于心中，沿道参观继续前行吧。

"群峰叠显毛公山，一代君王睡悠然，安卧大地施福泽，指点日月照湖山。"诸位，前方毛公山这一道景观便是由群山相叠映现出的景象，因其酷似一代伟人毛泽东主席的睡像而得名。团队里有哪位先生、女士在未听讲解前能辨得出来？果真有人的话，那可是慧心明眼之人哟。

好啦，还是我给大家解说一下吧。放眼看到的毛公山，其实它不是一山所组成的，是多山重叠组合的印象效果，即关联＋想象＋艺术眼光＋概括能力，便悟到了图象的造型大意。毛公山的组合是：天边那个圆拱形的山为主席仰首长天的头颅，头颅紧接低矮山尖角的那V形空角即为主席身着中山装的领口，最前边、最绵长的这一脉绿岭既是毛主席那伟岸的身躯。"三山叠现一伟人，两省灵峰展君身，缘由自在心中悟，得识之人便慧根。"阁下看出来了吗？你看主席那宽阔豁达的前额，丰满圆润的下颌，风纪严谨的领口，强健伟岸的身体，粗壮修长的巨足，是何等的神形兼备呀！据秀峰老人戏说：形如主席头部的那座山叫巨颅山，处在湖南江永县的地界上，所以主席出头在湖南；形像主席衣领的那座小岔山叫玉妆山，处在湖广交界之地；形同主席身躯的这座长岭叫王风岭，处在广西富川秀水的属地上，其身首相连，意喻两省皆兄弟。所以，主席仙灵依恋广西，心系祖源。

说到祖源，在这里让我给大家通报一则历史学家的"课题成果"。中国著名历史学家、广西大学历史系教授钟文典先生带领的研究生多次深入秀水、韶山考察，经查阅百卷宗谱以及大量的有关毛氏家族的史帙文献资料后，最终得出了"秀水、韶山毛氏家族同宗同源"的结论。还证明了秀水毛氏宗祖从浙江衢（qú）州市江山县外迁要比韶山毛氏宗祖外迁早20世（15年为一世代，计300多年）。说明秀峰毛氏是韶山毛氏的前祖先宗。难怪秀峰老人说主席身恋广西，心系同宗，不是颇有依据么。好了，诸位，毛公山及其解说到此为止，我们还是继续往前，去探索秀水八房的古文化意韵吧。

## 秀峰进士堂

诸位，现在大家所处的地方就是八房戏园，对面东边所见的是一座始建于明嘉靖年间的古戏台，距今已有500多年历史了，如同石余村的古戏台一样，曾历经无数次战火的摧残至今依然存在，不容易呀！这说明了秀水村民热爱文化、倡导文明、崇尚精神的一种执着的、坚贞不渝的信念。戏台歌舞，娱园欢呼，多少年来风俗不易，春秋冬夏歌舞不衰，这是富川也是秀水的文明折射，是文化乡民的兴致使然和情怀展映。"丰收不忘国策好，中国梦起攀登潮，致富有赖天地顺，读书明礼步步高。"这是秀水人民传唱的新歌谣。戏台高耸壮阔，造工精致。大家不妨眺看台顶的瓦脊上，那绚美的云花，玲珑的秀格；那如跃的鳌鱼，欲飞的龙影；那赤柱丹檐，画屏镂扉以及这红幛彩门，赤柱楹联，无不映射出一派祥和喜庆的吉祥气氛。村民反映，这方戏园原是毛氏大家族合族汇聚的欢娱主场，有钱的、没钱的，富裕的、贫穷的，官宦乡民不论，村内村外不限，只为同一的戏缘，同一的崇尚，皆聚一起，共享庆乐。"贫富合曲欢情致，贱贵不嫌笑台边"，古人尚能如此，我辈怎分阶级，关爱同体，热爱生活应是人类的天分义务呀。好了，请大家转身去参观一下琳秀古雅的"秀峰进士堂"吧。秀峰进士堂，为八房毛氏族人的崇祀26进士和状元毛自知以及历代家祖的圣地，每逢清明、重阳两节俱以合族聚会，开堂祀祖：宣文敬贤，读书明礼：燃香明烛，缅怀宗亲。他们将举行盛况空前的联宗活动和抬状元像巡游活动。程序首先自然是大礼参拜状元毛自知和26进士与各位列祖列宗及祭慰先逝的英灵，继后就是锣钹铿锵，龙狮起舞，祈祝风调雨顺、国运昌盛、稼穑丰盈、人寿平安之类的内容，再然后便汤猪宰羊，长桌宴宾客，斟酒待亲朋，文酒高会，诗曲联谊，老少男女对山歌了。诸位，若来对佳节之时，必得览尽节庆之盛况，那时你将会有"醉在仙境，乐在秀水"之感。

各位，请大家移步进士堂参观，墙上的古代毛氏族人进士画像是根据县志和族谱记载绘编的，通观下来我们可以了解到古代进士们神采奕奕、风格各异的人文情态。大家还可以聚拢看一下神龛（kan）上陈列的古牌位，这是秀水历代贤宗牌位的集中摆设，它是通过氏族先后、年代先后、职位大小而布局的，从排列出来的次序我们不妨可以看出，毛氏大家族的各房分支和子孙的代世分线（分线是修谱术语），同时我们也不难看出，秀水毛氏家族崇贤重孝、读书明礼及精诚报效的诗礼家风。在位的有谁是毛姓的？可别忘了给同门祖宗敬献心香一炷，以祝安心祥和哟。

"门迎古樟千年秀，辟开日晖万代荣。"进士堂门前，百年古樟庇照戏园，古灵台面外，千秋风物演绎佳话。朋友！你的家乡、你的故籍是否也是灵光四射古韵洋溢的佳境呢？各位团友，下面我们将又去领略一番"小巷渠水绕人家"的水乡诗境。前面是八房村的民居聚集地，你看这渠水潺潺，汩汩奔流，人居古朴，浣浣怡然的乡村生活气息妙美吗？你再看看这青石或卵石铺砌而成的曲直幽街和黄赭相杂的吊楼惬意吗？你又看看这悬挂于木楼瓦檐下的红辣和粟串富于乡村情趣吗？这是瑶乡的风物，是村民的风俗，他们勤劳俭朴，生活质朴。"一年之计勤节俭，留待不接资安食"，这是他们周密的生活计划，比起我们来说，更懂生活吧。好了，我们现已到达八房的花街大坪了。

## 八房古大坪

这是何等美好的古代文物建筑荟萃场所啊！秦始皇修筑的潇贺古道就贯穿于这块大坪，大坪原是留给状元毛自知返乡造宅用的，然而不料状元因当朝战事所缠未能荣归建房而闲置下来，后来族人为励志学子耕读敬贤，不忍占用遂成村域广坪和集中型商区。该大坪是秀水景区中历史文化的集中反映，是古代建筑与民居考察的精品及经典所在，它集中反映了明清及至宋代的瑶居建筑风貌与其精华。广西壮族自治区和部分省外历史学、古建筑研究学的专家赞扬该地说：此处是广西绝无仅有的多朝代古民居集成场所，可誉为多朝代、多风格、多品位的"古民居露天博物馆"。在大坪中漫步，你放眼可见古墙斑驳、妙意重现，山墙飞筑、玉爪临天，还可见古商铺、古集市、古门楼、古石艺、古罩壁的繁华铺陈，这些陈列，无不反映出秀水于唐宋的纷华，无不映现出秀水于明清的繁荣及其多朝代以来深厚的文化积累与深邃的文化底蕴。现在我们所见大坪中的三座古门楼和三堵古罩壁分别是：《重望楼》与重望壁，《淳风楼》与淳风壁，《清云楼》与清云壁（惜清云壁于"文革"中所毁），一楼一壁，风格各异。重望楼门楣中的"乡闾重望"即是说该房人之先始祖毛觉力学不倦，倡导教育，德行表率，昭感后人有功有德，官朝封其"三级儒学士"赐匾为嘉奖。那么中间的这座门楼则是淳风楼了，此楼檐底下悬有"文魁"古匾，据《族谱》记载，该房人共出进士有5人，皆为宋朝登取的，"淳淳学风，莘莘学子，儿孙励精，书香杜宇"，这是淳风楼的来历和写照。"风淳俗美""壁罩灵气"，淳然的学风，辈出的贤能，怎不长传世代，故一壁锁定风光，一罩拢占风水。这就是罩壁的民间用意了。

## 石鼓清云楼

好了，让我们齐集拢在"清云楼"下，听我讲解一段关于清官毛德祯知府的故事。

据文史记载：毛德祯乃是明代进士，官至大理知府，其历任10年，为官清正，勤政爱民，深受当地老百姓的敬重和爱戴。到他告老还乡时，当地吏民打造了一对功德石鼓相赠，以此来褒扬他的品德。

毛大人对所有礼品一概拒绝，但考虑到是择水路还乡，恐怕巨浪打翻乘船，便收下这对石鼓压船舱，以稳固船只的平衡。

毛知府的还乡船只，除了几箱书籍和一些家用杂物外，就剩那对石鼓了，别无珍稀之物。民谚有道：三年明知府，十万白花银。然数十年官宦生涯，高居知府大人的毛德祯在告老还乡、荣归故里之时，竟如此两袖清风，行囊如洗。

没想到因石鼓沉重而吃水较深的官船，引起了沿江打家劫舍的盗贼的注意，以为船上的金银财宝一定不少，遂拦下船只进行抢劫。盗贼们登船后不容分说便将船舱上下、箱里箱外翻了个底朝天。几经鼓捣，无有收获，即对石鼓起了疑心：莫不是金银财宝尽藏其中，于是，执锤砸石。石碎鼓裂后，仍只见碎石，不见宝藏。盗贼不甘心，几经逼问，方知船客乃是云南大理知府毛德祯大人，告老还乡，路经此地。早已闻得毛知府清正廉明美传的贼匪无不感动，慌忙纷纷跪拜于知府跟前，请求恕罪。知府一顿严词规劝，贼匪感动不已。为将功补过，强盗头子言称：无论任何代价，三日之内定予大人赔石造鼓，请大人上岸到寨里少住几日，给个机会让我们赎罪。

三日过后，石鼓成就，看似与原鼓无异，却毕竟异地取石，加之工时过赶，与原配对之石鼓存在小异，在所难免。为避免毛知府再遭劫难，那帮匪徒竟然自愿千里护送知府毛大人回到广西富川秀水故里，情节十分感人。

秀水村民得知这对石鼓的来历后，深深感动。为颂扬毛章彦的美德，鞭策激励后人，就把这对大石鼓立于进士门楼下。

正是：一对石鼓传佳话，两袖清风律后人。

诸位，眼前的这对石鼓粗看没什么差别，然细致而看确是有此明显差异的。在这里我要试一下大伙，看谁能辨认出哪个是匪贼所赔造的，哪个是原大理人民所赠的。好了，这个问题可留给大家回去思考，得出案底后可别忘告知本人噢。

## 富江首辟门

好了，这儿就是八房临江牌楼，刚才大家已参观了几座，但是还不一定知道牌楼的功能用途及性质。牌楼的功用性主要是用来纳凉避雨和集中文娱，同时也用作展示宗族荣耀与名誉的地方，譬如近代的功德坊，相当现代的业绩展馆与荣誉馆室，以此宣扬本族本宗的骄傲与显赫。大家仰首见到的这块"富江首辟"巨匾，书法遒劲雄浑，笔墨畅丽清新，其意为富水之源，开辟于秀江，秀江为源头，首辟富江，秀江当为先锋。同时似乎还有一则隐示之意,那就是:毛氏宗族,才人辈出,门户众大,是为富川首族。是否后者为原人本意那可不敢说,瞎猜穷解呗。好,让大伙再看下这块"江东书院"的古碑。江东书院始建于宋嘉定十四年(1221年)为宋朝进士会稽太守毛基所创立,据考为桂东湖南一带最早、最大、最具影响力的一所书院,其比梧州"绿绮书院"还早百年之久。它师资强,教学质量高,名传千里,正如先时校园大门的一对楹联所述的那样:孔壁三千徒,励精治学,窗外扫开牛斗室;虞庭十六字,严明施教,江东凿破圣贤心。院誉远播,学子不绝,是为旧事了。

各位团友,大家好,是不是要自由休息一下?那是安福河滩广场,往上面走,还有座八房村的古牌楼,我们到广场休息一下。

一起去河滩享受河滩广场上的清风和浓浓的绿意,那儿古树成林,凉爽神怡,空气好,负氧离子高,大家可以自由活动一下。待一会,我们还可以登上《临江楼》眺望秀水古村落那"飞檐翘角马头墙,玉题杆栏万字窗,素瓦灰墙斜山顶,龙头凤尾伴太阳,古韵村廊环丽水,乡愁尽染遍苍桑"的瑰丽景象呢。此外,临江楼下的河滩中可看的景象还有"东江浪暖""灵山绿麓""秀江飞虹"与"江滨人家",在如诗如画的田原绿野中,留下个纪念照吧,你将终身难忘。一路同行的游伴团友,互相道个相逢好吧,你将"朋程"万里。河滩广场活动20分钟后,就此集中。希望大伙互相关照别拉下后腿,同时还要注意安全,险患的地方与流急的水区不要去。

## 安福文魁祠

好了,团友们,刚才是大伙自由活动的时间,现在呢,就把导游的工作再交还给我,让我继续带领大家一起观光具有临江览胜意境的安福景区。安福村,紧连八房和水楼,地域不宽,人口不多,但文魁进士并不少出。据《毛氏族谱》列述,共有8名进士,其中一位清代武进士毛亮就是安福人,其他7名均是宋朝进士。现在我们所见的古楼便是安福《文魁祠》,此楼分两进间,第一进为宗族牌楼,它临江而立,笑纳风光风水,按风水学来说确属一宗风水宝地。"见清龙入室,不见去;揽灵山入怀,不放弃。""临水亮清姿,瑞楼开新宇。"第二进间为进士文魁殿,其第一进的民间公用性质与其他宗庙无异,均为祀奉先灵和节庆聚集的场所。其第二进间则是展示进士文魁功德文化的场所,在画像中你会看到文魁进士们伟岸的形象和睿智的神采。各位,请注意一下,牌楼门前的这左右两侧的石栅,大家不妨动动脑筋,猜猜看,它是作何用场的?曾有不少人猜之为"删马石",其实并不然,答案是错。那么答案又是什么呢?请让我暂时保密。常言道得好,读万卷书,行万里路嘛,不思考则不得获益。一代旅行家、文学家徐霞客就是在旅游中,活用了"读"与"行"的关系而成为博学多识的大家。列位不妨也可效仿学习一下。好，让我们向前方行走，到百年古樟坪与情人林方向走，感怀一下苍樟的古老和幼林的拙稚吧。

## 安福古龙樟

　　朋友们，这是一对子母连根古樟树，它们根深叶茂，相望相亲，关联生长，相互给养。老树气氧不足，幼樟供给，幼樟根须不稳，古樟护持，可见万物皆生灵，万物皆有情呀。据秀峰老人说：大樟已近千年，且是一代状元毛自知亲手栽植。毛自知栽树有其用意，意为"秀樟"同秀水共秀，"樟"与文章为谐音，意喻"秀章"，即文章华丽，文思、文采得意。难怪少年得志、状元及第。而小樟有600年历史，据说是与毛自知同宗的毛氏后人所栽的，继后该族人又是进士频出。各位，不知大家的祖上栽植过樟树没有？若有，说不定哪天你或你的兄弟姐妹和子孙会前程辉煌，也会荣登"状元""文魁"；若是没有，那么就赶快回去种，"前人栽树，后人乘凉"嘛，望子成龙，祈女成凤有何不可呢？好了，开个小玩笑。接下来，咱们还是窥看一下那些情人林中的"情人"树是怎么"恋爱"，又怎么"拥抱"和怎样"接吻"的。村人管这片林地叫情人林，并非"乱点"和"乱盖"，你不妨细看，林中那些不同的树种互相并列生长，相互叠抱作秀，且大株的皮杆粗犷，小株的皮嫩纤细，俨然一对情人，不离不弃，相伴恪守的情景。一丛丛，一片片，数不胜数，瞭不尽然，非情人林，又

（从上至下：秀水仙娘井、进士堂、灵山居民宿）

作何称。朋友，你是否也去找个女伴或与你现在的女友到林中的深处做个示范，或者留个纪念照什么的，我担保大伙会羡慕死你们，会给你们一阵响耳的赞叹和惊人的掌声。不要不好意思哟，过了这个村，就没了这个店，要想寻处如此温馨的情人林作纪念照的背景，可不是那么容易噢。

## 挹爽独秀峰

各位朋友，我们现在看到的这座山叫独秀峰，名字和桂林的独秀峰一模一样，山的秀丽和峰的挺拔也和桂林独秀峰一模一样。富川八景诗曾有诗句：那许桂峰称独秀，故留峭壁待诗人。

独秀峰俗称鲤鱼山，是秀水古八景中的"化鲤排云"景点所在。关于这座山峰，民间传说不一，版本多出。有说是东海龙宫的锦鲤化身来到秀峰，见境美清淳，便不思往返，即永驻人间；有说是天宫大力神在造天宇神殿时，从云空中不慎跌落的宫园假山；有说是宋代抗金爱国状元毛自知的化像，众口不一。我们姑且不去说它的缘由与来头，今天我们暂且说它的文化。秀峰山，仙游不绝，诗偈琳琅，古代有游僧于山麓栖身，晨吸膏露，赋诗吟词，以作纪念。近代游子络绎，现代游人繁多，且大部分为文人雅客，他们感物思情，诗吟歌咏，留下了不少华章妙句。有号为明智觉远禅师，化缘出游，途经秀域，登峰赞叹吟偈曰："风好日丽漫峰山，又到桃源尽处瞻，极目人寰清一色，茫莽之处便是禅。"关于联句，秀峰也不乏精华：有湘南秀才胡秩题道："秀峰天外来，神工巧夺，正如天师出手许；吾辈乘风去，奇妙情生，恰似仙灵回魂来。"再有近代无名氏所题的："足下祥云飞，登此山身带几分仙气；目前风光好，游径道心悟一点禅机。"

好了，我们现在开始登山。俗话说：走一走，活到九十九；爬爬山，活到百零三。希望大家都能爬上山顶去领略一下"一览众山小"的非一般感觉。有身体不适或不太想爬山的游客朋友请在山脚下歇歇脚。我们等下原路返回汇合，一起再往前游览。

（山顶导游词）好了，大家都上到来了吗？各位游客左右照看一下，看是否到齐？到齐了！好，你们看，天高气爽，云淡风轻，阡陌纵横，袅袅炊烟，好一幅田原风光，真是"上来更有碧千寻，到此全无半点尘""不作风波如世上，别有天地非人间"。

大家看到的这座的大岭叫都庞岭，是五岭之一。都庞岭莽莽苍苍气势磅礴，像巨龙绵延千里。龙头在湖南，龙尾在富川。毛主席对五岭情有独钟，曾在两首诗中提到五岭：一句是"五岭逶迤腾细浪，乌蒙磅礴走泥丸"；一句是"天连五岭银锄落，地动山河铁臂摇"。

大家朝前面的右侧看，那座岭峦就叫大鹏岭，"大鹏展翅"就是指它的所在。秀水始祖毛衷就葬在那个岭顶的额首之上。据说是村人不远万里自浙江请来的风水先生为毛衷所谋划的一方吉祥墓穴，名叫"鹍鹏展翅"。该岭为秀峰村所属，在大鹏岭上择墓地非本村、本姓人家不可，外村外姓人不论你出多少钱都不行，这是毛氏家族的族训和族规，是绝对不可破的。据世人传说：毛主席的诗词中那句"鹍鹏展翅九万里"的诗词即是以此景象作出处的，不知真假，不妨姑作戏说罢。

## 秀峰爱晚亭

"到此处，寸进一步；劝游君，勿废一途。""相逢一笑驻步立，拈芝摘花入宝山。"大家可以自行散散步，不负名山嘛。可不要行走太远噢，要以安全为重，奇险与不踏实之地切切不可攀临。10分钟后亭中集合下山，游览状元楼景点。（10分钟后）各位团友，游过秀峰山，安福景区的游程就告一段落了。下山后，我们接着游览水楼景区。在我领大伙下山时，团友们要一个挨一个，切莫掉队，要走稳走好，注意安全。

## 安福长寿井

好了，下到山脚了，各位暂到山门前的坪地中休息会儿，换换气，歇歇脚，整理整理行装，看看有没有掉东西。（停歇3分钟）

请大家坚持"革命"，奋斗到底，游事尚未成全，同志们仍需努力！团友们，秀水村人杰地灵，物华天宝，长寿老人不少，百岁老人不稀，靠什么？一靠劳动锻炼，二靠空气清新，三靠饮水清纯。这里的山美、水纯、林郁、气清，不愧是人间桃源。大家看一看，咱们眼前的这口"长寿井"乃是秀峰麓下的仙泉，可以想象，百草丛生、千层石土泌浸出来水难道不清、不甜、不爽口、不养心吗？掬一捧尝尝吧，它会保佑你身体健康，长命百岁。

## 宋代状元楼

诸位，现在大伙看到的这座三进间的楼宇，便是享誉岭南的宋朝古建状元楼了。怎么样？它虽不是十分华丽恢宏，可在当时来说，的确是极了不起的建筑。据清华大学古建筑学系的教授说："在宋代的社会发展历史上，在一个农村水平的环境里，建筑一座这么大的场馆来纪念状元是极少见的。"因此，我们还得带些历史唯物主义的观点来看待过去的事物哟。好了，请大家随我而来，进去参观一下状元殿、进士殿吧。这第一殿称为"敬仰堂"，它的公用性质主要是给前来祀奉状元公的人们正衣、宽带、正襟、整装的，再就是拜祭施礼毕后给人们小饮仙茶与净手拂身的栖息之所。

这一、二进之间的清池，便是半池，所谓半池，就是半圆、半边池的意思，古代的文明礼教非常严明和非常讲究，整圆形的池是不许造的。屋院外可以，屋院内则不行；佛院中可以，祠堂中则不行。为啥？因为整圆形代表太阳，半圆形代表月亮，圣佛与天子方能与日同天，日就是圆形的太阳呀，怎能让凡人与天子一道共享天日呢。因此，民房及其民间祠庙的院所之中只能设置方形或半圆形的池子。月是借日而光，无日则无月，就像没有天子和圣佛的福庇，哪来的臣子臣民的幸福呢。这方池原为半池，且池中有青云石拱桥，但因历朝多动乱，历径劫难多，此楼三毁三修后方能保持至今，按祠庙规格和规矩，半池上的青云桥是表示贤能出头、依日而升的意思，也就是说，没有天朝君子的倚重，人才何以得出升。只可惜战火匪乱之中将半池与青云桥毁了，后人修造又未能应对状元楼原有的格局和本意，是为遗憾。好了，让我们一同进入"进士堂"参观吧。进士殿，专为纪念进士而设。先前我们已说过，秀水毛氏合族于唐宋元明清五代共出有进士27名（含嘉定四年即1204年中士的毛自知在内）。氏旗高竖，族光闪亮啊！族人为祀先贤，便以此堂设为进士殿，供族内族外的亲朋访友观瞻，以示荣耀。请看这幅《秀峰26进士贡职便览榜》，它具体地记载了26位秀峰进士的登科榜名、登士年份、官宦级别与莅任之地。这可是查自于南京历史博物馆和北京图书馆《宋史卷》《明清卷》中而得出的噢。《毛氏族谱》《富川县志》中也有更为详细的叙述。好了，请大家转过身来观看一下这幅秀水26进士群像图，这可是依照《毛氏族谱》记录的人物个性与登士年代，经考证历朝士宦服饰、官袍而创作出来的。画面清新醒目，笔法苍健洒脱，人物造型各异且栩栩如生，是为一幅不可多得的美术作品。"富水奔涛孕育廿六进士；秀峰挹爽造就一代状元。"了不起呀！一村才子众，小乡出状元，仅以这点就可以申报"中国状元之乡"的名称。

"三溪鼎盛钟灵气，一代状元妙文章。"咱们现在仰望的正殿大堂，便是"状元殿"，殿堂正中的坐像便是宋朝开禧元年乙丑科状元毛自知。

下面我给大家介绍一下毛自知的简介。

毛自知（1177～1213年）广西富川秀水人，祖籍浙江衢州。生于南宋淳熙四年（1177年）丁酉三月二十五日，宋宁宗开禧元年（1205年）乙丑科状元。

毛自知出身书香门第仕宦之家，其父毛宪曾任长沙太守，为官清廉勤政。受父亲影响，毛自知从小便立下入科场拼搏、精忠报国的理想。嘉泰四年（1204年），毛自知27岁，乡试中举。开禧元年（1205年），朝廷开乙丑科大选取士，自知得中状元。

此时，南宋朝廷偏安临安（杭州）已经78年。自高宗朝起，"收复北方领土，统一中国"始终是有识之士的终生追求，而几十年中，朝廷中的主战派、主和派以及投降派之间的斗争依然十分激烈。宋宁宗时，主战派宰相韩侂胄（tuōzhòu）渐掌大权，力主抗金，得到著名的抗战派辛弃疾、陆游、叶适等人的支持。宋宁宗对南宋的屈辱地位不满，也支持韩侂胄的抗金政策。

在廷试对策前，毛自知以"出兵抗金，恢复中原"作答，"首论用兵"，正合韩侂胄之意。毛自知得到韩侂胄的大力推举，最终获宁宗皇帝嘉许，钦点一甲一名，状元及第。并诏封为承事郎，签书镇东军节度判官。这个职位是军事部门的政法官员，虽非武官，但可配合韩侂胄抗击金兵。

开禧二年，在韩侂胄的策动下，朝廷追封抗金名将岳飞为鄂王，加溢武穆；同时夺秦桧王爵；用毛自知策，正式兴兵伐金，以图恢复中原。陆游担任了起草北伐诏书的光荣任务，檄文写来一泻千里，吹响了北伐的战斗号角。

这就是历史有名的"开禧北伐"。

但好景不长，后因韩侂胄军事准备不足，宋军连遭败绩，北伐失利。此时朝中主和势力已占上风，奸臣礼部侍郎史弥远与杨皇后密谋，杀了韩侂胄，首级被函封送往金廷求和。轰轰烈烈的"开禧北伐"宣告失败。史弥远等投降派又上书宁宗皇帝清洗"韩党"，毛自知等主战派俱受牵连。毛自知此后或隐居山林，或自尽以死尽忠报国，不知所踪。

南宋著名诗人刘克庄，对毛自知的际遇深表同情，曾作诗悼亡："至尊殿上主文衡，岂料台中有异评。垂二十年才入幕，后三四榜尽登瀛。白头亲痛终天诀，丹穴雏方隔岁生。策比诸儒无愧色，只缘命不到公卿。"

走出状元楼之前，大伙别忘了敬上几炷香，沾些状元郎的灵气，祈祷文曲仙灵将鸿运带给您：学习长进、前途新升、事业发达……心愿大成之时，可别忘了归来还愿哟。

楼依青山立，山以楼宇名，楼前一台戏，唱到古今平。富川古村落构建的文化现象，大体可从以下6句话囊括出来，即："择村倚一道，建村取一水，兴村靠一山，营村造一林，娱神定一节，兴文造一台。"这"六个一工程"沿古至今，延续以久，这就是富川古人立村建寨的定式。秀峰更不出于例外。眼前大家所见的这座古戏台，可是与状元楼重修时一同兴修的，它虽建于明代，但却弥留着宋代的风格。你看它镂斗玲珑，雕纹绚丽，不愧是赏心悦目的古代文明景观吧。

## 水楼双仙井

团友们，台边这口井，村人们管它叫"双仙井"。因井口边上立有福禄双仙神像，然又有人管它叫"状元井"。因为它就发生在状元楼边，两种叫法，哪个称谓为最适合？我们姑且不去谈论它。我只知道秀峰老人说：灵山伴井，仙人佑井，文魁神龙共护的井水喝了灵验，想啥成啥。你看在井边缘上的这对"福禄双仙"像，虔诚以礼，像是在保佑我们福运常临，心想事成哩。还不快快捧点、装点喝，勿失良机哟。

# 神树过江龙

好了，喝了"仙泉"该登青龙而翔了吧。井旁这棵暂不知名的奇树，我们称之为"神龙过江"。说它神，果真不假，你看："一树根扎在渠边，几经弯曲仍伸延，嶙嶙身躯腾猛势，逍遥直上首仰天。"这树神，神得还有段神奇的故事：据说它原是东海龙王的龙太子，降临人寰，遨游湖山，途经此地，被秀峰的风光所感化，想护佑天下人，发誓愿常驻人间，便伏栖在灵渠之上，欣赏着田园丰收的胜景，饱享日益繁华的盛世与太平，遂化成龙形古树永在人间。让我们一齐在这"神龙树"前合张影吧，龙树映在水中与倒影形成了一个"红桃大爱心"。我们都是炎黄子孙，同是龙的传人，大家共聚爱心，精诚团结，情系中国梦好不好……团友们不妨亲身触摸一下"神龙"，兴许你来日定会"扶摇直上，气壮威升"。

亲爱的团友们，石余、八房、安福、水楼4个分景点的游程现已宣告结束。很高兴与大伙共度了这段愉悦的时光，我将永远铭记在心。不知我的导游服务是否做得令大家满意，若有不尽周全之处，请给我提出来，以便改进，谢谢！好了，世上没有不散的宴席，难全永不醒的梦，只有情永在，永远是朋友。该上车了，请注意关照一下左右的同行者，看看有没有谁，到齐的话，我们就启程返回县城。

富川古明城正以它那悠悠的情怀，古雅的默意，苍茫的故都气韵等着您呢，我想它一定会深深地吸引住您，您一定不会错失这个良好的、大饱眼福的机会吧。

（古道乡愁）

# 七朝古寨　天缘福溪

## ——福溪宋寨景区导游词

### 途中导游词

各位朋友们，大家好！我们现在前往历经千年的古宋瑶寨——福溪村。福溪村位于富川西北部，属富川朝东镇所辖，与湖南省江永县兰溪瑶族乡毗邻，是一个"一脚踏两省，风俗通桂湘"的边陲文化重地。

福溪村是国家命名的"中国历史文化名村"和"中国传统古村落"，她集古道、古镇、古圩、古村和古寨于一身。历史上她曾经是潇贺古道上的一座军事古镇，也是一座盛极一时的商贸古圩；从村落建制上看，她是一座典型的中国传统古村落，但从人文风情上考察，她又是一座典型的古瑶寨。

福溪的古石街、古寺庙、古凉桥、古营盘、古门楼、古祠堂、古戏台、古民居等古建筑群独具特色，被誉为"华南古民居建筑史上的奇迹"。其中楚王庙和风雨桥是全国重点文物保护单位。在广西仅有的十几个古建筑全国重点文物保护单位中，福溪村独占两席。

有专家说，福溪是一部用木头砖石写成的民族文化史书。在福溪，你随便跺一下脚，都可能踩中地底下几个朝代的文物；在福溪，你随便捡起一块残砖断瓦的碎片，都可能是遗落千年的宝贝。

各位游客，凡是初到福溪的朋友，都说有仿佛穿越千年的感觉，是不是很值得期待呀。

趁着乘车清闲的机会，我再给各位简单地介绍一下福溪。

## 福溪简介

福溪村位于湘桂边境秦汉潇贺古道旁，距富川县城35公里。目前全村人口1600多人，350户。村庄面积8公顷，共有各种明清古民居近200栋，古建筑面积达2万平方米。

福溪村始建于唐末宋初时代，至今已有1000多年的历史。据该村保存的《福溪源流记》所载："厥予村境蒋、周、陈、何各姓贤祖列宗，分异邑郡县，于唐末宋初先后不一地迁徙而来。其初地形凹凸高低不等，故名沱溪。后经祖先辛勤僻野开拓，扩展兴修建砌，物丰丁旺，安居乐业，更名福溪矣！"

福溪确实是块风水宝地。这里三面环山，群峰拱揖；后山葱茏，古木参天；东边豁口田园坦川，土地肥沃。一条古灵溪，伴随着秦汉古道穿寨而过，千年清泉，流淌不息；一条三镶石板街，伴和着两旁民居纵贯全村，千米古街，沧桑流年；一道依山环村而建的古老石墙宛如一条巨龙，莽莽苍苍，像一道天然画屏，把福溪村与外界隔绝成"世外桃源"。

走进福溪，犹似走进一幅旷古悠远的山水古画；游览福溪，仿佛置身一座山水浸润的历史廊坊。漫步在这座千年古村中，但见古楼典雅，古街石花；古祠幽邃，古庙袈裟；古木参月，古桥卧霞；岭下庄稼，岭上桑麻；小桥流水，古巷人家……任你品读。

福溪古民宅规模宏大、结构合理、布局协调、特色彰显，完好地保留了宋代风格的明代古村落的原始风貌。福溪历史上曾有24座寺庙、24座戏台、24座花街大坪；有13座门楼、13条巷道；有4座祠堂、4座书院。在那900多米长的石板古街上，有90多家商铺和90多个生根石。

有民俗文化专家和旅游学者为福溪归纳了新八景，分别是：庙宇晨钟、廊桥夜话、石街绝响、灵溪清笛、祠堂聚秀、门楼溢彩、戏台遗韵、商铺余光。

八景的具体内涵等下到每个景点我们再解说。

好了，各位团友，刚才由我向大家做了个福溪景区文化的基本情况介绍，接下来我们就开始去探访这个久负"山水诗画，田园乡愁，名仕故里"盛誉的宋代文化名村。

游览线路：福溪迎恩园（北面花园）—马王文官神庙—古戏台—竹林莲池—古道商街—升朝侵义门楼—濂溪宗祠—毓秀风雨桥—石街中心门楼—何氏乡官门楼—国宝百柱庙—三乐回传牌搂—经魁门楼—留客园（南面花园）

## 福溪迎恩园

好，各位朋友，我们现在来到了福溪的迎恩园。

迎恩园是古代迎接圣旨和迎接重要客人的地方。福溪历史上是潇贺古道中原进入两广的重要驿站和军事古营盘，凡是从湘楚到岭南的官员、使者都要经过福溪，或路过，或小憩，或视察。每当有贵客莅临，福溪的地方官就要到这里迎接客人或接受上级指示，因此这里就叫"迎恩园"。历史上这里曾接待过唐朝大将李靖南征、楚王马殷南巡和宋代名将岳飞追剿曹成；也接待过大文豪柳宗元、刘禹锡、周敦颐和湖南省第一个状元、唐代贺州知府李部，等等。

各位朋友，今天我在这里隆重接待各位尊贵的客人，大家一起享受一下迎恩门贵宾的待遇。

迎恩园是福溪的第一个景区，包括马王文官神庙、古戏台和竹林莲池等景点，下面我们逐一游览。

## 马王文官神庙

"大庙隆立长标前，马楚大王气昂轩，宝相庄严施文惠，抚瑶拓荒功德绵。"这是福溪村民在歌颂庙内供奉者马楚大王马殷的一首颂谒。

福溪马殷庙（文官神庙和武官神庙）中敬奉的神祇，是汉代名将伏波将军马援之后、五代十国时的楚国王马殷（俗称马楚大王）。

历史记载，五代十国时期，马殷建立楚国，定都长沙，行天子礼。辖地包括今湖南的全境及湘邻的广东、广西和贵州的部分地区，古富川是楚国的辖区。其族弟马彬时任楚国岭南兵马大都督，冯乘、谢沐、富川诸县、关城皆为其所辖。公元911年，马殷撤谢沐、冯乘二县划入富川，升格富川县为富州。时年匪盗为患，楚王马殷亲临谢沐关御驾亲征，督促马彬将军亲率冯乘、富川、谢沐关等地军民除匪平乱，安抚当地百姓，王恩浩荡，受世人敬仰拥戴。"先立生祠，后马楚卒，乡民遂建庙宇祭祀之……"（摘自

（沧桑宋寨）

《新五代史》之《楚王马殷纪功碑》）之后，历代将其庙宇扩建翻修，供奉祭祀，沿袭至今。

眼前的马楚大庙，就是马楚王任职期间，曾率兵到富川油沐福溪一带征剿山贼土匪，并在福溪地区和周边油沐地区驻地（半年）保境安民中立下功德功绩后，人民为了缅怀他的威武英明而建立的，是村中祭祀马殷功绩的两座大庙的其中之一。该庙村民称之为"马楚大王文官神庙"。

楚王马殷南巡镇守福溪时达半年，清除匪患，安定社会，和睦百族。还让中原将士们将先进的中原冶炼、陶瓷技艺、农耕文明和习俗文化传给了当地村民，对日后山区文化经济发展产生了深远的影响。此后富川陶瓷冶炼兴起，在老朝东一带留下众多遗址；特别是书院书屋兴盛，老朝东一带自宋代以来走出了几十个进士。

村民感恩于马楚大王，在其故世之后，即不惜重资修建了这座为歌颂马王施恩抚助富川人民的大庙。虽已时过数百年，历尽风雷雨雪，眼前的大庙依旧古朴庄严，王恩浩荡。马殷庙于2006年被列为全国重点文物保护单位，是当时广西仅有的10多个古建筑国宝之一。

## 迎恩古戏台

据史料记载，福溪村曾有20座寺庙、24座戏台，20座花街（鹅卵石镶嵌）大坪。鼎盛时庙宇暮鼓晨钟，香客往来，香火旺隆。戏台上丝竹悦耳，好戏连台，名角献艺，擂台斗技。现存完好的仍有3座庙宇3座戏台。小小山村，边境古寨，为什么会有如此众多的庙宇？哪来的这么多香客？要这么多戏台干什么？哪来的这么多观众？千古之谜。

因此，福溪八景的第一景是"庙宇晨钟"，第二景是"戏台遗韵"。

我们眼前的这座戏台叫"迎恩"戏台，是专门为马王文官神庙修建的。告诉大家一个秘密，古代所有的戏台都是为鬼神修建的。我们从富川古明城到秀水，一路游览过来，所看到的戏台正对着的建筑肯定不是祠堂就是寺庙（如状元楼和进士堂前面的戏台）。因此，古代戏台的第一功能是"娱神"（唱戏给神看，让神高兴），然后才是"娱人"（老百姓娱乐）。

由于福溪是潇贺古道的最早对接关口，也是岭南最早接受中原文化的古村落，因此福溪也是富川最早有梨园戏班的村落。福溪最早的戏班叫"灵溪祁剧班"，演的剧种是湘南祁剧。祁剧是一个比京剧早500年的剧种（后来广西人在祁剧的基础上改造出了一个新剧种叫桂剧），桂剧源于祁剧，任何时候都可同台演出。

福溪的百年老剧团现在依然存活。他们古代演古装戏，民国演文明戏，解放后演革命戏，文革时演样板戏，现在他们又演旅游戏，存活得有滋有味。

## 竹林荷花莲池

团友们，沿着这条竹林小径我们去参观一下荷花莲池。荷花莲池是一个自然景观，幽静而美丽，恬静又舒心。

宋时该村周族先人周元佑、周元福兄弟二人少小时多到池畔赏景读书，他们都在莲池亭中留下许多清雅的诗絮和人文美谈。"花开妆淡娥媚笑，叶睡波清妙龄游。"和风淳水，朗气修竹，玉莲怡情，古月明德这都是养性培人、读书育才的极好境界。"竹伴倩影显清丽，荷入心田培情怀。"大家不可错失旅游美景的机会哟。游览拍照结束后，我们在竹林中自由休息5分钟。5分钟后我们结队进入福溪宋寨古村探古访幽，村中古色古香，古风古韵可是另一番风光景物啦。

下面由我为大家朗诵一段词句，表达一下进村后的景观风貌与街道情韵：古道三镶古韵裁，奇石拱屋奇楼台。马头墙下十三巷，雕梁画栋看精彩。三乐回传百柱庙，水巷人家喜徘徊。文经武纬登科第，十三楼下尽人才。村光无限观不尽，众口交赞福溪街。

## 古道商街景区

"古道犹闻车辙声，马蹄踏过不留痕，青光一路无穷限，商铺连环遍一村，奇石沿街如鹰犬，铺前石虎似昆仑，天人合一崇善美，不与自然作斗争。"

好了，拍完留影，我们不妨沿着古道石街进到村中继续游览。福溪村庄面积8公顷，全村各巷古道与石街总长2800米，有各种明清古民居近200栋，古建筑面积达2万平方米，构成了令人赞叹的"古道商街景区"。

景区含福溪八景的"石街绝响"和"商铺余光"等景点。

我们先来看看"石街绝响"。

福溪古石板街（指官道三镶街）由北向南纵贯全村，长达900多米。主干道三镶街，中间为一米宽的青石板，最大的有两米长，两边再镶一块30厘米宽的石条。大家看，古石板街建制规整，工艺考究，用料精良，历经千年风霜雨雪，依然光可鉴人。

我们一路走过来所踩着的石板路，就是潇贺古道，它是远在秦朝时期秦始皇在岭口古道基础上兴修扩建而成的"秦通新道"，汉代别称为楚粤通衢。潇贺古道是海上丝绸之路的最早对接通道，也就是因中原客商自中原达岭南（南岭），过潇水抵贺江，进入临贺，直至沿海商埠后，再从沿海商埠过海域疏通到西洋各国进行物资交换、商贸交易所必须要走过的线路段。潇贺古道自福溪村头贯通到福溪村尾，路面为三镶石板街（即镶在道路两边的长条路肩石，护夹道路中间的方块路面石，结构三层次，做法三块状，故称三镶石街），其路面约为1.5米，尺寸是按照秦制战车的车轴间距与兵卒行军状况来构筑的，充分体现出了它的军事建造原理。其选石精、工艺高，真是令人感慨不已啊！

更绝的是，在福溪绵延千米的青石板街道上，不时耸立起几块灵秀别致的大青石，有的干脆就横亘在道路中间。乍看以为是人为堆放的，似乎给村民行走挑担带来极大的不便。但村民却自豪地告诉你，这是生根石，是上千年前祖先立寨修道时就故意留下的，这叫保护原生态环境。在福溪村这种人与自然和谐共存的景观随处可见。福溪人尊重天意，崇拜自然，不破坏这些天赐景象，宁可依石而建居所，依势而造景观，留着它们以娱大众娱情，以乐旅者游心。正是大自然的灵气和福溪人的灵慧"天人合一"，才造就了福溪古寨的千年绝响。因此，这一景就叫"石街绝响"。

我们再来看看"商铺余光"。

古石板街道两旁的民居，大多是明清时期遗存的青砖黛瓦房，飞檐翘角，马头骑墙，门楼照壁，鳞次栉比。个个门楼有石街相通，户户人家有巷道相连。山重水复，柳暗花明，九曲回环，十分幽雅。远望古居，高耸的马头墙层层叠叠，飘逸的歇山飞檐鳞次栉比，煞是壮观。

更可贵的是，在福溪长达900多米长的石板古街两旁，有90多家古时商铺作坊，有货栈、客栈、药柜、酒坊、豆腐坊、油榨坊、造纸坊、染布坊、打铁铺，等等。史载："古道繁忙，车辙不绝，商贸穿行，货运不绝。"而今，商贾影无踪，铺坊形尤在，这间间残缺的铺面在岁月剥蚀中傲然存世，在倔强地昭示其昔日的繁华，眷恋着旧时的荣光。

## 升朝侵义门楼

门标功册彰辞牌，匾题玉词显风采，文武进士越槛出，文经武纬尽贤才。福溪村中，蒋、周、何、陈四姓历史上共出有6个进士，8位贡生，两位将军，一位经魁，一位文魁。经魁为科举中经典古籍应试考核一科中的全国第一名获得者；武魁为全国武功武术十八般武艺技术考核的第一名获得者。朋友们，我们一路走来，一路风采，我们一路看来，一路感慨，在福溪村中我们似乎听到了秦军的车马，似乎看到了先贤的儒雅；同时，还似乎掺杂到他们的原生活动之中，穿梭在古村古道间，是不是有似乎在古道上做了一回穿越时空的秦朝古民。"身伴灵溪过村庄，房前屋后饭菜香，青石作伴衣边过，古道探幽尽苍桑。"朋友们，我们现在已经到达福溪村八景之一的"门楼溢彩"，这是其中的第一个门楼景点——侵义门。

各位朋友，这座古建门楼称"侵义门"。侵，在古汉语中是个会意字，小篆字形从人和手（又）拿扫帚，一步一步地扫地，本义是"渐进"的意思。"侵义"就是人的修为养成只要持之以恒、循序渐进，就能达到"义"的境界。

关于侵义门的来历是有典籍和故事出处的。据村民说：该村才子周尚才于明万历崇祯年间进士及第，周尚才其人学识渊博且刚烈大义，敢于直谏，在朝野上下频有义举。一日，作为在军中担任布政司重职的周尚才应诏上朝议政，万历皇在高堂之上向众臣们问及胡虏侵扰边关、掠夺民膏、强占疆土，该如何采取军略讨伐胡虏，还土归华之事宜，一时间群臣无策，朝殿无语。将帅者上奏抒表，一是有勇无谋，二是谋而不谨；文臣者感发疏言，要么是唯唯诺诺，要么是浮华无骨。只有周尚才丹心发大爱，壮怀奉忠义，慷慨陈词，直抒胸臆，甘愿掏心献颅以全忠义。其表述道："胡猖乃国事不为，虏威为臣子不忠，升朝不决于明策，唯是纠荒又何鼎朝力之巨，吾侵义夺疏表，断难敬畏当下恭辞，然敢于明理优策中奉首刬心……"当庭之上，语骇众卿，然皇君则大嘉赞赏尚才的义勇情怀和直义刚强的应对及御敌良策。战事告捷，朝廷表彰功勋众臣时，即言尚才有"升朝侵义"之烈性。后来族人在恭录明皇之词时，将义中一点摘去，意即如此：更吻合献心首为大勇，更贴切奉丹心为大义的尚才品格。各位看看，牌匾中"升朝侵义"的义字是不是少一点啦？正是吧。大家再从侵义门往里看，见有一道门，牌匾题有"椿萱世儒"4个大字，其意是说，该族是诗文门宗，亦是斯文门第，家中父母偕老百岁，俱为崇儒道和尚道教之人，同时也隐喻有该门合族乃是福溪文明世家的荣耀家族之意。

穿过毓秀门楼，让我们一同来参观古朴苍茫、意韵环生的古濂溪祠吧。接下来，大家继续观看眼前的这个恢宏壮观、奇丽彰显的建筑就是福溪村重要的古人文景点"濂溪祠"。

## 濂溪宗祠

各位朋友，"祠堂聚秀"是福溪八景中的又一景观。福溪蒋、周、陈、何四大家族均有宗祠。祠堂格调高雅、神韵各异，其中以周家祠堂为最具特色。周氏族谱记载：先祖与道州族兄、宋代理学的鼻祖周敦颐同宗同源，曾邀濂溪先生到福溪讲学。因周敦颐字濂溪，以名作"爱莲说"名世，故福溪周氏宗祠即为"濂溪祠"，俗称"爱莲堂"。

朋友们，首先呢我想请大家回答我一个问题，就是大家知不知道周敦颐这个人？说周敦颐这个名字可能很多人有点生疏，但只要一提到国学名篇《爱莲说》，大家都会熟悉，说到"出淤泥而不染，濯清涟而不妖，中通外直，不蔓不枝，香远益清，亭亭净植，可远观而不可亵玩焉"的名句，大家都会耳熟能详。

周敦颐，字濂溪（1017～1073年），是我国继孔孟之后的第二代大儒，还是我国理学的开山祖。所谓"理学"就是糅合了儒家、道家和佛家的理论，三家合一，最后通过整合形成的一个新的思想流派。周敦颐是把世界本原当作哲学问题进行系统讨论的起始者。由于周敦颐在哲学上的贡献，联合国教科文组织将他列为第三十六位世界文化名人。

福溪周家的始祖是周弘颁。周弘颁之父周如锡生育2女18子，弘颁排行18。其在学成之前，曾随父亲踏访、沿袭祖父（周敦颐）的足迹游学万方，且长期游离于湘桂粤三省边界地区探求和传授祖辈的理学精义要领，以求进一步丰富与创新。后来周弘颁于北宋大中元年经过三试入京荣登戊申科三甲进士，先后于当朝官拜工部监察郎、会稽太守等职。其告老致仕后，自湖南道州取潇贺古道迁至富川平顶洞"万石堂"卜居，生育了长子周元佑、次子周元福，二子俱承家族"诗礼文风"和"斯文门第"，均于当朝荣进科举。"周族三进仕，门第辟崇文"一时间成为乡党族间美谈和州县佳话。

濂溪祠前身为"濂溪理学讲习堂",始建于北宋大中30年。周弘颁与其二子均在讲习堂向族人与村民学者讲习过太极易经和理学教义,坐堂学习者络绎不绝,一时间曾轰动周边区域。后因战争连连而停挫习教,并荒废失修而致坍塌。直至明万历崇祯年期间,在周族进士周尚才的号召下,经周姓合族人鼎力共襄胜举,重修恢复宗祠,易名为濂溪祠。有宗祠楹联曰:

吾道南来,原是濂溪一脉;大江东去,无非灵水余波。

## 灵溪清笛

一条灵溪从地下喷涌而出,自北向南飘落山间,伴潇贺古街穿寨而过,长年不竭,日夜流淌,给福溪带来了多少灵气、多少诗意和许多便利。那溪畔浣衣的农妇,那扛犁耕耘的农夫,那乘凉讲古的老者,那玩水嬉戏的儿童及牧笛晚归的牛群,充满了江南水乡的诗情画意和原始农耕乡村气息。

游客朋友,看到这原生态的生活场景,你是否会勾起丝丝记忆、淡淡乡愁。

一条小溪见证了福溪从唐宋元明清再到现代的时代变迁和沧海桑田,造就了千年古寨的恢宏绝唱。

## 毓秀风雨廊桥

"富川瑶乡好神秘,千年古建造奇迹,风雨廊桥寻觅处,中西合璧在福溪。"

富川是中国瑶族风雨桥之乡,富川瑶族风雨桥群被列为"国家级重点文物保护单位"。福溪的毓秀风雨桥是富川27座瑶族风雨桥中风貌特殊的一座。我们不妨观察一下该桥的前罩壁,它们似乎与其他桥上的马头墙罩壁不一样,既没有入口的楚式阁楼,又没有中国古典式的徽派马头墙造型,它们的前后罩壁均带有海派建筑元素的符号,同时又兼而有之地包含着岭南粤式风貌的窗罩文化元素。其柱体的装饰造型,以牙线和块面相交叠加,递收入升,层级演变十分美观丰富,它打破了中国古典墙柱结面中常有圆柱和方柱造型的常规格式;再有其窗口拱圆演化渐变的造型亦颇有西洋特色,大家细看,半圆的窗头中,线条分出凹凸的层次异常明显,积木式地装点着小方面的板块,使窗拱顿时显得灵气非常且层次丰富。在总体墙面的构造中,直、横、圆、曲筑块,筑体在和谐地交错运用。格状,网络线条纵横铺陈,可谓是立面丰富,元素丰盈,不失为一幅凝聚多元化艺术的墙体挂件;再有,桥尾部的罩壁也是装饰得十分精美,线面圆曲变化,切块叠合重组均在有机状态中极为和谐,且美观大方。不少参观过后的游人和专业学者都认为,福溪风雨桥之所以称之毓秀桥,不难看出它是自潇贺古道文化传来的海派文

化、徽文化、粤文化与岭南文化相互交融的结果，瑶汉文化相结合，楚越文化相包容，人文相映，风习相承，等等寓示手法，破格而出，正是该桥的文化现象所在。该桥的外形景象在其他26座中是绝无仅有的，大家不妨留影拍照纪念一下。

## 石街中心门楼

"一楼突兀中心街，商铺石街两边排，织机吱吱互交响，弦乐声声入耳来，宋朝文曲歌中唱，白丁老少乐开怀。"

福溪街中心门楼是明代建置的一座古门楼，门楼之内共管五巷，俱为同姓同宗人所居，是福溪古街最具标志性的古门楼之一。楼中牌匾题词：文炽、武魁、进士、功标勋烈、忠义于兹等等，辞题充分反映了该族的历史光环和人文歌颂。正在门楼里边，以弦取悦的村民是福溪业余戏班的乐师（福溪戏班以祁剧为底，以桂腔为主，开创了特殊的祁桂班戏）；正在一边织锦的妇女是福溪瑶绣非遗文化的传承人，她们以丝线传情，把瑶族的图案和美丽的花纹织绣成布幅，作为儿女们娶媳嫁女的纪念物。福溪耕织文明发展与戏曲艺术的传承无不以潇贺古道文化关联甚密，戏曲中其曲其腔都含有楚湘之韵，动作中其念其做俱存有中原之风。织绣的风味风格里，以凤鸟为崇拜有瑶风之美；织锦的色彩编排中，以蓝黑为主色有汉楚之风。可以说，潇贺古道上的福溪文明就是楚湘文

（从左至右：福溪门楼、青龙风雨桥、福溪寨门、古道风情）

化与瑶族文化相结合的写照。

## 何氏乡官门楼

"门对罩壁藏风华，青州世出是吾家。寿光衍脉宗风远，永乐卜居福溪遐。族光晖煜三进士，乡官门第名声夸。守土成仁显忠烈，寿标栢使满庭华。"

这是对福溪何族宗人的赞美诗。眼前我们抬首眺望的这座门楼叫乡官第门楼，是处在福溪街中最有气派、最具有声名的其中一座，它是何姓人的门首，是彰名显誉的平台。

村中何姓祠堂大门东侧的粉壁上写有该姓祖先由秦朝都城咸宁搬迁到此经过的《乡官路引路》，其诗曰："寿光辞别出湖常，无锡会坛步凤阳；婺源石棣东流过，九江彭泽娶妻黄；停住德安居九载，随身六子到萍乡；万载亦居年十四，五六咸宁至武昌；大冶衡阳鄒县富，蓝山永郡道州庄；路遥五万三千里，万水千山卜福坊！"

历史上福溪何族人共出有3个进士（何进铎、何建珪、何常吉）、乡官数十人。所谓乡官，它是历史上朝廷使用的一种行政体制——乡官制。乡官制，就是以选用本土乡官来执行朝廷军务、政务、税务和其他社会管理事务的政治体制（唐以前为"乡官俸禄制"为有奉肥差，唐以后各朝改革易为"乡官职役制"是无厚奉苦差）。乡官没有朝官俸禄丰厚，更没有朝官职位尊高，然而在乡野也是有着极为贵气的位置和相当的权力的。大家看见，门楼之上有一块"守土成仁"的匾牌，此匾褒奖的就是福溪何族人——何烨，他是福溪何姓人义勇的代表和忠烈的骄傲，他同时还是福溪村最具武道色彩的人。他7岁开弓射鸟，8岁骑马狩猎，10岁参加抗匪游击，18岁参加应试，在开考武艺中得到校官的破格录取，曾在主帅军官指挥的三次抗清战役中，英勇不屈，骁勇善战，最后坚守阵地——直到最后一个人。就是这个何烨，以守土成仁，成就了福溪何族人英义勇为的美名。

## 国宝文物百柱庙

"百柱庙"处在村落中心区，抱奇石而安置，揽灵溪而踞立，可谓风光独占，风水入怀，不失为绝妙圣地。其坐东朝西，面阳高看。该庙总面积384平方米，建筑风格为砖木结构、重檐歇山、厅厢组合式构造。整座庙宇采用大水杉、金丝楠、香檀木等珍贵木质材料建成，显得十分高贵。整庙高6.13米，进深21.94米，面阔20.86米，由76根高大圆木柱和44根吊柱、托柱支撑而成。这座由120根木柱建成的庙宇，在民间称之为"百柱庙"，又因其坐落在该村的灵溪河畔，故又称之为"灵溪庙"。

"百柱庙"内由中央正间、次间和侧旁明间、稍间为主体构造，此外两边还有厢房及廊榭，廊宽为1.55米，非大庙之格局不可得见。"百柱庙"艺术色彩绚烂奇丽，大家眺望而观，可见华盖穹顶雕刻精致，大厅彩檐祥云飞漫，墙柱绘画仙人乘骑，还有天蓬斗拱，交错纵横；扶手榫枋，天衣无缝。地面上铺砖镶石宽阔平整。柱础图案有：莲蕊花盆磴、云纹花盆磴、剑戟书卷盆磴和鼓箫彩巾盆磴等图纹装饰，且栩栩如生，真不失为岭南瑶族古代文化艺术的奇珍，它的建造工艺和它的结构布局充分代表了瑶族人民在吸纳湘楚优秀与先进工艺技术后，与地域本土建筑文化再度融合创新的智慧与结晶。

百柱庙中敬奉的神祇，乃是汉代名将马援之后马殷，人称"马楚大王"的武官神像，故民间私下又称百柱庙为"马王武官神庙"。

为祭祀神灵和便利娱神做法、便利节庆文化和歌舞会演，福溪村瑶民又在距庙前30米处和150米处的濂溪河畔、河中分别建起了戏台和濂溪风雨桥，使"百柱庙"与古戏台、濂溪风雨桥犄角遥望，相互辉映，成为其他村落少见的塔天人合一的人文景观。

据国内权威考古学家和广西有关文物鉴定专家考证："百柱庙"始建于明代永乐年间，虽经历次增制修缮，却仍保持着宋代建筑的特色，其建筑的年代要比容县的"真武阁"早163年，同时也是世界上现存的唯一一座全部采用月梁、穿斗、托峰、托脚、扶手榫枋建造而成的"楚南奇观大庙"，它与富川县城慈云寺、瑞光塔及明城楼同为"楚南名刹、名庙、名塔、名楼"，是岭南地区不可多得的古代人文建筑景观。

（百柱庙前民俗表演）

　　百柱庙殿内还设立有木架，曾置放有刀枪剑戟斧钺等24种兵器，并曾悬吊有一口铸于明弘治年间的重240多斤重的大铜钟。大庙的暮鼓晨钟响彻了数百年，因此，这一景叫"庙宇晨钟"。

　　好了，团友们，我们不妨出到庙前大坪中游览一下百柱庙外的石雕祭案。石雕祭案在神殿之前的室外，拥日月光华，揽天地灵气，享山绿芳菲，在此开祭祀作法场，行法事，供灵神，确是极有特点的理念。大家看，祭案之上立有马楚大王的石雕坐像，栩栩如生。石祭案的东西两侧，雕刻有一对龙公龙母，以示佑护十方庶黎百姓。石祭案台面的正中，阳刻图案为太阳，上书"日"字，寓示瑶胞对太阳对幸福光明的向往和追求。此外，石祭案中还雕刻有骑马的将官，托祥云的莲兰，系姻缘的绣球花带，祈祷福寿的葫芦仙桃……真是："百柱庙中藏万象，马楚武相供仰瞻，风雨雷神列祭案，越文楚庙显奇观。"

　　大家再转身往大庙两侧的飞角处看，是不是发现左右飞角处有两个浮雕人像，那就是文相马王和武相马王的灰塑浮雕。更奇异的是，在神殿以东围墙的明代的一块古石碑上，还刻有一憨态可掬的小石象。石象卷鼻甩尾，迈步向北。其尾部的上方还刻有星星月亮的星象图，与云南大理、象城南宁的一些寺庙石刻差无二致，真是：文同千古，象疑万方。

　　好了，让我们走出百柱庙往三乐回传街去吧，那里还有许多景象等我们去观赏呢。

## 三乐回传牌搂

　　诸位，刚才看过了百柱庙，现在我们重新回归到福溪古道街中。走过了这道村门，便是古福溪村的外延部分了。

　　此门叫"三乐回传门"。因为先时，在它的门顶玉题上曾雕琢有"三乐回传"4个大字。后因"文革"被铲除了。所谓"三乐"，就是天地人所孕育的神曲神乐，天乐即风歌，地乐即水歌，人乐即礼歌，"三乐回传"意即：遵循自然规律，尊重自然景象，要以天地人和谐的理念对待生活，对待人生和对待耕作。让天地人循环往复，应运而生，继而享受无尽的福报。

　　关于这道门，村民还有个优美的故事传说：话说，福溪始创之时，先民不知择何处卜居，择何处安定村落的朝向方位。后来，祖先们便从湖南道州请来一位占卜算卦的风水先生。老先生拿着罗盘折腾了数日，都未做出大家满意的方案。于是老先生便开始呼唤族长们杀鸡宰鸭，燃香点烛地摆开道场做起法事来。只见他请来圣符诏神明，开作道场运法事，以神明之旨意定下村点坤向来满足村民的崇尚心理。道场就设在这乡官第门楼与罩壁之间。三巡法事将过，即刻下，晴朗的天气，骤然狂风大作，狂飙大雨不止，雷电交加之中，云涌雾滚，随着一阵震耳的霹雳声，天雾飘然的送来了一位仙翁，只见他说道："渠水润生灵，犬马护神明，风水人相伴，南北自然成，三乐相生好，文武两相殷，运数百代盛，贤隽跻王廷。"言毕之后，仙人飞天倏逝，不见了踪影。老先生睁眼醒来，方悟仙人在言词中已指明了真谛，即是：在福溪安身立命应以灵溪为群带，应择沿河卜居，同时相伴石群石兽为好，以坐南朝北方位择掛方能使福溪而福兮。最后村民便按老先生破译的仙人密旨，营村的规划，村落格局就像今天这样定格下来了。

## 福溪经魁门楼

　　各位团友，看过百柱庙、乡官第，领略了"三乐回传"的玄机，我们再往前行，就到了"经魁门楼"。

经魁，乃是古代科举选拔朝廷才仕必须应考的经试科第一名。所谓经试就是在科举应考中，考试前贤的经典古籍，如应考学子们对《四书》《五经》《资治通鉴》《诗经》《楚辞》及孔孟等儒家经典文献的熟记程度，出题方法类似当今的填空和默写，考试中或默全文，或默章节；此外，还有一种考法，就是写出经典古文中的一段词句、一句话，要应考者注明经句涵义，标示准确的作者和出自哪篇典籍。总之，是要求应考者有熟练和广博的阅读知识面和解读思维，考试起来真是不容易。

福溪经魁考取者陈璋确实是了得的，他能在全国经考科场中荣膺第一，摘取经魁桂冠，真让人叹服。由此可见福溪人读书明理、知经达义、知义守贞的良好氛围和淳厚的处世民风。经魁门楼是福溪的文福象标志，经魁楼、武魁楼两楼相接，可见"文经武纬"的古风福溪在那个遥远的时代是何等的光荣出世，何等的福兮荣兮！"四座古楼别风情，文武英贤耀门庭，御赐彤匾高高挂，福光荣光县乡名。"

## 福溪留客园（南面花园）

团友们，现在我们进入的绿荫茂林，是福溪的后花园。此园古柏沧桑，绿槐宽阔；香樟交杂，花樱婆娑。林里花草丛中，飞鸟折枝，彩蝶攀梢，真是一番生态盎然的林景画图。这也是古代乡官村民送别客人、游子告别家人、新嫁娘哭别亲人的"送别园"。"送别园"似乎彩头不好，福溪人将它更名为"留客园"。

"浓情别去无限恋，清游自带竹林风。"长亭相送，别梦依稀。在这里，贵客和主家话别，情意绵绵；情郎与情人吻别，眷恋流连；游子与家人告别，魂牵梦萦；嫁娘与亲人哭别，泪如雨淋。好一幅乡愁场景。各位朋友也要和福溪告别了，我唱首福溪的"送客歌"和大家说再见吧。

舍不得他也舍不得你，好比老鼠舍不得米；

送来送去话一句，记得年年来福溪。

## 油沐青龙风雨桥

富川瑶族风雨桥文化是中华建桥文化历史中一面独特的旗帜，是瑶族建筑艺术中的瑰宝，在中国建筑艺术与中国园林建筑文化艺术中占有重要的分量。富川瑶族风雨桥文化历史悠远，文化意韵深厚，极富民族个性与传统人文色彩，其造型奇特，情致隽永，元素丰富，人文深重。可以这样概括说：富川风雨桥的构造形状和元素组合及取材用料达到了既应合民族文化风情又吻合山川风景，既应承了就地取材兴建又体现了清新的审美情趣的良好效果。这种人文文化与自然景观的高度契合在中国建筑文化形态中是绝少见到的。

　　青龙风雨桥位于福溪村外的黄沙河畔，处在富川境内上、中、下三个古代地域自然生态花园（富川古邑的古上花园为朝东镇秀水福溪岔山景观园，中花园为城北镇石狮石龙周家景观园，下花园为鲤鱼山蟠龙山矮石带景观园）组群的上花园之中。该青龙桥建于明万历年间，为富川明代进士何廷枢所出资建造的。何廷枢为朝东镇豪山村才子，明万历年间中取应科进士后官至代天巡狩，任南京监察御史，人称何察院。何察院少年机敏聪明，文思捷达，是当时的神童，族里乡人莫不称道和十分怜爱。22岁时他应试科举，且以进士及第。履职中他敢于指责朝纲不正和臣官不肃，时常在朝中衙前指出改良朝纲以正朝纪，革新部制以简耗资的意见，同时还直面驳斥某些官宦们不求上进、不顾民生、无所作为的不良政举。因其正直刚毅之品格，朝皇升其为代天巡狩，即代替天子君皇执察天下官情民意，以资及时纠正并及时向皇帝奏请政举，他的功绩和传说故事在湖广桂北一带流传很广。他建造该桥的设计理念采取桥基为单拱构造，以正面阔展开示入桥之门；桥体大型是为飞角楚阁为首，喻示轩昂的男尊气派；以徽壁罩尾，喻示拢风水的毓才信仰；以石券为础，喻示承中原赵州桥原理；以长廊为身，喻示融瑶乡的栏栅情致；以方亭为盖，喻示纳江浙的华构型材。大家看看确实雄伟巍然吧！

　　青龙出世腾天穹，破浪迎风过山冲，穷途皓首无以伴，情怀素娥悲号中。有关这青龙桥与上游廻澜桥民间有着许多传说，那可是一个凄美动人的古恋乡愁文化情结，我们到了离这一公里处的廻澜桥上再介绍吧。大家走好，注意安全，别下水去，河里泥沼不知深浅，请遵守团队规则。

## 廻澜风雨桥

　　青龙风雨桥和廻澜风雨桥两座桥相照间隔为1000米，两桥遥相呼应，顾盼生姿，徒增风情，十分惬意。廻澜风雨桥为双开侧门式，一桥三拱，楼台廊榭造型。建于明万历年间，且与青龙桥几乎同期而建。刚才游览青龙桥时，我说过有关青龙桥与这座廻澜桥民间有着许多传说，现在就让我说给大家听吧。

　　话说该桥是本乡油沐村女子、明代皇室返乡皇妃盘兰芝所出资建造。盘兰芝出身于油沐一个员外之家，其家世殷实且又是书香门第，自幼由家请教师辅导习书习礼，故其多有学养和国文知识，知书达礼。明文知性的盘兰芝及至16岁之年，其父盘员外因独女于家，不欲外嫁，故出告示以合联对句形式为女招婿。征联告示出去，求婚者纷纷上门求亲，有少有长，有贫有富，有丑有帅，有高有矮，唯不见潇洒的如意的才俊和饱学的情哥，因此父女俩闷闷而不乐。一日，村节庆欢，村民的外亲皆来走访，当日午后，几位村中哥们拥簇着一位秀才装扮的标致公子走进了盘家宅院，言称要应招盘家之婿，秀才自称姓何，名叫廷枢，家住豪山村……言语未了，盘氏父女见之均有了八成心愿，但未经对话和对联，又怎么知道何郎才高几许？经过一番客套和三联对子交战后，盘员外对何廷枢已是十分满意，而盘兰芝更是喜出望外，始料不及，当夜寻到媒人证人便订下了这门婚事。

然好事多磨，良缘多劫，当何家的父母知道何廷枢私定姻缘时便坚决不允……时过年半，京城派皇差选秀，兰芝因美貌和才艺俱佳被应选入宫，仓促之下，情爱男女，两下不能相别，一桩美事断送良缘。在后来的5年里，先皇故世，新君即位，为和睦边关民族关系，新君新策，隧下诏遣放先皇遗妃，由朝廷赠送银帛盘缠将原君皇妃盘兰芝遣返回了富川瑶乡。

兰芝归乡，经多番多处打探得知，相思已久的初恋情郎何廷枢在其入宫的第三年，为赢得上京面见兰芝机会，发奋科举而致进士及第，并远赴他乡官拜南京御史并转为巡察官游离外任了。兰芝私忖：作为先皇室妃女之身，按规矩自己终身不能再嫁，而今情朗游离外任不知所处？又何时能见？于是将其积攒金银倾其所有，投资建造廻澜桥以修功德。桥成将竣，忽听得传闻，廷枢在外遭恶势暗算命丧，悲恸之下兰芝于桥上投河自尽。时光荏苒，又过三年，廷枢返乡睹桥思兰，感慨兰芝殷勤万千，隧再造青龙桥一座以凭吊情侣兰芝。由此，双桥故事，美谈人间。正是：青龙廻澜相对望，一曲流觞悼情深。

团友们！今天福溪宋寨游就结束了。回顾唐村秀水，宋寨福溪两个古村落的历史景观和人文情致，我们将如何感慨呢？有位学者这样说道：福溪的人文历史在乎其强大的人文气场，福溪的人文气场在乎其坚毅向上的淳朴民风，福溪的村落景象结成在乎潇贺古道带来的多元化、多种类民族优秀传统文明。一曲风歌传悠远，隔世犹唱不老歌，宋文明骨芳菲在，穿越沧桑观坎坷，理学精明殷后代，爱莲说唱仍磋砣。这就是依然吟唱着古老歌谣、古风犹存的——宋寨福溪。

（古道岔山）

# 古道探奇　梦回岔山

## ——岔山村景区导游词

### 岔山景区概况

　　现存的岔山古村始建于明代初期，距今已有600多年历史。岔山古村是秦汉时期从中原通过潇贺古道进入岭南的第一个入口，境内有"潇贺古道入桂第一村"的关隘门楼。岔山自古以来就是岭南地区传习中原文化的先驱地和交融地，它得益于古道交通便利而成为繁华的古集街圩。其成形于明代之初，兴盛于明代中期。该村之中有近200米的潇贺古道主干街，村街昔日，门开百业，商铺连锁，业态活跃，是古道上人商相旺的著名驿站，曾展示过荣华万千的景象。如今，人们仍能从那些古宅院的沧桑斑驳的古墙绘中，窥看到岔山古街的繁华过往与荣光遗韵。由此，古道的风情，拙美的岔山，着实称得上是个朝代久远、怀藏芳华的历史文化名村。

## 景点推介导游

各位旅客朋友们大家好！出门旅游是件令人开心愉快的事情。请大家开放心情，放下心事，尽情享受即将开始的岔山游给你们带来的快乐，希望旅途当中的好山好水能给你带来一分良好的体验与感受，让一份好心情，伴你度过一段愉快之旅。希望接下来的旅行和我今天的导游工作，能得到大家的支持配合和赞许。

## 岔山田峒景色

各位朋友，大伙下得车来，边走边行之时不妨平眺四际，岔山的田峒风光是极其纯朴秀雅和优美别致。田在岫山下，屋在田园中，村傍山跟脚，桥渡如彩虹。岔山四下周围均有秀峰夺奇挺立，村庄前前后后都有渠水盈波和溪水环绕。之所谓"瑶池岫秀如簪碧，唯见岔山景如斯"，讲的就是这山这水，说的就是这里的美妙景色。

仰望村中奇峰，梦回岔山故事。有文章说道：苍穹雷霹，山石迸裂，天降异石，滚落人间，落地为峰。俄顷之时，山分二岔，守望相抱，遂化之永恒……宝地招吉祥，人来相助旺，屯居麓谷地的百户瑶族村民，采信以美丽传说，故以"岔山"记志村名。

## 兴隆风雨桥景点

岔山古村，穿越数朝风烟，在青峰大野屹立了600多年，积淀着许多不朽的文化经典。眼前，村口处这座风雨桥便是古老岔山的标志性文史建筑。风雨桥为明代建筑，具有"三形一体式"结构，即：中原式石券桥基、瑶族式木构长廊、江南式凉亭穹顶，三形相构成型，一体尽现瑶韵。这就是中原文化与瑶文化碰撞产生的艺术结晶，它充分地展示了富川瑶族人民的文化思想和聪明才智。风雨桥除解决交通的通勤功用外，同时还是休闲纳凉、爱情幽会、集议商事的公共场所，此外，每逢村节大庆或迎宾大礼之时，风雨桥还是百人长桌宴的活动主场，是村中最气派、最热闹、最有排场的地方。

## 古道石板长街

　　朋友们，在欣赏了风雨桥后，请大家随我一起沿着秦皇古道石板街走进沧桑得让人有穿越感觉的岔山古街。入街先观道，拾步先择石。我们现在行走的这条石板路就是秦皇朝时代所兴建的官道。石板古道在人行马踏，时光打磨千年后显得异常锃亮，十分光滑。万代风烟逝，一脚踩千年。朋友，当您踩在古道上，行在当下的岔山时，是否曾知悉这份历史的厚重和文化的感伤，而岔山这方山水为您独守了2000多年，其孤清感伤譬如一尊古佛，就为等到您此刻踏访的足音。

## 岔山风情街区

　　古巷斑墙映草瓦，烟云过往留余晖。岔山街圩内，古朴沧桑，景象环生，幽悠古韵，穿梭回响。境内有：城墙护所，马帮驿站，幽巷曲道，楼祠庙宇，进士华第。这些古建筑有的形制典丽，有的门墙斑驳，有的飞檐高翘，有的整严端庄。街中，店铺林立，门楼端坐，明查细观，尽皆古风犹存。徜徉于间，去细数脚下一路石板，去检阅眼前风尘旧筑，它的意蕴无不深深拨动着每一位探访者的心弦。朋友，只要你用心去追寻

（古道穿梭山水间）

或仔细地聆听，岔山村那回响远古的胡弦，一定会让您捕捉到昔日远去的烈马嘶啸和兵车旗风。倘如你伫立在古街门楼上，凭栏远眺，遥望晴野碧园、烟翠岚山、飞莺掠空景致时，是不是会有"田野抒情浪漫，高空飞燕呢喃，千年传奇依旧在，追思溯古系马鞍……"的情怀思绪。

## 八仙居景点

作为五朝古村的岔山，风雷云际，云帆竞发，其中不乏励志耕读的贤杰俊才。据传，岔山明末有书生扬瑞茂，专注经典，善解策论，垂范孝悌，勤学有加，且因捐资施财帮助朝廷赈灾卓有功勋，被当朝赐冕"进士及第"。其在村中建有"八仙居"，以飨神恩。再者，乡绅孟明德，自幼习武，至青年时，十八般武艺样样精通，且有超人之神勇和过人之气力。明德生于商贾世家，耳濡目染中也谙熟生意经营，其家父故世后，即秉承家运，担当了掌柜。一年，土匪马帮进犯湖湘边界和岔山村寨，横刀立马，杀人越货。明德披甲率兵，硬挡死拼地便将来犯敌首斩杀于荒野，将余寇赶出了岔山。湖湘谢恩，岔山庆幸，百姓上疏清朝皇上。清皇为表彰民间

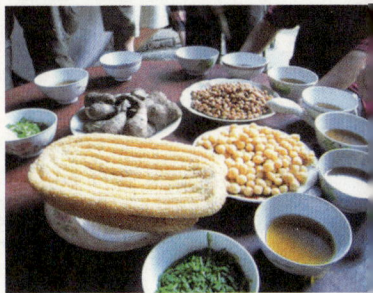

（从上至下：岔山农家乐、岔山梭子粑、瑶族油茶）

烈勇功勋，慰藉乡贤武德，即书锦下诏：赐孟明德为尚武"进士及第"。后来其在岔山筑故居为"浩然居"。乃今天的"乡愁馆"为是。

各位，让我们在岔山陶醉，让我们在岔山的古道驿站边，揽一把酒旗风，信步走进酒楼，寻一僻处，洒脱揭开窖藏于古道上的美酒，将激情燃烧的岁月灌进喉咙，又抑或唤来个好友知己，斟满欢快，与君同座在古色古香的花窗下，纵情欢畅，对饮江湖……这才不会辜负此番旅行的本念初衷哩。

## 岔山茶餐景点

各位旅客朋友，不知不觉中已至饭点时分，我们不妨先行用餐再做下步旅行活动吧。

岔山佳味天下扬，独占美食梭子粑。岔山出的米豆腐、腐竹干，打油茶、炒田螺、灰水粽、椿白糍和梭子粑都是名声在外的美味佳品。然最受食客追捧的还是梭子粑。梭子粑以白糯舂捣而成，其皮匀肉脆，过牙不粘，入口舒爽，韧性极好，颇受大家喜爱。游人每每品赏都情不自禁地翘指点赞。他们对梭子粑情有独钟，道远的不忌口，管他肚胀吃个饱，不虚此行；家近的自管够，临了出村打个包，回家共赏。

## 岔山书吧雅居

到过丽江的人，都说那儿有艳遇，偶然或不巧会碰上个"对眼"的红颜知己或白马王子。今天我说在岔山也会有艳遇，不然你进到书吧来，听着优雅的萨克斯或悠然的五弦琴，顺带点上一盏昏黄的豆灯，伴随桃花静开的声音，细细品读宋人的情词，私下悄然欣赏那窗外丽人的妩媚，不也是一种无声的慰藉和无形的艳遇么？

岔山书吧虽不似城市的豪华，却也不失古道的典雅，满屋的灰色调，谐谐文气，溢映书香。在此静览经典，拜读远方的诗，也会有处江湖之远，不忧其君，居书阁之轩也不扰其民的胸襟。读一首《将进酒》即沽酒临风，颂一葵《满庭芳》其喜洋洋者矣。晚风中，趁月色《梦呓岔山》，让梦中的思线紧扣在岔山那2000多年深深浅浅的古道上，不思归途……

## 岔山怀旧知青馆

踏着千年古马道，怀抱时下慢生活。接下来让我们一起穿越到20世纪六七十年代的时代轮框中，进入知青馆参观20世纪知青们的芳华时光。随着参观青年馆展陈的物件及图文，我们仿佛又重回了20世纪六七十年代。那时，毛主席号召全国广大知青上山下乡，深入到农村基层，锤炼革命意志。他鼓励知青要高扬战天斗地精神，要深入山乡与广大贫下中农一起扎根农村，通过学科开展实践，开展农耕作业与知识运用帮教，以此达到纯正革命种子和培养下一代接班人的目的。

大潮动天地，开来知青人。那个年代知青下乡是革命的需要，是人生历练。游客朋友们，在我们当中，有哪些是那个时代的知青，如果有的话，可别忘却了时代重望，就请他到堂中来，为我们跳一曲毛主席时代的《忠字舞》，好让我们一起去缅怀那个炉火正旺的年代，去体会一回那个激情如火的青春岁月吧。

## 岔山村郊游园

参观完知青馆，我们将出村环绕到岔山村落之外的山体游园去游览。

岔山的自然生态环境保护是极好的，这里山绿、水绿、树绿，甚至连风都是绿的。天降异石成就岔山，山开两岔迎合两江。潇贺古道之旁，千年古村岔山，在绿意盎然中静静地等候着您……抹开山岚峰雾，迎着郊野清新，遥望高耸叠翠的山头，岔山如一幅等您来翻阅的风光画卷，守候着您的到来的赞许。秦汉的烙印，古道回扬，昔日在这山峦的脚下，不绝于耳的滴答滴答的马蹄声，踏出了中原与岭南风化的水乳交融；古道路边，咕嘟咕嘟的流水响，承载了商贾与驿站的风雨沧桑。千年古村，历史长河，或兵俑赤马或青砖素瓦，皆在此留下深深的回响，并刻在了青空大地上，是那么的古朴厚拙，又是那样的触目惊心……

烽火塔上英义勇，战车轮上宝马飞。桑梓疏篱拥兵事，化在农人故事中。只要用心细细去体味村史千年的风霜，用足慢慢度量古风痕迹的寂寞，意念会让我们一起联想到昔时秦兵过境的威武和古代岔山农民的朴素乡音。我相信大伙回去后，回想当前的所闻所见，定不会对这方风情、这方山水过而忘之的吧。

各位朋友，我们的岔山之旅眼看就将结束了，在此刻要和大家说再见的时候，我还真的还舍不得说出那两个字。这一天中，我们大家从相识到相知最后成了朋友。我知道我有的地方还做得不够好，希望大家在最后的几分钟里给我提出宝贵的意见和建议。这样我会在以后的工作中更加地努力和学习，以便日后能更好地为游客服务。最后，祝愿大家平安幸福，在接下来的旅游活动中开心愉快。

# 深坡驿站　千年华街

## ——四星级乡村旅游区深坡街导游词

### 深坡景区简介

　　深坡古村，古称"深陂"，民间俗称"深陂街"。为宋绍定年间（1230年）蒋氏族人始祖蒋士弘开基立寨，距今已800多年历史，境内民居古朴，幽雅别致，古村落格局与风貌保持良好，是当下不可多见的文化古村。

（深坡春染）

深坡自古读书盛，从来励志贤。

村中现存3座祠堂，均建造于清朝同治年间（1862年），经150年风雨沧桑，仍像3件文明大袍屹立在村东南。村中还有保留完好的书,5座，较著名的有"恕堂书屋""汲古书屋"，均建立于清咸丰末年。据史料记载，深坡村历史上曾出过宋嘉定进士蒋士弘，明洪武进士蒋山文等4名进士，还有9名举人、13名贡生、8名监生、3名儒士、86名庠生。

深坡村于2013年7月获广西第二批历史文化名村称号，2013年8月入围住房和城乡建设部、文化部、财政部评定的第二批中国传统村落名录名单，2018年被国家民委授予中国少数民族特色村寨。

古时的深陂，深居华野，陂渠莹清，四野黄花，村揽葛红。该村因有四面深青相辑，且有月陂溪池依伴，故名深陂。

有潇贺古道从村中穿过。昔时的蒋氏先民，见古道车辙频繁穿梭，过境者颇多，人气旺盛即发现商机，渐渐地便把村街拓展成繁荣的商业圩街。如今，在村中的主干道，即三镶石板街两旁，依然保存有当时摆卖货物的铺面，穿越时空，恍若曾经的繁荣的古街市就在眼前。深坡村有着近千年的田园农桑文明和人文乡贤风采积淀，从而使深坡这个古老的文化村落蕴含并日渐散发出诱人的文化魅力，同时也深深地吸引着寻古探幽的游客莅临踏访。

## 村口古道景观

深坡入口，首入眼帘的便是这条石板街，这就是潇贺古道入富的北支干线。抬步前行便是古战场守御踞点。古道曾经历多朝代数百年的战火硝烟，也曾见证过秦皇兵阵的车马喧嚣。各位游客，您若拾级登山，探访山上战场工事遗迹，身临其境之中，就有仿佛置身旧时情状，会犹闻到当年村民与将士血战敌寇的刀枪撞击与冲锋号角……

## 恕堂书屋景点

村头的恕堂书屋，于清咸丰十年（1860年）由例贡生蒋登云先生创建，并以其号"恕堂"命名。书屋为土木结构，前后两进，约90多平方米。进了围墙即为条石嵌成的天井，左右有对应照墙。通过天井，经三级台阶步入后进。后进分上下两层，光线充足，为师生学习之所。

蒋登云（1815~1873年），号恕堂，例贡生。他性宽和，乐施与，为了让族中贫困子弟能上学，乐捐田租禾330把半；为延师束修，并建学舍于村之南。族人被其感动，纷纷出资出力。他还将清明田、地租1700斤及本人田租2460斤、田租禾260斤划拨给书屋永久管业，建立恕堂书屋基金会，由学董根据章程支付。

在恕堂先生及众族属的关心重视之下，书屋注重延聘名师，提高教学质量，其中又以聘请外地举人、贡生为主。清光绪十一年（1885年）聘阳朔举人莫炳贤、民国十一年聘灌阳廪贡生蒋文檀等为师，皆博学之士，深受族人和生童的爱戴。

因得名师教诲，村中人才荟萃，俊杰辈出：廪贡生、怀集教谕、新宁州学政蒋选山（登云先生之子），清咸丰辛酉年（1861年）举孝廉、苍梧教育蒋世培，富川民国二十八年（1936年）的县长蒋体元皆出自该书屋。众多学者的成就令书屋名扬遐迩。

## 蒋公大祠景点

大家随我再往前方行走，便是村西门楼和蒋公大祠。眼前的古门楼历经沧桑，犹若守关丈夫，严关镇守，煞是威风。古语说，一村之门开洞天，迎晖接福两相妍。我们想，古时的先民建造门楼，不仅仅只考虑其防御之功用，同时也应兼有昇日通勤与开门祈福之寓意吧。

蒋公大祠，是市县两级文物保护单位，其文化价值颇高。蒋公大祠原以敬奉开宗始祖蒋士弘和历代宗公为主体，后来，后辈俊杰出世频涌，功德无量，众商群议之下，族人也就将各时代后裔族贤的功德牌位一并列以展陈供奉，因此说，蒋公大祠又称之为"蒋氏宗祠"。它是深坡村人文精神的核心，同时也是蒋氏族人价值观的集中展示场所。"祠标先祖忠功义，堂列族裔道德贤。"

凡祠堂者，俱为崇奉祖先、祭祀乡贤与弘扬明德之公众场馆，是非常庄重而肃穆的。"一等人忠臣孝子，两件事读书耕田"的联句，这就是深坡人的族训，是村人世代崇尚的精气神。各位通览全景后，是否对深坡村文化理解有所增进呢？好啦，在看过蒋公大祠后，就让我一同走过石桥去踏访一下秦皇古道边的文史遗风吧。

## 富源河古道区

深坡村前的这条小河称富源河，沿河边上的这条石板路即是潇贺古道的支系小道。"下走富阳，左进村"，当年中原流民、荆楚与湖南的客商过境深坡去富阳达古城，就是沿这条古道而前行的。溯河而行，踏上古道去游览村外田园，便会自得清趣。常言道：野览宜舒风云气，清游自带竹林风。这样美好的田园风光衬托着如此古老的村廓景象，给人是何其舒爽啊！

## 深坡古街景区

走过了富源古桥，现在我们便到达了村落东面的古道驿楼，出驿楼后，往右边行是白鹭亭观光区。现我们从左边行走，便进入到深坡古村的核心地带深坡古街区了。

过了眼前这座古门楼，里边就是建造于明清时代的"三镶石街"。据老人们说，三镶石街是不以随意兴建的，它的建造在古代是有严格讲究的，只有官阶达到三品以上的官员才能在其村中建三镶石街。所谓三镶，其谐音即"三相"，无三品之相即不可以造三镶，故其规制是不能乱的，这是封建帝皇朝廷朝纲的仪制。

三镶街上出三贤。其一蒋士弘，进士出身，学富五车，人情练达，为官有慧政，深得任地人们拥戴。其二蒋山父，进士出身，谙文善赋，能书善画，为乡党名贤，有词赋华文留于后世。其三蒋世培，举人出身，品性清高，学识渊博，致仕有作为，德才兼备深受县人尊敬。真可谓：深坡才仕藏深学，华街风云显英风。深坡历代不乏武举儒士，也乏仕宦大夫。说村中蒋氏一族为名门望族确实是言不为过的。

## "大夫第"华匾区

"大夫第"一般是指文职官员的庄宅。"大夫第"顾名思义，就是帝制时代，科举麾下出长的士大夫的门第。通常来讲，古代士大夫的居所都通例地叫作"大夫第"。这般荣称和封号无不彰显出主人家的自豪与骄傲。然"大夫"还要具体看大夫的品级。清代文官之阶有十八阶。五品以上官阶称"大夫"，六品以下官阶为"郎"。正一品则赐为特进光禄大夫，若得此殊荣，那便是相当贵气的官了。昔日深坡华街出了士大夫，可是全村全族的荣耀，是件了不得的事，今见大夫第华匾高悬，能不知名而生敬畏之情嘛。

## 孚在道门楼金匾

"孚在道"亦作"有孚在道"。有孚在道，语出《周易·随》；"有孚在道，以明何咎。"孚，乃指诚信；道，为正道。另有《象》文中说："有孚在道，乃明其功也。"再有王弼注："体刚居说，服得民心。能干其事，而成其功者也……志在济物，心存公诚，守信在道。"那么，此匾题句的意思即为：守信在于正道。若要使人敬服，须以诚信与正能量去感召人才能达到。言外之意就是：经商或立业，唯有行使正义或操守信力才能到达成功的目标。

此外又有另解，《佛学大辞典》中的注述解释是：浮屠，亦作浮图。按浮屠即佛陀

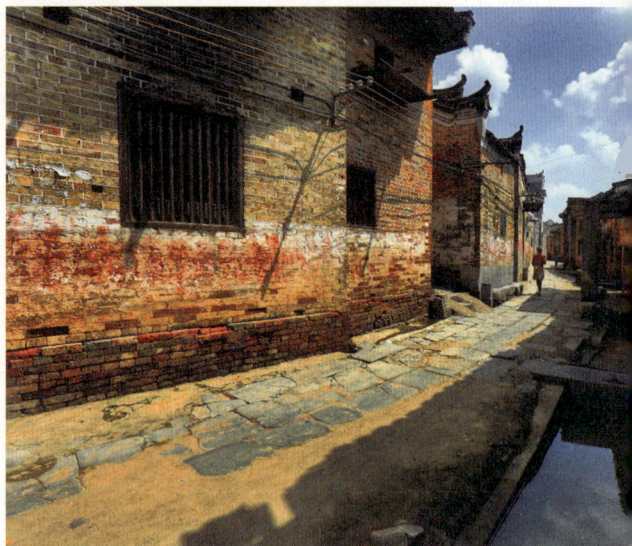

之异译。"孚在道"亦有佛家之道义、道法与道场之隐喻。那么朋友们，你们对这块匾上的题词又是怎么理解的呢？这个问题留各位回去慢慢思考吧。

## 乡愁文化展演园

"守望相助，记住乡愁"。是当今文化遗产传承的主题。大到一个国家、一个民族，小到一个区域、一个村屯，它们都在人类的发展进程中积淀下无比珍贵的文化印迹和文明印记，这些精神印记与物质印痕都是见证我们蹒跚成长的历史资存，它就是我们的乡愁，也就是促进我们成熟的文化遗产，我们当以珍视而珍藏之。

走进这间乡愁纪念馆，大家可以参观到馆中陈列的民俗风物和些许似曾相识又生疏的老物件，然而它都是我们长辈和村民智慧的结晶。

您看墙上的锦被、框中的绣品、架上的瓜瓢、柜中的渔篓，还有门楣上的木质雕花板、竹篮上的篾制图案、餐桌上的陶碗器皿和农具架上的锄钯犁斧等等，那般那件不是饱含人类进程的文化例证。

## 汲古书屋景点

一等人忠臣孝子，两件事读书耕田。诚然，深坡人是有良好品质的，他们依着祖

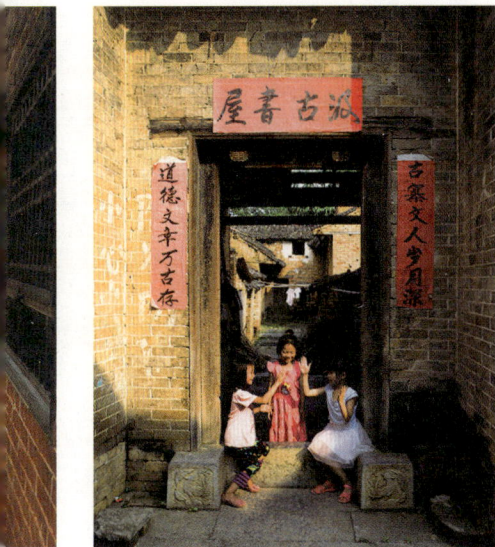

（从左至右：古道驿站、深坡三镇街、古道书屋、深坡祠堂）

训，一边奋发读书而科举致仕，一边不辍垄耕而勤恳桑农，两事不忘，相彰相济，终享甘甜。汲古书屋始建于清咸丰年间，是深坡进士蒋山父带领族人募资修建的。书屋两进式三开间，中通为天井，天井两侧为师塾用房，内屋为正厅教堂，是老师给学生上课的地方。

　　楼上是乡贤雅聚茶会的场所，每逢节假秋休之时，或逢三年秋闱大试前期，村里学士才子即会于斯楼，或是谈古论道，汲古纳经；又或是畅谈文理思绪，交流文学心得。总之，从书屋门外走进来的是童生，然从书屋走出去的就是伟良之才了。像蒋山父，蒋世培等才俊，昔时都是在此研学世事才情与天文地理的，可以说这可是个求学求官的书坛发迹宝地哦。

　　好了，走出书屋外，在主街边上有三条古老的村巷，里边有大府华居和小院雅构，它们独立成景，风情别具，大家不妨自由结伴去探一下。

## 八字门楼景点

　　八字门楼又称品字门楼，它是深坡古街上最有气派的蒋族支系门楼。该门楼就是开村鼻蒋士弘自广西桂林来此定居后带领后裔族人兴修建造的，门楼上方悬挂的"进士"巨匾就是朝廷赐予他的荣誉金匾。据《蒋氏族谱》记载：宋朝嘉定年间，进士蒋士弘在任职桂林府通判官时路过这里，看中这个风水宝地而毅然决意在此垦植拓业，安身定居，随即便开启了立村建寨的大业。至后来，有湖南蒋族亲人知悉族亲蒋士弘在风水宝地的深坡安身立命，繁衍生息已成旺系，遂聚亲众迁至于此，汇聚同居，相成血脉，至今族人均团结和睦相处，甚是洽然。真可谓：族风浩荡开宗脉，深坡荫福庇后人。

## 骑龙上京门楼

北京的金山上光芒照四方，毛主席就是那金色的太阳……挑担茶叶上北京……献给伟大领袖毛主席……朴素的深坡人，翻身不忘共产党，解放不忘毛主席。他们勤耕劳作，多产增收，时刻要力争上游，将丰收的果实送去北京向毛主席献礼。门楼上方的壁画，以简练的线条，轻快的色彩，生动地表达了朴实的深坡人民对党对毛主席的敬爱情怀，看到这真情实感、朴素的描绘，无不让人勾起了对那个火红的年代的怀想……又无不让人定神在画中而感动万分。

## 恕堂书屋景点

"恕堂书屋"修建于清朝咸丰年间，为深坡乡贤蒋恕堂先生举资修建。恕堂先生别名又叫蒋登云，先生性格宽和，乐施好善，当时社会发展落后，村民贫困，孩子因家里经济结据而上不起学，先生恪守勤劳济物、读书济世的祖训，看到村中绝大部分小孩因为贫穷上不了学，后代将被蒙昧无知困扰时，他除了毅然捐出自家祖上相承的12亩田地外，还捐出了自己多年积攒下来的钱币，建起了这座书屋，开办了义务教学。此外，他还请来城里的老师为贫苦人家的小孩讲学，进而促使村中的穷家孩子也都能上得了学又读得了书。正是因为恕堂先生办的义学，深坡的后生与孩子们代代均有贤能出之，也都纷纷在问鼎科场的云帆竞拨中，争相为祖先族人争气，为家国村寨增光。祖上积德乐教助，后代勤勉共争辉。这就是文化深坡的精神文化所在。先辈开胜迹，后代勤登进。恕堂先生去世后，村里人为了纪念感恩他，每年在他诞辰之日，都会在这里集会祭拜，以示缅怀，渐渐地形成了深坡街读书节。

各位游客朋友，我们的旅程马上要结束了，我也要跟大家说再见了。临别之际没什么送大家的，就送大家两个字吧。首先第一个字是缘，缘分的缘，俗话说"百年修的同船度，千年修的共枕眠"，那么和大家一天的共处，算算也有千年的缘分了。接下来这个字是原谅的原，就是在今天的旅行中，我对大家的服务有做不到的地方请多多谅解。缘原在心，原缘于情。再见！

# 秀山石城　将军故里

## ——古城镇秀山村导游词

### 秀山景区概况

　　秀山村地处富川瑶族自治县的古城镇境内，位于富川东南之隅，是潇贺古道上最具规模体量的古村落。该村于2017年被国家住建部、国家文物局评定为中国历史文化名村。

（自求多福）

秀山村，因石山、石头、石墙、石门、石街与石屋多而称之"石城"。该村自然风光旖旎多姿，田园风景灵秀古雅，其山林地貌极具园林色彩，田野风光恰似画卷美图。古雅苍茫的村落中，古道纵横，石街铺陈，石城森严，石渠交错；文化古朴，民风古旧，不愧是岭南古都，八桂名村。有诗赞美秀山曰：富邑山川奇风云，明月风华出贤英。北有秀水摘文冠，南有秀山掌戟缨。南山北水才仕涌，大美河山耀古今。

秀山村三面群山环抱，背后靠山高耸厚重，左边青龙昂扬盘旋，右边白虎雄视卧踞，形成一把巨大的交椅将村落怀抱。村前河溪玉带环绕，开阔田地明堂显赫，远处冈峦案山回罩。再不懂风水的人看到该村环境，也会知道这里具有藏风纳水、阳气昭彰、人杰地灵的大格局。

据富川资深文物学者王国政先生考证，这里曾是古道名县冯乘县县城遗址之一。冯乘县是汉武帝于元鼎六年（前111年）始置的古道县治，与富川县、谢沐县、临贺县等同时建县。县域包括今湖南江华瑶族自治县大部和广西富川瑶族自治县东部。北宋开宝四年（971年）废，东境归江华县，西境入富川县。冯乘县共历时约1100年。

冯乘县早已黄鹤西去，但秀山仍遗落着勾挂岭的传说、古石城的落寞和青石板古道的斑驳。秀山村的人文遗存最大的亮点是那硕大无朋的民家围屋和军事城堡的碉楼。

## 秀山武篆广场

各位嘉宾朋友，富川北有秀水福溪，南有秀山塘贝。以秀水秀山为品格的"南山北水千古风情"即是富川得天独厚的文旅意象。在远离富川县城的繁华喧闹之后，坐车约10公里许，我们便来到了古城镇的秀山村啦。这里青山挺秀，村郭排达，古风盎然，典雅秀丽。它曾是潇贺古道上极为富庶与繁荣的古代村落，它曾经见证过秦汉的古月，唐宋的弦律，也曾吹拂过元明的曲令和清庭朗风，是印烫在桂东这方古老土地上的古风名片。

眼前广场边的这座大戏台叫"耀武台"，戏台依靠的这座山叫武篆山，山形奇巧玲珑，俯瞰有如一个篆书的武字，故而得名武篆山。昔日武篆山下的这块坪地曾是村民集合抵抗外敌的演武场，武篆广场也就是这样相应而得名了。

广场对面是龙屏山，它形似青龙，连绵起伏，颇有龙腾青云的气势，让人一眼望去，就顿时心怀敬畏之感。过去这里就是龙虎星云之地，文武贤达，代代有之。故昔日人称：邑中秀水，三江涌浪出状元；冯乘秀山，龙虎开屏出武官。这就是中华民国抗日将领胡天乐将军的故里，不愧是虎跃龙腾的风水宝地哟。

## 天乐习武石林

各位，江山留胜迹，我辈复登临。大家看，广场前面，池湖之上这片丘山，因以怪石嶙峋又灵巧别致，而别有园林一般的景致，不妨就让我们一同前往游览一番吧。据村中老一辈人说，民国爱国抗日将军胡天乐打小就在此中读书或习武，当年这可是他幼年放牛、打柴回家后最爱来的地方。

天乐将军，抗日名将，又曾任民国时柳州、桂林及平乐府专员，在当地也算是大官一个的了。他虽出身不贫，但也恪守"自求多福"的祖训。他平素克己从俭，勤爱劳动，常自己上山拾柴，以资家用。当他每次砍柴回家之后又从不思惰，闲余空暇便独自常来石林之中，静读圣贤文章。所以他天资聪明，文章学问也做得很好。年少时期的胡天乐除了乖巧懂事、知书达理之外，还非常喜欢舞枪弄棍，所以到其成年参军入伍之后，刀枪棍棒也就无所不能的了。因为天乐将军来临石林，后来村人也就把此处叫成了天乐石林，以示对天乐将军的纪念。

## 水川古庙揽胜

从石林择道往里走，村后有片山林，林外有片坡地，那可是一片清爽之地哟。

好了，朋友们，我们来到山脚下了，眼前的这座庙叫"水川庙"。水川庙本是风水庙，是主管风水施财和滋物旺丁的神祉。大家若对民间风俗文化有所信仰，便不妨进庙礼行参拜一下，诸神会保佑大家人丁旺盛、财源广进的。

庙外有条龙泉，此泉为地下岩洞之水，水质清醇甘甜，人们说"庙前之水似玉泉，饮得福寿运连绵"。大家若是信我说的话，既可临泉洗手，又可掬捧饮之。一来可沾上些神圣的赐福，二来又可去燥避邪，两全其美，何不乐哉。

请大家再往庙边的石崖下看，石崖下有黄连树，树根边上有一些石翁神像，这些石像原来也都是置放在丛林的大树下，因1958年大炼钢铁的时候把大树都给砍光了，神像也就被移放到了这里。大家可知道，这些久经香火的石神像可灵验了，当地人说拜了石像会使久婚不孕的女子很快会怀上孩子，再者，还会使有灾的人避除灾殃，重证福光。大家要不要去参拜一下呐？古人有句话说得极好：见个石头作个揖，我相信好人总会是有好报的。

## 天乐将军围屋

沿龙泉河边往村庄里走，进了秀山村后的寨门，我们便到了胡天乐将军的家宅府邸了。天乐将军的府邸可不是一般的门庭，在当时，那可是豪门深院的派头啊。

将军府是一个军事城堡，有炮楼和指挥部相伴，可谓气势恢弘。建筑群为砖石混砌式建筑，全高三层，高达15米，是该村最高的建筑。它的建造为"两进式三主体"格局，即前主屋、后眷楼和侧面营房。主屋为父母与家人的住所，眷楼为将军办公及家眷的住室，营房则为随行官兵与家仆的安置区。整个宅区分建三栋，却相互联通，以为照应，达到了可居可防可守的功能，其布局非常严谨，在当时实为罕见。

将军府是民国中将抗日将领胡天乐将军的故居。胡天乐（1892～1951年），广西富川秀山村人，原名胡维璋，以字行。于清光绪三十三年（1907年）考入广西陆军小学堂就读，和中华民国代总统李宗仁是同班同学。后考入河北保定军官学校步兵科，又与中华民国国防部长白崇禧是同班同学，牛吧！

北伐时任国民党第四集团军第七军三十九旅少将旅长。当时胡天乐得到一把蒋介石奖励的"中正剑"，所以他也是一名"佩剑将军"。抗日战争时出任广西省民团少将副总指挥、湘桂边区抗日指挥部副总指挥官等职务。他把桂湘边境的恭城、富川、钟山、贺县、江永、江华等县的抗日力量集中起来，抵抗日本鬼子的侵略，在望高、白沙、牛庙、信都、官谭、桐尾、青草界、梅花各个隘口设防，凭借着这一带的崇山峻岭，运用灵活机动的游击战术，拼命抵抗日本鬼子的疯狂进攻。在富川麦岭还打了一场大胜仗，重创了日军的有生力量。

2005年，在反法西斯战争胜利60周年的时候，由中共中央、国务院颁发了一枚抗日战争胜利60周年纪念章给胡天乐将军，纪念他作为国民党将领在抗日战争中所做的贡献。作为国民党将领能得到这种特殊荣誉的，在贺州仅有胡天乐一人。

胡天乐故居三层砖楼，高墙绿瓦，大青石板街，洋派门楼，龙檐凤脊，大天井套小天井，绘有书画，厢房数十间，碉堡高耸。当街威仪的大门石柱上刻着一副名家书刻的对联："入孝出第，用行舍藏"，门额为："自求多福"。体现了胡将军爱国恤民、忠孝齐家的志向和抱负。

## 秀山民家围屋

走出将军府，我们可从正街的门户进入秀山民家围屋。

其实秀山最大的民家围屋不是将军府，而是将军府前面更大的宅院"胡家大院"，是当年富川最大的染坊。

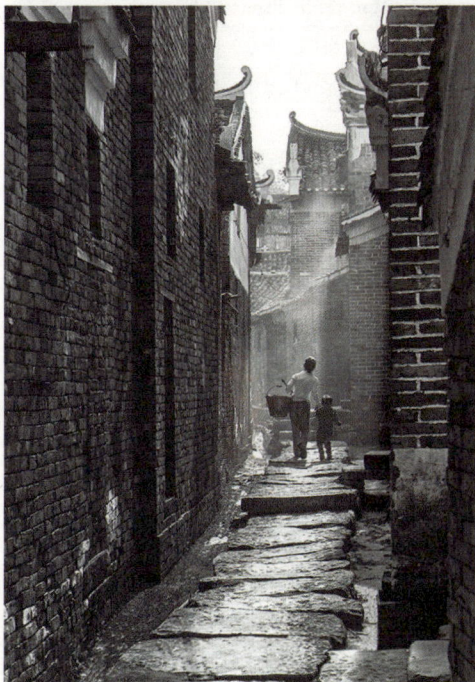

（从上至下：秀山古街、时光隧道、古巷流芳、坚挺的古道炮楼）

　　"胡家大院"占地百亩，井然四方。大院四周以排屋作围，百米石城，森严壁垒，浩浩汤汤；四角炮楼，威严高耸，百孔枪窗；墙基石块齐齐整整，巍然壮观；门刻石雕"门迎百福""户纳千祥"。大屋院中有院，屋中套屋，还有染坊、酒坊、豆腐坊、榨油坊、舂米坊，等等。新中国成立后至改革开放前30年，这大屋曾住过整整一个生产队的180多人。

　　秀山围屋以青石墙构造，石墙高达2.8米，周长为120米，连屋基共用40厘米×40厘米的青石达4600块。围屋以正方形规划建制，总构造为三进四厢式格局。主体为三进间堂屋，堂屋建制瑰丽，高大阔气，细琢精雕，工艺精美，是门中高祖或掌门人家所居之地。四厢为排房式单间，俱为辈分低的族人或家中奴仆侍俾所居。在围屋外还有高耸的炮楼和护屋守卫的枪眼。另外，主屋的天井之中有一方约4平米的大鱼缸，全是整块的青石板材拼装而成，其制作异常精工，图案十分精美，由此可以想象得到这户人家在当时的富豪程度和排场势头。好了，接下来，大家可以自由地在古宅中去感受参观一下。

# 秀山石街古韵

　　出了民家围屋，让我们继续往秀山的主石街行走。沿街的古民居沧桑古朴，建筑典雅，高低不等，造型各异。有的高墙阔院尽显家门富贵，有的低小简朴却不失古拙淡雅。老屋中有石柱、石墩，也有石槛、石鼓，上面的雕花及图案丰富多样，异彩纷呈。图案中有愁龙、苦凤、笑狮子；也有宝卷、经书、朴扇花。这些雕花素材充分反映出古代富川对楚文化的吸纳与兼容。

　　走在长长的石板街上，我们也不妨眺望那些斜出天穹的屋顶飞檐与雕花楼台。屋上的飞檐如龙头，气势昂然，楼台上的吊脚以通廊式悬架。廊檐与窗棂上的花格中分置有牡丹富贵、梅竹同春，也有龙犬傲立、麒麟腾云，还有万字回纹和云水线花等丰富多变的几何图案，所有这些又是富川瑶汉民居元素的体现。

　　富川村落古沧桑，秀山秀水好文章。一文一武挥大气，山河秀美煜文昌。文经武纬标史志，英才绵世万代长。千古风情阅不尽，瑶风楚韵尽风光。这就是富川与秀山文化情韵的精髓所在。

　　各位嘉宾朋友，今天秀山历史文化名村游览在到此就将告一段落了。走出前方的古村门外，还有美丽无比的秀山田园风光与村落小景供大伙自助游览和自行拍照，待一会儿我们将在大戏台客服中心集中。

# 潇贺古祠　石龙周家

## ——城北周家导游词

### 周家古村概况

城北石龙村，现名石狮，内含古道名村周家村和黄家村，是与秀水、福溪、秀山、塘贝、巩塘、深坡等村寨齐名的古村落。

富川城北镇石龙周家村，始建于宋朝，至今已有700多年的历史。该村地处潇贺古道富川段的主干线上，是古道重要军事囤兵与兵工战防关隘性据点，同时，又是古道马帮游商较为云集与兴旺的村落集圩之一。该村周族人是周敦颐的后裔，是道州周氏昔时自古道南来聚居的一支，因其村民受周濂溪理学书香文化影响，故濂溪文化甚为浓郁亦甚为深远。除此之外，周家村还有着如同世外桃源般的田园山水环境。境内重要景点有：古道石崖、饮马井群、红枫碧水、濂溪华祠和石栓渡桥等古道人文景观。

这里四面群山环抱，龙腾虎踞，藏风纳水。中间盆地良田千顷，溪渠纵横，村旁古树参天，葱葱郁郁。村落依山傍水，飞檐照壁，古色古香。石龙的山都有岩，如川岩、桃母岩、鹰嘴岩、石垒岩、豆子岩、仙姑岩、大口岩、风洞岩，等等。岩岩有深洞，洞洞有传奇。古人有诗单赞石龙山景，曰：

（坐爱枫林）

石势参差十尺屏，龙腾树色隐山灵。

洞中郁郁无穷碧，堂背葱葱未了情。

其中豆子岩是富川最大的熔岩，川岩南北贯通，岩高18米，长380米，面积达19000平方米，体积有342000多立方米，能容万人，被称之为"富江之源"，是古富川"第一岩"。

石龙村还遗存着潇贺古道上的重要设施大型古井群和石板桥群。黄家村的黄家祠堂独具特色，祠堂旁边有将军门第，是民国瑶族将军黄燫的故居。黄燫与白崇禧、夏威等国民党著名将领是保定军校的同期同学，曾任孙中山大元帅府海军陆战队队长、北伐军营长、警卫九团团长、第四集团军总部少将参议、湘桂边区抗日游击司令。其弟黄显汉同样毕业于保定军校，曾任蔡锷警卫团连长，在护国讨袁战争中牺牲，年仅24岁。

## 景点推介导游

各位旅客朋友们，大家好！

旅游是一次生活里的圆梦，更是一次文化洗礼或科普体验。一次开心的旅行，就是一次文情如沐的尽情享受，即将开启的石龙周家旅行，一定会给你们带来文化的熏陶和心灵的沐浴。

古道上的周家村，有着如同世外桃源般的田园山水风光和清淳蕴厚的濂溪理学人文环境。境内重要景点有：古道石崖、饮马井群、枫红碧水、濂溪华祠和石栓渡桥等古道人文景观。希望石龙周家村的好山好水，会给你带来良好的心情和美丽的旅行体验，同时，也希望接下来我带领大家旅行所做的导游工作，能让你度过一段愉快的时光。

## 周家双古石桥

朋友们，从富朝公路分岔道进来，石狮田峒的山水田园是不是显得非常的青绿，异常的宽敞。大家看，周边群山匍匐而卧，四面稻田和风律动，脚边的溪水在欢欣流淌，路边的野菊在暗香涌动，所有这些景致都在表达石龙欢迎远方客人到来的姿态。

来到石龙峒，纷尘的俗世和浮躁的心绪便荡然无存。让我们下车步行游览，用心去体验古道情怀，回溯那千年古道上缀红披绿的光景和凄凄古道泛起的幽思。看着沧桑的古道石桥，我们似乎依稀看到历代的兵马踪影和他们踏过石桥曾流过的凄殇。今此一游，旧时的岁月已泛烟黄，再寻找昔日泣血般的旧梦，竟默默无语，悲情下思绪化作一道残霞斜阳。真是：寻游依稀入旧境，若遇古人泛泪光，古桥风劲依旧在，偏坠夕阳惹人伤，犹见嘶马向天啸，人间处处话沧桑。

## 古道饮马井群

见证了石桥的沧桑后，我们再到村外河中畔去观看古道饮马井群。饮马井就是给马喂水的井，为便于战马汲水，一般都没有井口护罩。周家村的饮马井是若干井口的集合体，故称饮马井群。加之它又紧靠河边，互为一体，哪怕是数十匹马同时济饮都不成问题。该井群的结构为"回""田"式布局，井水溢满于地表，泉水相互迂回，即口口皆满，饮马放牧甚是便利。

前面讲过，富川在春秋战国时期隶属楚国，是楚越的交界点，是历代兵家战事的必争之地。话说公元前215年，秦始皇派遣当时位居国尉官职的屠睢征战岭南，为便于对岭南三郡的管辖，屠睢在秦皇古道的基础上，扩大从秦朝国都咸阳至广州的潇贺古道。而这条古道位于湖南和广西之间，连接着潇水经富川直达贺州，并与海上丝绸之路相连接，是实现水陆相通的军商要道。据史料记载，当时修建这条古道时，历时两年，动用了劳力40多万人，而因为饥饿、工伤、疾病或杀戮遗尸在工地上的就有30多万人，可谓是旷古之军事工程。

潇贺古道古时候称为"秦建新道"，相对于"岭口古道"而命名，后来也叫"楚粤通衢"。古道上饮马井数以百千计，然以"井群"出现的只有江永勾蓝瑶寨和富川周家古村。随古道文化与经济的边缘化，古道功用也淡出了军事功能，如今只是"晨起庄人来挑水，垂暮村姑嬉浣纱"的景象了。

## 濂溪祠堂书院

濂溪祠，是本村周族人倡导集资修建的一座庞大的多功能祠堂别院。祠堂正厅主位敬奉的就是周家村周姓人的先祖，也就是北宋时期中国理学鼻祖周敦颐。

周敦颐，字濂溪（1017～1073年），湖南道州人。他是我国理学的开山祖，是我国继孔孟之后的第二代大儒。所谓"理学"，就是糅合了儒家、道家和佛家的理论，三家合一，最后通过整合形成的一个新的思想流派。周敦颐是把世界本源当作哲学问题进行系统讨论的起始者。由于周敦颐在哲学上的贡献，联合国教科文组织将他列为第三十六位世界文化名人。

相信大家上学时都会在课文上学习过文学名篇《爱莲说》吧，它就是北宋理学家周敦颐创作的一篇散文。这篇文章通过对莲的形象及莲的品质描写，歌颂了莲花朴实坚贞的品格，从而也表现了作者洁身自爱的高洁人格和洒落的人文胸襟。文中最受后人传颂的名句就是："出淤泥而不染，濯清涟而不妖。"

周家濂溪书院，是富川建筑规模最大、设施最完善的书院。学堂坐北朝南，建在

（从上至下：周家濂溪书院内部结构、廉溪祠、石龙古樑桥、古道饮马池）

村前凤凰坡下，靠山来龙郁郁，面前溪流玉带环绕，气象恢宏。建筑体例为三进厅屋格局，前厅宽敞，围坪开阔，两厢教室为两层建筑，中间建有一座阁楼为教师办公或住宿，后厅高大威严。总建筑面积近1000平方米。其结构上由主祠和别院两大部分组成。主祠呈围屋状，共分四进，四围房体均为两层式构造。进得大厅来，首先入眼可见的便是文昌阁，文昌阁即奉文昌星，是祈求神明开化愚钝，祈祷文俊辈出之祀奉场所。文昌阁二楼是教书先生的住所。主祠两侧是为教室和客堂，后进间便是祭典周敦颐和周族先祖的神龛，内设肃穆，气氛蔚为庄严。

周家濂溪书院于清乾隆年间始建，创建人是周家名人周世勋。周世勋（1722～1795年），字庭恭，号道川，城北乡石狮村周家（原名石龙村）人。清乾隆丙子（1756年）科举人。

周世勋出身寒门，其父周玩涵是个地地道道的农民，母亲唐翠瑛是个勤劳俭朴的村妇。兄弟三人，世勋居长。他从小受父母器重，得以入塾读书以至中举。周世勋24岁那年，即乾隆二十一年岁次丙子，被授任陕西省延安府延川县知县。他做官期间关心人民疾苦，清正廉明，勤政爱民，深得当地百姓的爱戴和敬仰。有几次朝廷欲调另职，但延川人民"屡留泣赈"，不肯放行。周世勋在延川政绩斐然，为了表彰他，乾隆皇帝特地诰封其三代（有诰封制文）。

周世勋从延川卸任后，即归隐故乡，致力办学。他将村旁的彪炳庙稍事修葺办成一所书院，招收族里和邻近村寨学童入学，他亲自讲学。周世勋办学的最大的特点之一是其平民教育情怀，他秉承孔子所提倡的"有教无类"。参照他任职时四川文昌书院的"招生简章"（文昌书院记）："凡越隽生童，不需一束，均得入院肄业，按月观课。捐廉奖赏，作育人材，大公无类。"

濂溪书院从诞生那天起，便向社会下层和民间士子开放。书院招生不设门槛，入学无户籍限制，只要有志于学业的，不分贫富，不论地域，均可入学。

由于他学识渊博，治学严谨，教育有方，附近村庄慕名求学者甚众。在周世勋的专心教育下，这所简陋的学堂培养了不少秀才、贡生。乾隆六十年（1795）六月周世勋逝世，终年73岁。

周世勋办事认真，学识广博，品德高尚，深得村人的敬佩和后人的景仰。族人为了纪念他，清咸丰元年，还在书院前给他塑了一尊像，以作永远纪念。

现在我们看到的祠堂主祠内还开设了"周氏文化·濂溪文化乡愁传习馆"。馆内，科文多类，展陈典雅，内容十分丰富，是县域内较为先进的乡村文化博展馆。参观之后，它会让人受益不浅，且大受教益。

## 古道赤壁怀古

大江东去，浪淘尽，千古风流人物。故垒西边，人道是，三国周郎赤壁。乱石穿空，惊涛拍岸，卷起千堆雪。江山如画，一时多少豪杰……

这就是宋代词圣苏东坡《念奴娇·赤壁怀古》中描绘古道与古战场的壮阔场面。而此时当我们走进周家，踏过古道，趟过古桥，观过古祠，再看陡峻的青山、嶙峋的悬崖、千仞的赤壁时，会浮现出古道上那腥风血雨和刀戟相争的往事与画面。

北来潇贺烟雨茫，旌旗相进车辙忙；赤壁山下相争急，往事不堪是沧桑。据当地耄耋老人讲述，周家村外青峰仞壁下古战场的故事版本很多，其中最流传的是，豪山才子何复图抗清的故事。

南明政权的抗清斗争是发生在清初（1644～1662年）的一件影响重大的事件。崇祯十七年（1644年）李自成起义军攻破北京，崇祯帝朱由检在煤山自缢。清军入主中原，明朝宗室先后在南方建立政权抵抗清兵，包括弘光政权、鲁王监国、隆武政权及永历政权，前后共历18年。

当时在富川领导抗清的主要人物是何廷枢的儿子何复图。何廷枢，字运之，号环应，明万历四十四年（1616年）进士，曾任兼陕西道监察御史、中宪大夫、太仆寺少卿南京御史、巡按应天、代天巡狩，获御题"精忠正大"之嘉。何氏兄弟同朝为官，精忠报国，德政斐然，著述颇丰，是富川古代史上影响最大的人物。相传油沐回澜风雨桥就是何廷枢捐资重修的，关于他和瑶妃盘兰芝的旷世之恋和鸳鸯风雨桥的故事广为流传。他文挂武职，率兵在沿海抗击倭寇的事迹也载之史册。

何廷枢的儿子何复图，又名何建巍，字见心，号行安。万历庚戌三十八年（1610年）四月二十一日出生，随父亲何廷枢在京城长大，国子监学生，后任通判（正六品），崇祯年间升监军金事（正五品）。当崇祯驾崩、铁骑蹂躏中原、荼毒天下之时，何图复跟随一批忠臣良将，如何腾蛟（湖广总督）、堵胤锡（南明兵部尚书）等，南下组织民众抗清，先后辅佐明室藩王，重建大明政权。

顺治五年（1648年），何图复奉永历王朝桂林督军朱盛浓之命，回到家乡豪山，建立抗清营地，后来，何图复率部以石龙周家赤壁为重要据点，发动谷塘垌等瑶民抗清复明。

顺治六年（1649年），南明兵部尚书堵胤锡与清军大战与衡州，败走桂阳至龙虎关。龙虎关的守将是时任永州总兵的曹志建。《明史•堵胤锡传》记载："……初，赤心等入广西，龙虎关守将曹志建恶胤锡，起异心叛明投清。胤锡不知也。或说志建，胤锡将召忠贞营图志建。志建夜发兵围胤锡，杀从卒千余。胤锡及子逃入富川瑶峒。志建索之急，瑶潜送胤锡于监军金事何图复，间关达梧州。会王遣大臣严起恒、刘湘客安辑忠贞营。至梧而赤心等已走宾、横二州，乃载胤锡谒王于肇庆。志建迁怒图复，诱杀之，阖门俱尽。"

说的是，南明兵部尚书堵胤锡与清军大战与衡州，败走桂阳至龙虎关，投奔龙虎关的守将永州总兵曹志建。但曹志建已起异心叛明投清，连夜发兵包围堵胤锡，杀死堵胤锡所部从卒千余。堵胤锡带着他儿子逃入富川瑶峒，投奔监军金事何图复。曹志建带兵追到富川，向何图复索要堵胤锡，何图复连夜派兵将堵胤锡送往梧州。堵胤锡得以从梧州到当时的永历王朝所在地肇庆，谒见永历王朱由榔。曹志建迁怒于何图复。派兵攻打富川抗清队伍。何图复率部抵抗，大战于城北石龙四佰岭古战场。富川瑶民利用山林洞穴与曹志建周旋数月，曹志建奈何不了何图复，最后曹志建勾结清军围剿何图复，何图复为避免当地百姓生灵涂炭，愿意只身赴死以结束战乱。何图复被俘后，曹志建知其文武双全，英勇骁战，百般劝降。何图复誓死不降，曰："任死荒徼，勿降也！"并赋诗曰："战袍血染泪痕飘，只因社稷胡人扰。整军有待赴京日，吉兆英雄护明朝。"

曹志建恼羞成怒，令人将何图复五马分尸，并将何图复一家满门抄斩。

何图复豪迈地唱诵着明末抗清名将张煌言的诗："生比鸿毛犹买国，死留碧血欲支天。忠贞自是人臣事，何必千秋青史传"，慷慨就义。自此，豪山何廷枢一支再无后人。

闻讯何图复被杀，南明兵部尚书堵胤锡所部三军恸哭，如丧父母。为给何图复报仇，率部与瑶民联合作战，与曹志建部清兵大战于石龙古战场，最终将曹志建部消灭，曹志建下落不明。

南明的抗清斗争虽然最终被清王朝残酷镇压下去，但是，抗清义士的鲜血没有白流。正是他们长达20年的顽强战斗，使清朝统治者看到南方人民的伟大力量，认识到如不改变其落后的统治方式，停止侵害汉族利益的行为，特别是如不争取汉族地主阶级的支持和合作，恢复和发展生产，其统治便无法得到稳定和巩固。因此，清圣祖在亲政之后，便采取一系列缓和民族矛盾、调整阶级关系、恢复和发展的措施，并在其当政的前期基本完成满汉地主阶级的合流，从而使民族矛盾得到缓和，不再成为当时中国社会的主要矛盾，使社会经济得到了恢复和发展。这就是南明义士抗清斗争历史作用之所在。

何图复抗清复明的民族气节为后人所敬仰，他的事迹载入族谱。

## 古驿红枫景点

朋友们，周家村是潇贺古道文化古迹最多、最集中的村寨。它的北面有古道关隘，有古战场，有古祠古井、古道古桥、古堰田峒，还有这"霜叶红于二月花"的古驿红枫。

以前，一直觉得有关红枫景观天下滔滔，四处皆有也。但有年秋天，我独自来周家山外的这片田园，看到池畔枫林烂红如火，美得让人惊艳无比，于是明白：这就是枫林在最好的时节里的最为激情的绽放。虽然它们在大部分时间中都生长得平淡如常，而在绽放过后会变得凋落成泥，但是，它毕竟在一年中，享有一次在美丽秋天的激情张扬，这就够了！就足以让人们艳羡而留下永久的记忆。

古道石龙，曾是古道的驿站所在，曾是官政、官军传达政令军令的接力站。我们可曾想到，中原有多少军政要令从这里接力传出，又有多少绿林兵匪因为在此劫诏、劫军或劫取物资而产生杀戮。兴许古驿红枫的灿红如血，正这是历朝历代无数忠烈将士。誓死保边的忠诚再现。接下来，让我们找到自己的一方心仪歇下脚，舒口气淡出忧古愁情，回归旅游初心，让平复的心再度欢愉起来，一同在欢乐中完成今日的周家之旅吧。

各位朋友，周家村的旅游行程今天就到此结束了。富川有深厚的古道文化，有丰富的古道人文古迹，岔山、秀水、福溪、秀山和古明城都是古道文化研学考察的重要景点，希望大家都不要错过，有机会或有需要我请大家联系我，我将再度真诚地为大家进行导游服务。谢谢！祝大家在接下来的旅行中幸福快乐！

# 古道庄园　龙泉石枧

## ——石家乡石枧村导游词

## 石枧景点概况

尊敬的各位游客朋友们，大家好！"瑶风古寨，千年石枧"是石枧文化旅游的品牌。石枧村景区共分上村、下寨两个部分，之所以分成两村，主要是因为该村立寨的历史久远，随着岁月的推进，其后来世代在人丁兴旺后析居所形成的。

石枧村位于富川瑶族自治县东北部石家乡，距县城22公里。据考证，石枧村是潇贺古道的东线的古老村寨，为古代越陵古道入桂第一村。该村因有天然龙形石枧水槽而得名。村族始祖为林氏茂公，乃立寨之先祖，为石枧林氏合族所敬奉。

石枧村历史文化古迹遗存丰富，民族风俗习尚文化底蕴深厚，村中旧时期边关边塞的民联民防工事防御设施齐全，徽派民居建筑文化风格清晰突显，实为广西境内不可多

（石枧进士大院）

得的古村落文化"活化石"。

　　该村自然生态和村落民居系统完整优良，其中尤以建于清道光年间的林氏古代古宅围屋"七十二樘门"和大石条砌成的"大六楼"等古建筑为典例，充分体现了石枧古村的历史风情风范。村内古石桥、石板街、古门楼和用于防御的古炮楼等都有很高的古建筑考古文化价值和旅游价值。2016年，石枧村被列为广西传统文化村落；2018年，被列为贺州市宜居乡村建设示范点。

　　古老的石枧如一幅历史文化的风情画卷，它既集聚了石枧先人的文化智慧，同时又充分地展示了中华乡愁的人文情怀。

## 神兽镇邪水池

　　朋友们，眼前的这泓水池，村民叫它神兽池。该景点因早年洪水泛滥，村中无法排除洪涝，且深井有泅水喷涌，洪水积患，冲毁良田，严重危害百姓的田园庄稼。情急之刻，有地方官员引导村民广开井口，掘地开渠，以之排涝泄洪，进而使得洪水得以从村庄两旁顺流而下，洪涝之灾得以解除。村民开井引渠挖出的泥土堆积如丘，形如卧虎，即取名曰"虎井"。此外，为祈福风调雨顺，村民还埋了一头铁牛，借以牛神之威，镇制水患。后来又有村人拓塘蓄水，即成风水池，意在期盼风调雨顺。

## 林氏宗族古祠

　　好了，林氏宗祠到了。该祠堂乃徽派风格建制，看上去颇有雄浑之势。据《林氏族志》记载，石枧村林氏一脉入富川的始祖为通公和石家始祖德运公以及石枧始祖茂公等，他们在富川为林氏安身立命奠定鸿基，是石枧林氏一族当以合拜祭祀的祖先。族人兴建祠堂，以为永世膜拜。时至今日，祠堂功用除节庆大奠之外，平素常时也是乡贤聚会议事的重要场所。眼前的祠堂外，玉溪萦绕，碧水清秀，古树相揖，意蕴吉祥。祠前立着的"日石鼓"和"月石鼓"，相互照应，意为：日月当空，光照四方，福泽乡里众亲，恩庇照子孙万代。

## 七十二樘门第

　　七十二樘门是石枧村的文化核心景点，该古宅的先人乃进士及第出身，其于京城做官，到告老还乡后，即按京城或中原进士府的形式开建此宅，因此它也可称之为"进士华府"。宅内厅堂明列，厢房排达，次第有序，尊荣有别，且诗文并茂，文辞绚美，真可谓是科举文化博物馆。

该大院为围屋式古代建筑，始建于明朝万历年间，其徽派建筑风格的围屋大院和极其富丽堂皇的构造，充分表达了进士华府当年的风光与排场。该宅院占地25亩，居中主屋为两进双层围屋格局，辅以两排厢房，四围墙根皆以大石条奠基，青砖碧瓦马头墙，玉题飞檐出穹苍，实为大气非凡。其中天井中庭全部采用青石条建成，规格之大在乡村民间实属罕见。此外，院内有后花园，院前有莲花池，院内大小门窗共有72樘，故而得名。"七十二樘门"寓意门窗众多，多子多孙，门庭兴旺亦发达，这也许就是造屋者的美好心愿吧。

## 金榜御题门楼

金榜御题门楼，村民俗称进士门楼，亦是进士书院的西门楼。该门楼巍阁高耸，飞檐翘角，气韵非凡。远观其形，如伟岸丈夫，近观其貌又如护城卫士。门楼前有小桥流水，有古树参天，水中碧草丰茂，鱼虾成群，颇有乡庄小村的生活气息。据考：明万历年，该村林生高中进士，朝廷御赐"进士及第"金匾，早年悬挂于门楼，蔚为风光。门楼为三重青砖堆砌，上有木制阁楼，辅设观察口和射击孔，兼具防匪功能之用。该门楼之形制极具古代建筑构造的特色。

## 石枧书院琳楼

书院琳楼为七十二樘门大院祖屋的重要组成部分，是极其典型的徽派围屋院楼。琳楼沿街而建，高墙大院之内分设有主屋、学堂、库房、偏房和避风堂。院内均为长方石条奠基，且用大块方形石板铺设巷道，工艺整齐严缝，纹丝合缝。庄重的门檐、精致的窗花加上华丽的装饰、精美的雕刻图案，使此楼在雄伟的构造中又透映出秀美的装潢，充分彰显了乡绅大户的家境殷实与崇文重教的家风习尚。

## 石枧梨园戏台

梨园古戏台位于上石枧和下石枧两村之间，是石枧庆丰欢娱的主要场地。戏台始建于明万历年间，历经多次翻修，至今古风犹存。石枧村每年定于农历十一月十九日为全村男女老少祭祀祖宗吉日，是日必请戏班唱大戏三天三夜，家家户户宾朋满座。古戏台上下更是观今鉴古的热闹场合，石枧周边村民乘凉挹爽，过往客商小憩看戏，外来民众赶圩交易都以此为快活的集散地。

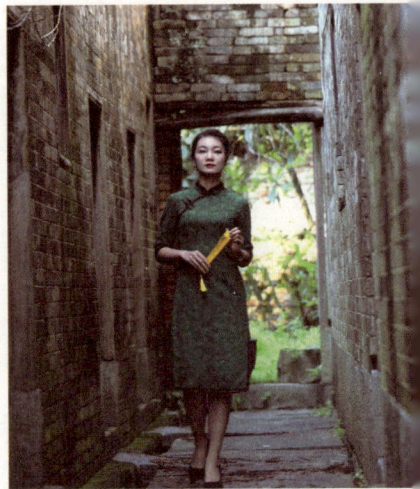

（从左至右：石枧河、小巷古风）

## 神龙圣泉水池

朋友们，一路走来，石枧古风物美，但石枧的生态景观也是怡情娱心的。神龙圣泉水池位于古炮楼西南方，占地约合有15亩，是清朝宣统年间，江苏省金库主任林声斌卸任后返乡财所建私人莲花池。该池水深塘阔，塘池之水可引入虎井之内，有池井相通之效，是石枧村古老生态文化的遗址和见证。

## 石枧清代炮楼

该炮楼建于清朝的宣统三年（1911年）。屋基全部引用大青砖通砌而成，正大门镶嵌巨型石块。楼体通高达11.9米，占地面积14.4平方米。楼体构造为5层，每个楼层设置枪眼4～6孔，一般枪眼高62厘米，内宽12厘米，外宽5厘米，厚40厘米，可向四周瞭望，可居高临下射击，使外侵匪寇插翅难逃。炮楼下四周的石砌屋基民房，可作外围保护层，确有固若金汤之感。

## 财主门第围屋

各位朋友，石枧村由于地处湘桂边界的结合部，它自古的生产方式都坚持商农并立，加之它立寨年代久远，故百余代下来已是非常有经济实力的寨子。村内大宅大院多，围屋组群也多，所以石枧村的围屋院落便成了一种特色文化建筑。围屋是将整个家族人员聚居在高墙大院之内，民事家务实行统一管理，安全防患大家齐力共同维护，遇敌一致对外，逢亲一堂和气。现在村中比较典型的有：七十二樘门、进士门楼和上石枧的财主围屋。该财主围屋占地60多亩，建有炮楼一座，主屋三座，库房、偏房和杂物房若干，此类围屋规模之大，在富川各村实属罕见。

## 菩提佛缘驿站

菩提驿站是清代宣统年间，乡绅林声斌返乡时，自外省带回菩提树，并将树种植于财富门前虎泉河畔而成。菩提树成活后，花开季节，落地缤纷，可见一地金黄，可闻清雅佛香。如临树冠之下，恍如极乐天地。每遇金秋十月，树上硕果累累，实如善果拥得，又是欢喜心生。常言道：菩提子贵，蛇鼠无患。至后来，家人布施美德，广开福田，心生善念，便搭建瓦房数间，以供过往游人休劳憩息。有文曰：一树菩提，如佛在心。片瓦之屋，广开光明。

## 村郊虎泉园林

该园林共占地40多亩，是属原始次森林. 林中，花树繁多，古树参天，碧绿无垠，苍翠欲滴。林下，有奇花异草，怪石嶙峋；水边，有兰草丰盛，遍地幽香。进入此中，可见虎泉自石缝地下喷涌而出，涓涓泱泱，涤荡苔藓，滋润草木，幽趣横生。林中有支岔分道两路，山水之灵气养育了世代生灵。此情此景毫无人为雕琢，天成地就，真是犹如神仙碧园。园内有犀牛潜水、养奶神树等民间神奇传说和故事，听来均令人唏嘘不已。虎泉园林听流水，天然氧吧享清幽。朋友们，这里确实是生态系统非常完整的休闲怡神的安心之处，下面就请大家尽情地游览欣赏吧。

## 石枧鸟鸣园林

各位嘉宾朋友们，我们今天石枧观光游的最后一个点就是鸟鸣园林。它与虎泉园林一样均属于原始次森林，它占地400多亩，树种有200多种。该园内，森林茂密，丛林遮天，青竹遍野，奇花琳琅，这里多人合抱的古树比比皆是。林内怪石嶙峋，奇石密布，小溪淙淙，流水潺潺，真是世外仙境。大家听，树梢休憩的鸟儿在叽喳唱个不停，从早上到傍晚都欣喜雀跃，不停地在歌唱，仿佛是盼望和恭迎你的到来。如果你想听鸟儿歌唱，如果你想清心寻雅发呆，石枧就是你最佳的选择地。请你拍下纪念的抖音，邀请你的朋友和家人都到这里来吧，石枧将以一如既往的情怀欢迎你的到来。

（我在美丽瑶乡等你）

# 第二篇章

## 瑶风情

——富川文化旅游的魅力

瑶族是一个起源于中国黄河、长江中下游的历史悠久的民族。早在五六千年前，瑶族先民蚩尤九黎部族便同炎帝、黄帝部落"逐鹿中原"，共同开拓了黄河、长江中下游的广大地区，为中华民族的文明奠定下了最初的基石。

因此，中华文明的历史有多长，瑶族的历史就有多长。

瑶族，是一个世界性的民族。目前全世界有瑶族人口约380多万，其中300万瑶人（2010年全国人口普查数据）居住在中国。国内瑶族主要分布在湖南、广西、广东、云南、贵州、江西等6省区的130多个市县。还有约80万瑶人分布在东南亚的越南、泰国、老挝、缅甸和欧美的美国、法国、加拿大等国家。

千百年来，富川瑶族人民创造了光辉灿烂的文化。这里有国家级文物保护单位瑶族风雨桥群和百柱庙；有国家级非物质文化遗产"瑶族蝴蝶歌"和"瑶族芦笙长鼓舞"；有国家民委命名的中国少数民族特色村寨凤溪村、福溪村、深坡村、虎马岭村；还有广西最早的瑶族学堂"五源书院"。

瑶族是一个能歌善舞的民族，有瑶族人"会说话就会唱歌、会走路就会跳舞"的美誉。富川民族歌舞有蝴蝶歌、溜系啦咧、过山声、美美集、啦吱香、喇格咧、柳喉歌、绣球歌、瑶族八音、踏歌堂、长鼓舞、木狮舞、耍春牛、装故事、舞龙舞狮等。

蝴蝶歌，是中国瑶族的标志性民歌，在中国民歌中独树一帜。体现了中国民族民间多声部音乐发展到了相当的水平，与侗、壮、布依等兄弟民族的多声部民歌一道，共同确定了中国民族民间多声部音乐在世界乐坛的地位，具有重大的学术价值。富川瑶族蝴蝶歌2008年被列入第二批国家级非物质文化遗产名录，成为国家级艺术瑰宝。

富川芦笙长鼓舞被列为第一批国家级非物质文化遗产名录。

富川的芦笙长鼓舞20世纪50年代还曾到北京中南海怀仁堂为毛泽东、周恩来等党和国家老一辈领导人演出过。富川瑶族的长鼓是世界上最大的长鼓，原件被国家民族博物馆珍藏。

富川民俗风情有乡村庙会、歌堂歌圩、瑶医瑶药、瑶族民居、上灯炸龙、砍牛祭祖等；瑶族美食有打油茶、鱼仔干、团子粑、米豆腐、萝卜榄、腊野味等；瑶族民间美术和民间工艺有民间绘画、扎龙狮、扎花灯、瑶族锦绣、瑶族大花炮、竹编藤编、纸扎彩扎、石雕木雕、冶铸陶艺等等。早在宋代，富川的"斑布"就作为贡品进奉朝廷；明清时期，富川瑶锦瑶绣一直是贡品；富川的草编精品龙须席曾荣获1915年巴拿马万国博览会金牌奖章。

富川的瑶族大花炮是世界最高最大工艺最精湛的大花炮。融十几种工艺与一身，是民族工艺的集大成者。曾荣获中国民间工艺彩扎大赛国家最高奖——山花奖。

"古老的祭祀，演绎原始的童话；喜庆的花炮，飞舞经典的彩扎；年迈的纺车，纺着历史的棉纱；五彩的瑶绣，绣着民族的密码；斑驳的布机，织着母亲的记忆；祖传的长鼓，催促父亲的步伐；悠扬的芦笙，倾吐阿哥的缠绵；撩人的歌谣，诉说阿妹的情话；热情的酒歌，唱出生活的爱恋；香香的油茶，洋溢好客的表达。"这就是富川瑶风情。瑶风情，增添了富川文化旅游的重量，人文的重量，历史和文化的重量。

正是瑶族多姿多彩的风情和色彩斑斓的文化，让潇贺古道上地处三省交汇、楚尾越头的富川这块古老的土地，美丽而神奇，多彩而厚重。

# 南宋遗踪　牛背古岭

## ——四星级乡村旅游区莲山牛背岭导游词

### 牛背岭人文概况

牛背岭村处在富川县莲山镇境内，其位于莲山镇南面3公里，距富川县城15公里。这里气候温暖，雨水充沛，生产水果，名扬八桂。"三千亩蜜梨誉四海，一背岭脐橙醉万家"，因此，它曾是富川有名的蜜梨与脐橙生产基地村。该村世系为瑶族，民族文化源远流长，故又是民俗风情旅游村。全村辖4个自然村，总户数752户，总人口4042人。其地形平坦，地貌葱绿。境内，山清水秀，松木苍茂，绿林森环。村后有休闲森林公园，生态良好。该村民间艺术绚丽，民俗文化丰富多彩，主要有蝴蝶歌、瑶族织锦和久负盛名的瑶族大花炮文化，是一个极具地域非物质文化传承魅力的瑶族生态文化名村。

### 景点导游推介

各位游客朋友们，现在我们前往的是富川瑶族传统文化生态村落牛背岭村。牛背岭村分前后新村老寨。牛背岭老寨始建于明朝嘉靖年间，距今已有460多年历史。牛背岭村地处潇贺古道东线之南段，历来为兵家必争之地。村中有涌泉、瀑布、叠水、茂林。"青砖黛瓦斜山顶，飞檐翘角马头墙"的古民居与枫红樟绿相互映衬，可谓景色异常清丽。牛背岭后龙山是富川第一大植被完好的阔叶山林，其面积达30平方公里，林区内名树名木繁多，可称为露天植物览园。村内因属喀斯特地貌，故各钟熔岩便形成了众多溶穴暗流、涌泉瀑布和叠石叠水等独特的自然园林景观。

牛背岭村属明代中叶古村落，它在选址方面，严格遵循中国古代风水学理论"依山夺地，占形卜福；阴阳兼据，择吉而居"和"齐天开明，天人合一"的基本思路而建，选在依灵山傍玉水的位置上建村立寨，并以山为屏障，揽风聚气，蔚成华美之庄。

牛背岭有扎龙头、做花灯；扎狮头，做彩狮；扎花炮，做彩绘；织瑶锦，绣嫁妆等传统工艺和唱蝴蝶歌等非物质文化遗产。该村生产的蜜梨与脐橙，香飘八桂，甜美万家，是广西著名养生美食和品牌旅游特色产品。

牛背岭村有着深厚的民族文化底蕴和悠久的历史人文背景，它曾是岳飞部属军队古道屯兵的地方。在牛背岭这块土地上曾发生过许多风烟过往的佳话和战火纷飞的故事。

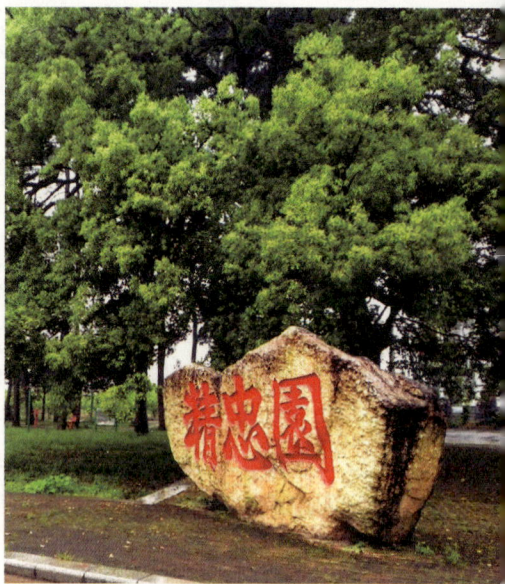

下面就请大家随我一起走进潇贺古村——牛背岭吧！

## 村口农舍新貌

从村口往里面走，眼前的村落便是牛背岭的新村所在。大家可以看到青松环抱、翠绿叠彩、民居成巷、生态幽然的村风雅趣，这就是该村的生态景象。改革开放以来，瑶乡巨变，逐渐富裕起来的农民，因人口发展，生活富足，他们向往新时代的生活，更向往新生代的家居方式，他们已不再满足于以前空间局促的旧老村寨和旧老民居的屯集方式，纷纷搬出旧寨，建设新村。以老村记忆乡愁，建新村享受当代。看着该村的景色，我们不禁联想到唐代诗圣杜甫的一首诗，诗名叫《客至》：

舍南舍北皆春水，但见群鸥日日来。

花径不曾缘客扫，蓬门今始为君开。

盘　市远无兼味，樽酒家贫只旧醅。

肯与邻翁相对饮，隔篱呼取尽馀杯。

朋友们，村舍向南又向北的民居有渠水环绕，穿林过巷的白鹭飞雀日日不断，洒满叶絮的村道不曾清扫，而是匍匐着身子等着您的到来。不知各位到此，是否与杜甫诗境有相同的感慨？

（从左至右：瑶族大花炮、精忠园、牛岭生态、岳王广场）

## 精忠操场园景

　　岳母刺字精忠报国，铁马驰骋义薄云天。

　　南宋年间，金军掳掠宋朝宗室老幼900余人，唯康王赵构幸免，众臣拥戴赵构继位，是为宋高宗，史称"南宋"。之后金人又步步进逼，宋高宗软弱，一路南逃。绍兴二年（1132年）正月，南宋正式定都临安。正值建朝之初，外患难阻，内忧又起。是年春，江西人曹成拥兵10万在北藏岭设大本营，分兵占领湖南道县、广西贺州、广东连州与广东韶关地区，威震湘粤桂边区，而官军屡攻不下。内忧外患令南宋朝廷极为恐慌，急从抗金前线调回抗金名将岳飞前往镇压。岳飞受命率军星夜奔驰，赶到湖南茶陵，继而又进军郴州、桂阳监，在临武葡萄湾一带扎兵。后岳飞以妙计迂回出师攻下北藏岭，又挥师围攻蓬头岭，使曹成溃不成军，只带得少数人马突围到了连州。岳飞以8000人马，在临武境内，首战太平场，再战北藏岭，三战蓬头岭，击溃了曹成10万起义军。曹成退到连州时，岳飞派部下树旗招降，得曹军降卒2万人。接着，岳飞率部攻下连州，曹成被迫投降。

　　相传，南宋大将岳飞率兵南下逐战曹成，其一支部队因战事所需分道包抄而南进。某日，此部接到主帅之令，就地驻扎屯兵，月余后方可待命前进。这支部队便于牛背岭村屯集，休养生息了近月余之久。此部囤扎牛背岭，遵规守纪，官兵亲民，与村民极为融洽。他们夜宿军营，昼行劳务，在部将的带领下，积极参与村民生产生活，帮助老乡耕田播种，深得百姓拥戴。他们以中原的经验指导当地优化农事耕作，以中原的工艺教导村民制作当地美食，又以各自家乡的铁器制造帮助乡民锻造新式农具这样一来，使得牛背岭村的生产生活技能有了新的提高和改善。百姓对这支部队充满感激之情，由此，近乎月余的相处，便更是军民团结，有如水乳交融之态。后来村民为铭记岳家军的恩情，即于村中保留下了这块岳家军曾经操练演武的场所，现谓"精忠园"以示纪念。

## 花炮神犀池塘

"瑶族大花炮"是中国花炮艺术中的绚丽奇葩，更是富川瑶族文化遗产。

富川瑶族放花炮始于唐代，源于还愿祈福的民间宗教仪俗。富川的很多瑶寨每逢庙会佳节都要燃放花炮来欢庆丰收，祈福迎祥。每逢大庙都会放大花炮来砍牛祭祖，缅怀祖先盘瓠王。大花炮的制作工艺非常复杂，工艺程序繁多，集绘画、书法、剪纸、竹编、木雕、泥塑、镂刻、镂雕、织锦、服饰、扎花、插花、装饰、古建筑艺术等10多种艺术门类于一体，色彩艳丽堂皇，造型雄伟壮观，民族特色浓郁，是瑶族工艺美术的经典之作。

瑶族"抢花炮"活动已被列入全国少数民族传统体育运动会正式比赛项目之一，被誉为"东方的橄榄球"。

抢花炮是富川的民间习俗，每当花炮燃放时，人们就会蜂拥而上，彼此抢夺花炮碎片。古老风俗认定，不管你抢到花炮的什么碎片，都是幸运吉祥物，都可以拿回家收藏，它会给家庭带来吉祥安康。

眼前，坐落于老村池塘中的瑶族大花炮是牛背岭村的地理文化建筑标志。它集瑶族文化艺术景观元素于一体，具有鲜明的地域性、民族性和强烈的艺术感染力。它造型奇特，有如故宫法表，又似巨型花柱，给人以辉煌绚烂之美，亦给人以视觉的震撼。花炮主体高18米、宽5.6米，呈正八棱柱体，由三筒高之不等，宽以相同的单体大花炮叠装而成。仰观共计19层次，每层框格中，俱有风俗文化讲究。从炮脚到炮顶均彰显出浓厚的艺术和民族图腾意韵，其中，第一筒和第二筒之间的花带框格，采用的瑶族织锦等图案铺装，明显地突出体现了富川瑶族文化的精粹。

坐落在眼前的瑶族大花炮，是当代中国工艺大师也就是在该村土生土长的李佛进先生设计并亲自率队制作完成的艺术杰作。花炮凝聚着李先生的智慧与贡献，他千方百计对瑶族大花炮的传统功用与当代时尚进行有机结合，并按规律使炮柱体型演绎出灯塔体型，做到了原型不变，功用多能。炮柱兼融，亭塔相集和"昼观现实景，夜赏如灯塔"的实用景观特效。作品出来后，其工艺美术价值堪为珍贵。该尊中华瑶族大花炮历经两年多时间精心制作而成，既保留了原汁原味的瑶族大花炮造型，又在建筑功用方面取得了较好的发挥，不愧是中华民族风情艺术中的神品。牛背岭瑶族大花炮以最辉煌灿烂的大格调，展示了花炮文化与民族风习守望相助的民族情怀与文化传承。

## 岳飞词文广场

在观赏了大花炮之后，大家接着前行往左，让我们去到岳飞词文广场去领略一下南宋大将岳飞的词句雄风吧。

"怒发冲冠，凭栏处、潇潇雨歇。抬望眼、仰天长啸，壮怀激烈。三十功名尘与土，八千里路云和月。莫等闲、白了少年头，空悲切……"

这就是南宋大将岳飞的《满江红》词句，想必各位读来定是胸襟大开，情怀激越。关于此词的创作背景，有多种说法。第一种说法是：岳飞在30岁出头之时，第一次受命参征北伐，英姿勃发，情怀豪迈，即出征时年所作。第二种说法是：公元1136年（即绍兴六年），岳飞在第二次出师北伐进程中，由于战况萧条，众路兵马迟缓不达，岳飞很快发现自己是孤军深入，陷入了窘境，于是在既无援兵又无粮草的状况下，不得不撤回湖北武昌。此次北伐，岳飞壮志未酬，即在镇守武昌时，写下了这首千古绝唱的名词《满江红》。第三种说法是：《满江红》创作的具体时间应该是在岳飞入狱前不久，他痛恨奸佞迫害，以致其一腔报国之情未能酬志，便忍愤写下此词。

无论先烈所处背景如何，岳飞这首词都极能展示他不辱使命、不负河山与精忠报国的超大烈勇及博大情怀，都是奋勇前行者不忘初心、恪守使命的表率榜样。今天，牛背岭村民铭记此词于广场中央，旨在以词弘志，以志攻坚，勉告乡亲在艰难险阻面前不可气馁，要勇于攻艰克难，奋力担当。大家是不是认为其情可敬，其理可佩呢？

## 山前古祠幽景

有祠就有家国志，有村就有后龙山。

这是富川先人建村立寨秉承的人文初衷与生态根本。常言道：兴祠本以敬祖，祭祖不忘励志，励志唯以尚贤，有信仰则以兴邦。再有：靠山占人脉，依水占气脉；有山有水有依赖，村有后龙兴丁财。这可是老祖宗们的好理念噢。

古祠是一村人文固化的标志，同时也是公众文化聚集的场所，然而它更是牛背岭村民的精神寄托与文明信仰所在。每当村里逢年过节和村事大典，这里都是红幛高悬，香火不断。信众们或尊宗敬祖，或祭祀神明；或是迎新接福，或者是祈神驱邪。在这里举办的每一场祭祀，都异乎平常的庄严肃穆与恢宏盛大。倘若各位朋友能撞上吉日，遇到开祠堂大典，便是旅游行程的又一大收获了。

祠内风光好，槛外山水清。自古嘉境神多占，从来福人喜登先。诸位请放眼观看，这葱翠莽莽的山体就是牛背岭村的后龙山。牛背岭后龙山是富川第一大植被完好的阔叶山林，其面积达30平方公里，林区内有红枫、楠、栎、松、杉、竹等名树名木，可称为天然露天植物博览园。若登山踏访，拾级山道，可见山间姹紫嫣红，碧绿凉爽，鸟虫嬉趣，野趣怡人，真如世外仙山，确实是一方难得的挹爽踏青之地。

## 古村乡愁旧影

参观过广场和报国亭后，绕过眼前的古祠堂，接下来让我们进入到昔日旧时的牛背岭古寨，一同去探访古村的"山庄图画"吧。

君问何为牛背岭，天神骑犀降人寰。

因恋宝地风光丽，神犀背岭福田宽。

据老者们口口相传道：昔有神仙骑天宫犀牛周游过境，见古道丛林边有玉池一方，即下降取水啜饮。佳山好景，玉泉怡心，仙人饮得玉泉后神情大展。又见林中奇花异草甚为娱目，便欲唤神犀一同乘兴入林中一游，以解途劳之乏。然仙人见神犀因恋此方水土之美，久久不愿离去。仙人见状，不忍拂了犀牛之美意，便独自进山入林去了。当仙人重返池畔时，见神犀已化成犀石，当下即明了神犀愿留驻人间之意，遂另唤仙骑而至，自行云游他乡去了。牛背岭，神界犀牛背上之岭，神犀愿伏，那么人又何以不乐此而居。就这样，牛背岭先人即择这方福地安居立寨下来，牛背岭也就这样定名下来了。

各位朋友，传说是虚幻美好的，然而，一个民族正是有其美好的传说，才会有他们存在的自豪感，才会有他们走向未来的美好向往及动力。你们看，古村中的宅院，古巷中的华居，古屋中的构件和筑体上的精美，无不映示出这方故土的祥瑞与繁荣，富贵与热旺。可以说，牛背岭村的昔日是辉煌的，它曾是潇贺古道上的明珠，是富川古代文化名村中最具生态之美的人杰宝地。

游客朋友们，接下来的时间就让大家自由地往老寨中去寻古探幽吧。我相信，大家一定会用你们的相机手机，精心地记录下牛背岭的古韵乡愁。同时也相信，大家一定会将牛背岭这张古老传奇的名片转发到您的朋友圈里，进而，让更多的人走进牛背岭这个充满传奇的古村世界。

# 黑山碧水　蝴蝶歌堂

## ——白沙镇黑山村导游词

## 黑山景区概况

富川白沙镇黑山村处在富八一级路中段，距富川县城22公里，距白沙镇6公里。该村是一个原生态的瑶族风情文化村。全村共750人，其中有732人是瑶族。这里的人90%都会唱瑶族蝴蝶歌，黑山村是富川瑶族蝴蝶歌的发祥地与传承基地。

该村四面环山，山谷清野，林塬纵横，黑山碧水，白鹭争飞。再有，清流溪湖，桃园青柳，曲径通幽，村舍农情，真可谓"满眼盈绿青山秀，一曲蝶歌瑶山春"。小村乡音美，农舍柳色新，村民山歌脆，风情满衣襟。走进黑山村就如同走进了远离城市喧嚣的绿色家园，走进黑山村就犹如走进了充满瑶族神秘密码的文化风情迷宫。那里有蝶恋花的歌堂，也有依呀嘞的情韵，同时更有着隐在原野中挥之不去的浓浓的瑶山意蕴。走进黑山原野，感受瑶族蝶歌，会让人有恍如古老瑶村的感觉，确是令人陶醉的旅游好去处。

## 瑶族蝴蝶歌简介

富川瑶族自治县素有"歌海舞乡"的美誉，是一个民族音乐的宝库。行走在百里瑶山，仿佛走入了一个歌的海洋，山野田边传来的一阵阵歌声，月色篝火映照一群群歌之嚎之、舞之蹈之的后生客姑，伴和着漫山遍野的鸟语花香，芬芳着瑶家的春夏秋冬。

"富川山歌有几多，出门三步歌绊脚；田里种禾又种歌，一颗谷子一首歌"。富川城乡，无论瑶族或汉族地区，几乎每个村寨、圩镇都广泛流传着各类风格的民间歌谣。如西岭山上的过山瑶有"过山声"（啦发调）；黄沙岭瑶族有"美美集"（挖地歌）；古城、富阳、柳家、白沙、城北等乡的"梧州人"（其中有瑶族和汉族人）当中，就盛行着"蝴蝶歌"和"留西啦咧"等；福利、新华、石家、城北、富阳等乡的七都瑶族地区，普遍流传着"绣球歌""喇咧香""少年歌""依呀嘞""嘞嘞咳"等；麦岭、葛坡一带八都瑶族地区主要流传"喇格咧""喇吱香""旋台歌""旋月歌""溜喉歌"等；而朝东、油沐等地的九都瑶族地区则普遍流行"陪嫁歌""喇咧香""九都歌"等。此外，遍布于全县各地的汉族（当地称民家人）中也广泛流传着四句歌、讲歌、儿

（从左至右：蝴蝶歌堂、蝴蝶泉边蝴蝶歌、五彩瑶锦2幅）

歌等形式的民间歌谣。在富川的各类民歌中，尤又以"蝴蝶歌"和"溜喉歌"最负盛名，分别是国家非遗和广西非遗。

　　蝴蝶歌，是中国瑶族的标志性民歌。蝴蝶歌因在歌的衬字词中常出现"蝴的蝶"衬词而得名。富川是"蝴蝶歌原产地"，被命名为"中国蝴蝶歌之乡"。

　　蝴蝶歌的演唱习俗有着浓厚的百越歌圩遗风。凡节日会期、婚嫁喜庆、礼仪交往等群聚活动，男女老少都喜爱唱"蝴蝶歌"。特别是男女青年恋爱择偶，唱"蝴蝶歌"是主要手段之一。每逢赶会期即是梧州人的盛大歌圩。会期的晚上，四面八方的瑶族男女青年聚集到赶会期的村子，成群成对，互对"蝴蝶歌"，用歌传情，互赠信物，几经往来，就可定情，直到洞房花烛夜双方成为夫妻为止。

　　蝴蝶歌流传久远，技艺精良，声部结构严谨，曲调欢快优美，在中国民歌中独树一帜，体现了中国民族民间多声部音乐发展到了相当的水平，与侗、壮、布依等兄弟民族的多声部民歌一道，共同确定了中国民族民间多声部音乐在世界乐坛的地位，具有重大的学术价值。2008年被列入第二批国家级非物质文化遗产名录，成了国家级艺术瑰宝。

　　黑山村是富川瑶族蝴蝶歌的发祥地与传承基地。这里的村民，男女老少都热衷蝴蝶歌的传唱。他们的歌，出自家传，出自生活，来源于自然，发自于情感，顺口开喉，拣来就唱，哪怕是在山里做工的时候，或累的时候，把锄头放下来，坐在地旁也可以唱，唱着唱着精神就来了。他们过日子在唱，过节里也在唱，就是吃饱饭出来乘凉也可以唱。他们唱出了黑山的好习尚，唱出了农人的好心情，同时也唱出了瑶乡新时代的好日子和欣欣向荣的新生活。

## 黑山村前广场

　　现在我们来到的地方就是黑山村的村前蝶歌文化广场。蝶歌文化广场依山而建，伴水而成，是一个村民集结开展文化节庆和文艺展演的文娱休闲场所。但凡村中有喜庆、有节庆或有旅游团嘉宾到来，村民都会来此"流水欢歌迎客来"。瑶乡人朴实朴素，山歌好比春江水，唱了一辈又一辈，这里的瑶族蝴蝶歌，清脆动人，伴着山谷回音，嘹亮大地，也会撩亮你的心情。

## 黑山蝴蝶歌堂

　　朋友们，请大家转过身来。眼前这座礼堂式样的建筑就是黑山蝴蝶歌堂。歌堂主要是为传承瑶族蝴蝶歌文化而修建的。20世纪60年代中期，村民建起这座大歌堂用于表演，他们以蝴蝶歌韵谱写新时代的歌词，以民族文化融合新时代的文化背景，并运用他们自己的说唱艺术演绎新生活，取得了很好的成绩，得到了广大人民群众的认可，所以，该村良好的山歌文化传统保存下来了。这座大歌堂今天有幸地成为我们欣赏传统文化的参观点。

## 村庄中心歌台

各位游客，黑山四野青山绿，黑山四周农舍新。瑶家风情歌不断，蝶歌天籁传心声。走进黑山，眼前的村中心小广场就是黑山人唱歌的聚集地，村人在黑山麓下纳凉，在村中文娱嬉戏，并在村中唱歌，这种乡间生活怎不让城里人羡慕。

中心广场虽小，但极为精致，小楼依傍百年的黄莲树，农舍依偎嶙峋的山崖，青松绿竹可入画，饮烟人家话沧桑。

黑山村先人自明代而来，其历史久远，民风古朴，它500年瑶风民俗厚重古朴。他们耕不忘读，读不忘志，以文化弘扬道德，以蝶歌抒放情怀，黑山村确实是耕读的好家园，风情的美天地。

## 蝶歌文化传承馆

刚才说过了黑山村的村情历史，眼下就让我们一起去参观一回"黑山村史乡愁馆"吧。

馆内展示着黑山的民情乡恋，展陈着村民的记忆乡愁，诉说着黑山村的蝴蝶歌的发展历程和动人的故事。为了传承蝴蝶歌，富川县文化馆从20世纪六七十年代就开始关注黑山蝴蝶歌。作为一种口口相传的瑶族民歌"蝴蝶歌"，长期以来只有歌没有谱，当时，当地文化馆的柳世莊先生承担起为蝴蝶歌录音记谱的工作，直到退休后他仍在继续。可以说，柳老先生在为蝴蝶歌文化传承发扬中是做了积极的贡献。关于蝴蝶歌，柳老先生说过："蝴蝶歌中的大二度音乐，在西洋和声里面它是不协和的，叫作不协和的音阶，刺耳的，甚至有些人讲是'魔鬼和声'，但在我们民歌（蝴蝶歌）里面它偏偏非常的悦耳，非常的好听，非常的美，几乎打破西洋和声理论的东西。"

近年来，年轻的文化馆工作者从柳世莊先生那里接过棒，继续传承发扬蝴蝶歌。2015年，富川县文化馆开始帮助黑山村组建蝴蝶歌歌队，共选出38名歌手参加传唱传承。此外，还请来老歌手进行教唱。村民们积极性都非常高，这样便使得蝴蝶歌的文化成为中国民歌金典中的绚丽奇葩。2016年，黑山村63名歌手进京参加《中国民歌大会》演出并取得圆满成功，蝴蝶歌终于唱响了全中国。

各位朋友，到了黑山村，领略了黑山蝴蝶歌及其村风民俗。接下来，就让我们一边听着蝴蝶歌一边品尝一下黑山的瑶族"长桌宴"吧。黑山人民会将乡村美味奉献给大家品尝，虽无山珍海味，却有生态乡情，虽无酒肉佳肴，但有鲜活食品。我相信，他们献上的瑶礼瑶俗、瑶歌瑶韵定会令你开怀不已，流连忘返。

（国家非遗富川芦笙长鼓舞）

# 盘古瑶风　舞动瑶乡

## ——新华乡瑶族风情游导游词

### 新华乡情概况

　　新华乡位于富川东部。其东面与湖南省江华县大石桥、涛圩、河路口等乡镇接壤，南西北面分别与富川莲山、古城、福利等乡镇毗邻，全乡总面积103.6平方公里，距县城24公里。

　　境内民间民俗文化生活异彩纷呈，其独具文化特色的民俗节庆有：二月初一在树上挂糍粑祭神鸟的"鸟仔节"和十月十六砍牛祭盘王"瑶族盘王节"。"鸟仔节"等节庆文化习俗。广西电视台、《中国旅游》甲天下之旅，"图腾"摄影组及广东、香港等主流新闻传媒单位曾多次专程采访拍摄新华乡瑶族特色文化专辑和录制相关人文风情节目。境内文化旅游资源十分丰富，全乡有虎马岭、大井、龙集等瑶族传统文化村落3个，特色景观溶洞6个。乡域之内，田园风光秀丽旖旎，峰林溶洞景观奇妙。洞内，岩溶风貌独特，钟乳石造型亮丽，具有很高的地质文化研学及科普旅游开发价值。另有"知米"石刻为重点文物保护单位。

# 新华瑶族非遗简介

新华乡各村寨全部是瑶族。瑶族风情浓郁，瑶族文化深厚，主要有国家级非物质文化遗产"瑶族芦笙长鼓舞""瑶族盘王节""瑶族织锦刺绣"和瑶族民歌"啦吱香""绣球歌"。

## 一、瑶族盘王节文化

瑶族崇拜盘王，把他作为本民族的始祖、民族英雄和传授生产生活知识的神。盘王节是瑶族祭祀祖先盘瓠的重大节日，全球海内外的瑶胞都十分重视这一民族祀典。但凡在瑶族地区，每年的农历十月十六日，瑶族男女老少都要穿上自己民族的节日盛装，聚集在一起唱歌、跳舞，欢度盘王节（也称"跳盘王"或"调盘王"）。他们唱的歌是以《盘王歌》为主的乐神歌曲，跳的舞则是每人手拿长约80厘米的长鼓作群体舞蹈。

关于盘王节、盘王歌以及长鼓舞，都有它们源远流长的来历。有关瑶族地区过盘王节的古老风俗，早在晋代干宝的《搜神记》、唐代刘禹锡的《蛮子歌》、宋代周去非的《岭外代答》等典籍都有载述。《岭外代答》中说："瑶人每岁十月，举峒祭都贝大王于庙前，会男女之无实家者，男女各群联袂而舞，谓之踏瑶。""踏摇"即是"跳盘王"（还盘王愿）。

新华瑶族地区民众为什么要在每年农历十月十六期间祭祀盘王并唱盘王歌和跳长鼓舞呢？在富川瑶族地区广泛流传着这样的民间传说。

相传在古老的年代，瑶胞逃难迁徙时乘船飘洋过海，遇上狂风大浪，船在海中飘了七七四十九天不能靠岸，眼看就要船毁人亡。这时，有人在船头祈求始祖盘王保存子孙平安，许下大愿。许过愿后，风平浪静，船很快就靠了岸，瑶人得救了。这天是农历十月十六日，恰好又是盘王的生日。于是，上了岸的瑶民就砍树挖成木碓，把糯米蒸熟舂成糍粑。接着之后，大家唱歌跳舞，庆祝瑶人的新生和盘王的生日。从这以后，瑶民就把这一逃难新生日定为"盘王节"。每逢过盘王节时，瑶族同胞就跳长鼓舞，唱《盘王歌》，并且一代一代地传了下来。

## 二、瑶族长鼓舞文化

有瑶学专家说：瑶文化就是长鼓文化。长鼓是瑶族的重要文化标识，认定他是不是瑶族，就看他会不会跳长鼓舞。

　　瑶族是一个能歌善舞的民族，有瑶族人"会说话就会唱歌，会走路就会跳舞"的美誉。瑶族舞蹈是瑶族人民最喜爱的一种民间艺术，它以舞蹈的形式生动地描绘人们的生活和精神，声声不息的鼓点舞步，千百年来传承着瑶乡的风土人情。

　　瑶族人民在漫长的迁徙过程中，在世代迁徙拓荒的同时，创造了绚丽多彩的民族舞蹈，具有鲜明的民族特色。瑶族传统舞蹈丰富多彩、形态各异、源远流长。比如长鼓舞、铜鼓舞、铜铃舞、羊角舞、约标舞、祭兵舞、上元棍舞、双刀舞、刀斧舞、打铁舞、剑皇舞、抓龟舞、度戒舞、婚礼舞、打猎舞、游乡伞舞，等等，这些舞蹈都是源于瑶族人民的生产生活、节庆娱乐、求神祭祀当中，它是瑶族社会历史文化的积淀和瑶族人民智慧的结晶，也是人类文明的宝贵财富。

　　《富川民间舞蹈集成》记载：富川现存民间舞蹈共有18种之多。有长鼓舞、芦笙长鼓舞、踏歌堂、傩仙舞、师公舞、木狮舞、绣球舞、嘞嘞嘿、美美集、郎格嘞、挖地歌等等，绝大部分属瑶族舞蹈。

　　富川民族民间舞蹈是反映生活、表现思想感情的艺术，千百年来植根于人民之中，与劳动生产、物质生活紧密联系在一起，因而富有无穷的生命力。

　　在富川的民间舞蹈中，瑶族长鼓舞有着极其重要的地位，是中华民族文艺百花园中的奇葩，也是中国舞蹈宝藏中的经典。

　　富川新华的瑶族长鼓是世界上最大的长鼓，20世纪50年代被国家民族博物馆珍藏。富川的芦笙长鼓舞在原始传统长鼓舞的基础上，伴以芦笙、唢呐、锣鼓、号子、大歌，舞姿矫健刚毅，动作粗犷豪放，风格古朴淳雅。

　　长鼓噼啪雄浑，芦笙唏嘘清爽，唢呐嘀嗒激昂，号子啧哇高亢，舞步铿锵有声，舞姿剽悍雄奇。鼓笙喧天，歌号动地，山鸣谷应，激情飘荡，野趣横溢，炫目销魂，场面壮观，活力无限，令古今中外专家学者称奇。因而富川芦笙长鼓舞也屡屡应招进京赴省表演。20世纪50年代还曾到北京中南海怀仁堂为毛泽东、周恩来等党和国家老一辈领导人演出过。富川芦笙长鼓舞被列为第一批国家级非物质文化遗产名录。

　　关于新华瑶族的芦笙长鼓舞的特色，亦是瑶族为祭祀盘王而演跳的一种宗教性民族舞蹈，从中仍可看到"叩槽为号"的痕迹。舞蹈在师公的引领下，舞队，2～8个纯真少女，在音乐的伴奏下，身着五彩民族服装，挥动霓裳长袖，翩翩起舞，跳着美女双双，将敬仰和祝福奉献给盘王，以求人兴财旺，安康于世，从中仍然可见瑶民族原始图腾崇拜的影子。芦笙长鼓舞除师公和伴舞的少女外，一般由两人执芦笙，两人执小皮鼓，两人执小锣，拜神后围跳，3个或更多的大长鼓在旁边围着，由6个壮汉用沙包边舞边击打，竹笛在旁边吹奏边呼号，节拍和谐，音乐悦耳。

　　关于长鼓舞的舞蹈动作则是以舞姿刚健粗犷，曲调旋律宽广、优美、抒情为民族特色。舞蹈动作有72套又叫72变，经过长期的历史变革，至今在富川瑶乡的各个舞队中还保留得比较完整的有10多套，经常表演的有9套：（1）头拜上四拜（又名头拜鼓）；（2）美女双双；（3）坐堂齐；（4）竹鸡爬泥；（5）左边七；（6）五足尖；（7）三人舞；（8）堂堂上；（9）东北鼓。这些舞蹈动作不但体现了富川瑶胞对美好生活的向往和追求，也蕴含着浓厚的民族特色和生活气息，保留着古老淳朴的艺术风格和散发着强烈的泥土芳香。

### 三、瑶族织锦刺绣文化

瑶族妇女用自己的勤劳和智慧，在古老粗劣的土白布上，通过印、染、织、绣创造出了一种意象性的民族画，它具有视觉魔力，让人飘然进入一种美丽、神秘、悠远、具有生命力的梦幻世界。

瑶锦织法有别于其他民族的织锦。瑶锦一般用棉线染上各种色彩，用彩色丝线为纬，以原色棉线为经，交织而成。瑶锦原料低档、织机简陋、工艺简单，却能制造出斑斓多姿、意蕴深远的"八宝被"和结实耐用、美观大方的瑶家服饰，成为民族文化的重要载体。

到宋代时，瑶人的纺织工艺与印染、蜡染技术已经高度发展，有"妇纺织之法，莫瑶人之若也"之盛誉。及至清代，纺织刺绣手工业更加发展，故史有"瑶妇尚织绣，皆自为之"之赞。

早在宋代，富川的"斑布"就作为贡品进奉朝廷。据《宋史·蛮夷》492页记载："富川向中原王朝奉献的贡品中，以斑布为佳品。"自宋代以来，富川瑶锦瑶绣一直是朝廷贡品。

富川县志记载："富川瑶绣历史悠久，广西富川县的瑶族妇女以针为笔，以线为墨，在她们指尖下诞生的各类瑶绣产品精美绝伦。"

瑶绣是中华民族传统手工刺绣的一种，用红、黄、白、绿、黑等5色丝线为材料，以黑布、蓝布或白布为底，将5种不同的颜色构成基本图案，和谐而又美丽，尽显瑶绣的多姿多彩和瑶家绣娘们高超的手工技艺。

瑶族刺绣工艺的使用范围十分广泛，从服饰的头巾、帽、衣、裙、裤、鞋、腰带、背包、烟袋、香囊等，到背带、被面、门帘、枕套，都有刺绣工艺。在众多的刺绣服饰用品中，瑶族的刺绣不仅十分精美，而且蕴含丰富的文化内涵。

瑶绣文化是我国刺绣文化的重要组成部分，具有重大的科学价值、实用价值和艺术价值。"瑶族刺绣"已被列为第三批国家级非物质文化遗产名录。

## 虎马岭文旅推介

新华乡虎马岭村是国家民委命名的"中国少数民族特色村寨"。村落始建于明末清初时期，距今已有400多年的历史。虎马岭村前古枥高大，成行成排，苍绿古朴，它如同一道绿色巨屏，像是为安详静谧的古村担当着贴身护卫。村庄视野开阔，四面峻岭起伏，山形势如龙马，岭丘犹若虎豹，故曰虎马岭村。

依山傍水、文化厚重的虎马岭古风淳厚，乡风淳朴，村民能歌善舞，民俗歌谣有《盘王祭歌》《绣球歌》《哭嫁歌》《敬酒歌》等，民间舞蹈有著名的《芦笙长鼓舞》等。

虎马岭村的芦笙长鼓舞队世界闻名。新中国成立以来，多次应招晋京表演。20世纪50年代还曾到北京中南海怀仁堂为毛泽东、周恩来等党和国家老一辈领导人演出过。改革开放以来，更是多次进首府上北京参加国际民歌节或中国民歌大会，参与表演的歌舞《鼓动瑶山》曾获中国民间舞蹈大赛最高奖——山花奖。还先后赴捷克等国家和港澳台地区演出。

走进虎马岭古村中心，有黄家大宅4座，4间大宅平列相排，飞檐翘角，气宇非凡，相映成趣中又给人以无上的威严感。4屋之中之古门楼一座，入门进院便是瑶族文化演艺广场，广场设置表演戏台，是村民向专家学者与广大游客表演民族歌舞的场地。这里每年都接待着一批又一批的研学团队和旅游嘉宾，是村中文旅交融互动的中心所在。

村前枥树标古韵，台后青山翠鸟声。

龙腾虎马祥云翳，长鼓祭王奏芦笙。

穿过村中小巷，便是古村民居街巷。村落街巷有瑶民围屋，古朴素颜，典雅精美。此外，村庄之内，有乡村民屋，有吃有玩，尽显瑶民生态的人文生活情韵。

（从上至下：长鼓新韵、砍牛祭、绣球歌、龙集盘王庙）

## 大井村文旅推介

　　大井村地处福利至新华三级公路的中端，境内山水聚秀，田峒秀美。民族山歌的源流久传不衰，长鼓舞蹈的传承百代不废。大井村历来是瑶族歌舞文化盛行的古老瑶寨。该村的瑶族人民有着自小就喜爱歌舞的民俗传统，其民歌"喇咧香""绣球歌"等民族山歌在村寨群众中广为传唱，是当地民族文化传承的经典作品。此外，大井村的芦笙长鼓舞也是非常古老的瑶族祭祀舞蹈。大井村民讲究风习，尊敬祖先，并十分热爱本民族传统文化。他们逢年过节都祭神祭祖，以跳盘王祈福丰年，以唱瑶歌赞颂时代。他们热爱中华，敬爱瑶族，在芦笙长鼓舞传承人的带领下，组队外宣外演，将民族文化传播到了南宁、广州和深圳，他们精湛的艺术表演得到了广大文化学者和旅游嘉宾的好评和称赞。

## 龙集村文旅推介

　　从虎马岭往龙集瑶村约合5公里许。龙集村是贺州市瑶族文化风情最为浓郁的瑶族村落之一，也是当代瑶学专家常来常往的研学基地。据载，该村始建于明万历年间，是新华乡境内瑶族人民较早开发聚居发展的古村落。村郊外有盘古庙，是湖湘瑶民与当地瑶民为纪念瑶族始祖盘王的圣地，盘古庙于清朝宣统年间所建，历来都是瑶民祭祀盘王的地方。"文化大革命"废除民间信仰活动后，祭祀盘王遭到停止，后于1981年起重新传承开发，并于此后的每年农历十月十六日，由湘桂两省边界的瑶民，自发组织在此进行千人祭祀盘王的民俗文化活动。

　　2018年11月23日下午，第十五届中国瑶族盘王节民间还愿仪式在富川瑶族自治县新华乡龙集村盘古庙举行，仪式庄严肃穆，活动盛况空前，深为广大游人惊叹。参加15届中国瑶族盘王节的瑶学专家学者、盘王节协调委员会成员单位代表共80多人同前往盘古庙，体验了新华龙集村唱《盘王大歌》、品"盘王百桌宴"和跳《盘王还愿舞》及民间还盘王愿一系列民俗活动，新华龙集这一个原生态的民俗文化活动深受嘉宾的高度赞赏。

　　龙集原生态盘王节祭祀礼仪，形式严谨，庄重非常，被专家学者视为"老经典，活典籍"。活动的前天，村民选牛巡村，当天砍牛祭祖。同时还在祭祀活动现场，请出4名当地艺人在盘王庙前吊起两个特大长鼓，用沙包一边击，一边唱，又一边舞。此外，还有师公跳着"竹马舞"带领祭祀舞队进入盘王庙大堂，跳起极具民族风情的长鼓舞蹈，他们首先将瑶族史歌唱一遍，再颂人民庆祝丰收，接着以大礼参拜，祈求盘王赐福瑶民人寿年丰，家国昌盛。然后村民万众欢呼太平盛世，永享吉祥，他们将对神圣、对盘王、对家国的情绪融入祭祀歌舞中，可以充分展,瑶族文化的人文情怀与文艺精华，确实是一场民族文化的饕餮盛宴。

（凤溪古戏台）

# 北卡遗梦　凤溪瑶寨

## ——中国少数民族特色村寨凤溪村导游词

### 凤溪景区概况

富川城北镇凤溪瑶寨是一个典型的平地瑶聚居村。村里瑶族风情浓郁，村民勤劳、淳朴、乐活。

凤溪富川县城北镇凤溪村距富川县城12公里，坐落在城北镇境内的都庞岭余脉山脚下，是一个有着800多年历史的瑶族古村落，瑶寨内民居沿溪顺山势鳞次栉比，建筑古朴典雅。村里民居大多是明清时期遗存的青砖瓦房，古迹掩映，古香扑鼻。村内古门楼、古戏台、古祠堂、古寺庙、古凉桥等建筑布局有序，各具特色，构成了凤溪村瑶寨独特的村寨文化景观。

凤溪，中华传统聚落文化的宝贵遗存；凤溪，瑶文化与汉文化交融荟萃的典型代表和艺术结晶。

漫步在这座成型于800多年前的古老村落中，古民居、古庙宇、古祠堂、古戏台、古凉桥、古亭阁、古石街、古巷道、古门楼……任你品读。

凤溪村的瑶民自古就能歌善舞，传承有国家级非物质文化遗产"瑶族蝴蝶歌"和"芦笙长鼓舞"。村里现存的文艺队其前身是凤溪祁剧班。凤溪村翟苟二祁剧班始创于清朝嘉庆年间（1820年），是富川有文字记载的最早的戏班；凤溪村的歌舞、桂剧（祁剧）、彩调代代相传，200余年来村里业余剧团的活动从未间断过。他们明清时期演古装戏，民国时期演文明戏，新中国成立后演现代戏，"文革"时演样板戏，改革开放后演旅游歌舞，总能顺时而变让剧团生存下来，这种现象全国罕见。2011年，村里排演了一台山寨版的半实景演出《印象凤溪》，引起火爆。《印象凤溪》融瑶族蝴蝶歌、瑶族长鼓舞、桂剧彩调、木狮春牛、瑶锦瑶绣、板鞋绣球、油茶美酒、民俗风情为一体，全部由村民自己演出，民俗浓厚，风情独特，形成一道靓丽的风景，受到区内外游客的青睐。

## 凤溪导游推介

各位嘉宾朋友，城北凤溪古瑶寨依靠都庞岭分脉的西岭山麓而建，是富川县境内乃至潇贺古道上较为古老的瑶族村寨之一。据考证，该村自宋代已有瑶族先民自武陵蛮迁入，其村陈岑翟氏三姓的先人沿潇贺古道前来凤溪聚居，至明代后期中兴而发展成为较为完整的村落。村内，民居典丽，红墙黛瓦古色古香，楼台飞檐翘角伸展，街廊典雅，古风淳朴，俨然一个敦重朴素的古风瑶寨。

凤溪村的村廓之后是都庞岭的余脉西岭山主峰，其中海拔1857米的凤溪北卡峰顶，有头枕参天古柏的观音山，山上奇峰雄挺，雾岚缥缈，两侧溪水绕村而入，村民引蜿蜒若凤之溪水进入村庄，故得村名曰凤溪。

村中北卡山之溪水沿着巷道沟渠潺潺流淌，全村溪泉纵横，渠波流淌，宛若青岭水寨的诗画意境。村内石头颇多，两米余宽的石板镶嵌巷道，且全村尽是依坡而建，七拐八弯，极富山寨风情。再有，瑶寨民居中参差不齐的屋角极具民族图腾标志，意象苍茫，文情悠远。据民俗学者论述，该村落的屋宇规制与门庭屋面造型，几乎完全是按照明清时期的商业街市的型制而建造的。走进凤溪，山水聚秀，树木叠翠，古建毗邻，文迹漫布，随处都可以见到古代商业街市、古门楼、古祠堂、古戏台与瑶族古风雨桥景观。莅临凤溪古瑶寨，就如同走进了"瑶风古韵"的大观园，它朴实的古瑶寨、沧桑的瑶风情会深深地打动每一位游客的心。

## 朝阳风雨桥

各位游客朋友们，眼前看到的这座风雨桥，就是寨子里两座古代风雨桥中的其中一座，它名叫朝阳风雨桥，始建于明代万历年间。该桥建于此地，主要是因为村后观音山上的溪水沿村而下，因下降坡度和落差过大，在这里形成了一个挺大的缺口，这座风雨桥正好连接起寨子的两端，可方便村人往来穿行。现在我们看到的这座小溪不觉得有什么太大的连接作用，因为现在太发达，这些困难太容易克服了，可在当年，这座桥不知解决了寨子里人们的多大的苦恼呢。过路的人们会在这里遮风挡雨，打尖歇脚，乘凉挹爽，还可以作为谈天议事的场所，可以想象这座风雨桥当时在人们心中的文化位置。

## 凤溪瑶寨古巷

朋友们，请大家随我往前走，里面便是凤溪古村落了。走进村落回看四周，村民的瓦房搭配青砖和白线勾缝是多么的古雅和谐。村内一条条幽幽的老巷，一丛丛盈盈的苍苔，一隅窄窄的天空，生活在其中的人们，如同一尾穿游在时光里的鱼。檐上挂着秋收的玉米棒在光线作用下显得格外明朗，农人的家常话语不绝于耳，刹那间觉得世界的陌生。与不同的路人擦肩而过，谁也不记得彼此经过时的模样，所以没有人留意过时光的流走和人事的变化。在古巷，时间忽然变得很慢，光阴便就这样模糊，碎在每一块砖缝里。青墙黛瓦旧檐下，素碗盛雪慢煮茶。木板楼撑在老巷里，木板缝里探出油油的藤蔓，也是自然赋予的生命。

## 瑶民居二府第

各位朋友，进得这两栋古民居里。这是一厅两进的古宅，曾鲜活着许多过往岁月的记忆。灰暗的旧墙，年代的斑迹深嵌其中，如同旧屋主人布满皱纹的脸，又像瑶族长老生命的掌纹，清晰可见。时光的脉络隐在古暗的旧墙中，悄悄流淌所有的悲欢。

请看古墙脚下的山花开了，丽态嫣然，流芳影动。零落的花瓣像溅在地上的英尘，在风中飘转。沧桑的屋子里掩映浮起岁月穿梭的痕迹，盛满了淡雅的书香。看着它就仿佛回到了凤溪过往的风雨曲巷。循序而望，古宅的照壁棂窗如同光阴的照片脚步徐徐展

（左上：凤溪阁，右上：老家门楼，左下：凤溪古巷，右下：吊脚楼）

　　示，在无人察觉之下，时光悄然无语地擦肩而过，不知何时，人已沉浸在瑶家的古代风情中慢慢回首……

　　古宅里的几声鸡鸣、几句犬吠便唤醒了岁月的锦缎，隔着深深的屋宇勾起参观者的思绪，初次到访，却如归乡。屋子里散发着亲人般熟悉的味道，仿佛已在身边萦绕了多年。脚下踏响的不仅是青砖地板，更是时光的积淀，被古屋的生活打磨得精致如晶。这里的岁月如同淀在旧坛里的酒，醇香如昨，不忍捞起。回望楼栏旧，巷陌人入昨。古巷的记忆深如井，一点一滴都已成为永恒。

## 瑞霭八字门楼

眼前的八字门楼叫"瑞霭门楼》，它是明清时期所建造的古民居，它的正立面设计，强调左右对称。作为村民进出村寨出入口的门楼，是徽派古民居立面设计中的主要的建筑形式，同时也是一村文化装饰建筑的重点。门楼重檐歇山，墙头高低叠合，墙线凸凹堆砌，各色元素形成了雍容华贵的门楼装饰。在实用功能上，门楼主要是文化展映和交通过道与安防作用。富川民间建筑门楼的格调，可大体分为门罩式、牌楼式、八字门楼式三类。

## 凤溪阁八角楼

"锦鸡翅膀凤凰尾，比不上瑶家角楼美。"这句话为我们描绘出瑶族八角楼的独特风貌。大家是否会被"凤溪阁"八角楼和福寿风雨桥的独特风姿所震惊和陶醉。震惊是因为八角楼的高入云霄、飞檐翘角；陶醉是因为架在绿色山体上秀美而婉约的风雨桥。楼桥相依相伴，相映生辉，构成了最引人入胜的景观。

瑶族八角楼以前因悬以钟鼓，故又称鼓楼。它以盘王印之八角花为意象构造，是瑶寨文明的象征。在富川山区，只要看见了吊脚楼和鼓楼，便知道那里一定有瑶族人居住。鼓楼在瑶寨里既是议事的场所，又是文娱的中心。

以前，瑶族八角鼓楼的建设有着十分严格的讲究，一般是以宗族为单位，如果一个村寨只有一种姓氏，则只建一座鼓楼，如果一个村寨有多种姓氏，则每一姓氏分别建一个鼓楼。鼓楼是每个村寨的寨首召集村民，集会处理民众相关生产、生活、娱乐、祭祀等重大事务的地方，同时又是祭祀天神地母、菩萨尊道和祖王贤德典礼与文娱歌舞的地方，它可是瑶寨的"政治文化"中心哟。

"凤溪阁"八角鼓楼的建筑糅合了瑶家木塔、苗家阁楼和侗家穹顶"三位一体"的建筑形式，可以说与它们既有相似之处，又别具一格。就八角鼓楼的整个形制来看是塔的形、楼的顶，整个建筑玲珑舒展，气势遒劲，其工艺精美，结构严谨，甚有巧夺天工之势。

从前，瑶族八角楼的形态有四角的也有六角和八角的，高度有四层至七八层不等，其重檐斗拱，层层叠抱递收上升。在每层檐角，一般都塑以龙凤鹿花攀爪，高昂上翘，如飞似跃，无限美妙。在楼的顶端一般有塔尖造型，或雕成葫芦或塑成杖状而直入云霄。

如今的"凤溪阁"八角楼除了功用于瑶家商事议政之外，同时还成为人们节庆歌舞及休闲娱乐的舞台，每逢节庆丰收之余，盛装妍丽的瑶家男女便在八角楼前踏歌起舞，欢庆丰年。总之，八角楼是整个瑶寨最欢腾的地方。

## 福寿风雨桥

福寿风雨桥叠立于凤溪北卡山下的青泉下边，其位置在寨子的最南侧，溪水在它这里形成了近两米的落差，将这座风雨桥衬托得十分精致。后面的凤溪阁高大雄伟，连着此座风雨廊，是人们集会的好场所。寨子里的瑶民能歌善舞，自明清时期就有自己的表演队伍，每当寨子逢遇节庆时，热闹的庆典活动和歌舞都会在这里进行。

## 三姓宗祠荣光

各位朋友，从福寿桥下来，三座古建筑在眼前显得极为苍茫古朴，景象古丽，这就是翟氏、岑氏和陈氏宗祠的所在地啦。

三座宗祠之中，数翟氏宗祠最为古老，最具体量，同时也最有特色。宗祠为一族之文化圣地，是一族精神文化的寄托，里面供奉的既是瑶家的先祖，也有该族先贤的模范和功德俊杰，这充分折射出凤溪人民的家国情怀与"读书明礼·励志奋发"的团结意识和崇贤教导。

## 神亭阁古戏台

在翟氏宗祠的对面是神亭戏台，此戏台与翟氏宗祠同期而建，均始建于明代后期。两栋古建筑都经历了500多年，历经沧桑，依然高闳耸立。戏台演绎千秋戏，娱神娱人娱祖先。兴建戏台面对神祖是古代瑶民的文化规制，体现了瑶民膜拜祖神和祈祷未来幸福前程的美好心愿

## 凤溪锁水禅寺

锁水禅寺位于凤溪村前，是佛教弘法地，为村民集资所建。几百年来，几废几修。在明代末期而有名，以藏经多而倍受尊崇。"文革"时期一度圮废，后代重建。寺内两进四厢，都是近年来逐渐修复的样貌。寺为殿堂，厢为藏经，禅师潜心佛学，信众往来香拜。寺庙弘扬"弥陀净土法门"，创立净土一宗，并使之广为流传。暮鼓晨钟，是信教参佛的静心休养之好去处。

（我的山川我的湖）

# 第三篇章

游 / 说 / 富 / 川
YOU/SHUO/FU/CHUAN

## 美生态

### ——富川文化旅游的诱惑

富甲一方美，川含万种情。

走进富川，就如同用生态之舟把您摆渡到了心灵彼岸。

"生活不止眼前的苟且，还有诗和远方的田野。"

富川乡村，是一束油菜花的清香和布谷鸟清脆的啼唱，是一汪不倦流淌的福溪秀水和凉桥上的牧童，是一缕飞檐翘角上冒起的炊烟和乡邻们牵牛披蓑忙碌的背影，是一根妈妈亲手织绣的红背带和父亲酒缸里的水鼓冲，是一抹挂在树梢的斜阳和门前香樟树上日落的乌啼，是一片朝霞中闪耀的生命色彩和你我的躯壳灵魂及整个身心融入与自然相亲相近的风情。

土，野，俗，古，洋，是富川美丽乡村游的五大亮点。

恋土：千百年来保留一份纯真

撒野：原汁原味守护一方乡野

媚俗：大俗大雅演绎一种风情

怀古：潇贺古道传承一脉文韵

崇洋：荒郊原野透出一股时尚

富川，富裕美丽之川，诗意的田园，绮丽的风光，原味的美色。美得自然，美得拙朴，美出了韵味，美出了品位。

游客说：古韵富川，美丽乡愁，华南最美的乡村游在富川。

富川的生态环境有多美？我告诉你三个秘密：

一、富川没有一滴外来水，富川地势高，南边的水流到珠江，北边的水流到湘江；所有的水都是在本县产生的，只要富川自己不污染自己，没人能污染它。整个贺州除昭平外都是吃富川的水。

二、富川的负氧离子含量高。县城每立方厘米空气中的负氧离子数都有2000个左右；农村2000到1万；山边1万个以上；山里5万到10万以上。

负离子在医学界被称为"空气维生素"。环境学专家认定：负离子有明显扩张血管的作用，可解除动脉血管痉挛，达到降低血压的目的；负离子对于改善心脏功能和改善心肌营养也大有好处，有利于高血压和心脑血管疾患病人的病情恢复。当每立方厘米空气中的负氧离子数在1000~10000个之间时，人就会感到心平气和、平静安定；当每立方厘米空气中的负氧离子数在10000个以上时，人就会感到神清气爽、舒适惬意；而当每立方厘米空气中的负氧离子数高达10万个以上时，就能起到镇静、止喘、消除疲劳、调节神经等防病治病效果。

三、富川县城旁边的"大海"，使富川南部接近"海洋性气候"。

距县城2公里有一座6万亩水面的龟石水库，周边是国家级湿地公园。自动调节空气，让富川"面朝大海，春暖花开"。大家别笑，少数民族地区就是把湖称之为"海"。苍山洱海和青海，实际就是"湖"。

（千岛湖湾）

# 天赐龟石　碧溪湿地

## ——龟石湖国家湿地公园解说词

### 湿地文化简介

　　科学上的"湿地"是指：不问其为天然或人工、长久或暂时性沼泽地。湿原、泥炭地或水域地带，带有或静止或流动、或为淡水、半咸水体者，包括低潮时不超过6米的水域。湿地有丰富的野生动植物资源，既是陆地上的天然蓄水库，在蓄洪防旱、调节气候、控制土壤侵蚀、促淤造陆、降解环境污染等方面起着极其重要的作用，又是众多野生动植物，特别是珍稀水禽的繁殖和越冬地。

　　湿地公园是指：以湿地良好生态环境和多样化湿地景观资源为基础，以湿地的科普宣教、湿地功能利用、弘扬湿地文化等为主题，并建有一定规模的旅游休闲设施，可供人们旅游观光、休闲娱乐的生态型主题公园。湿地公园是具有湿地保护与利用、科普教育、湿地研究、生态观光、休闲娱乐等多种功能的社会公益性生态公园。

## 龟石水库简介

龟石水库，蓄建于1958年，是当时广西的第二大水库。库区水面为58827亩，淹没了耕地3.24万亩，林地0.17万亩，房屋1675间，学校79座，当时搬迁人口1.6986万人。当年的古城镇是富川最大的古镇，是潇贺古道富川段的入水口，有桂东湘南最大的水运码头。随着水库的蓄水，昔日的繁荣小镇成了"海底龙宫"。龟石水库1961年开始蓄水，最大库容6亿立方米。它汇集了富江源头无数条小溪的水，水色澄碧，形成了一个很大的内陆湖，故称碧溪湖。

碧溪湖东西长20多公里、南北宽10多公里，大部分水深二三十米，无风的日子，水浪也有半米高。它像人体里的一张肺一样净化着大自然，沿途和岸边看不到任何垃圾，水质澄碧得像山冲的溪水一样透明。现在，整个贺州市除昭平外，喝的就是碧溪湖的水。

碧溪湖蓄水至今，40多年来，从未泄空过，深水里的鱼王可能已成群结队了。碧溪湖捕获到最大的一条鱼，重量是70多公斤，一条鱼相当于一个成年人的体重。同时，碧溪湖的鱼群也是水生动植物最好的清洁工，人类生存中产生的生活垃圾，在碧溪湖得到鱼群的净化，各种鱼类又为人类提供了绿色环保的最佳营养物，富川产的鱼仔仔和各种鱼干，在市场上十分抢手。

## 景区推介导游

广西富川龟石国家湿地公园于2013年12月通过验收获国家林业和草原局授牌，正式成为"国字号"湿地公园。湿地公园总面积4173.13公顷，将设置湿地保育区、生态恢复区、科普宣教区、合理利用区和管理服务区等5个功能区。龟石水库湿地生物物种资源丰富，景观独特，是中国华南地区一块重要的内陆湿地，兼有灌溉、发电、防洪、旅游等综合效益。龟石国家湿地公园的建设，将完善富川湿地观光旅游资源结构，加快生态旅游业的发展

龟石水库国家湿地公园位于巍巍都庞岭下，四周有白浪村、上下虎头村、毛家、龙头、石坝、凤岭、老圃、吉山、深坝和镰刀湾等一连串湿地生态文化村。它像是一座美丽的山水大花园，恬静地躺卧在富川大地上。它的上游是美丽的母亲河的富江，它的下方是雄伟的龟石湖大坝，龟石湖畔有青山连绵，有田原万顷，还有许多高大挺拔的树木

丛林，湖滨沿岸有争奇斗艳的山花和野花，还有整齐连片的竹林和绿润油亮的山坡草坪。

龟石国家湿地公园野生植物有265种，其中樟树、榉木为国家二级重点保护植物；国家二级重点保护动物19种，其中鸟类16种，是全国示范性的国家湿地公园。

自2013年被定为国家级湿地公园以来，富川县委、县政府科学规划，认真按国标实施保护，分别加强水体、植被和动物保护，并建起了湿地文化科普馆和湖滨科普栈道展示走廊和湖域观光栈桥栈道走廊，对湖区文化进行了有效的传承与科学普及。

## 滨湖漫步栈道

漫步在湖中弯弯绕绕的栈道上，眺望烟波浩渺的龟石湖，令人心旷神怡。栈道镶嵌在碧溪湖中，与天上彩云，远处的风车，浪里的小舟，近处的芦苇，掠过的白鹭……相映成趣，绚丽多彩，简直就是从图画中走出来的世外桃源。有游客情不自禁地把这里比喻成马尔代夫，成为没有去过马尔代夫但向往马尔代夫的美眉们的打卡地。

许多摄影爱好者喜欢来这里取景，能捕捉得到幽静山光湖景、渔乡风情和海边情趣。傍晚的龟石湿地公园显得更加安静，晚风，残霞，远山，风车，海浪，沙滩，小船，渔网……让你仿佛置身好莱坞大片中。

## 毛家渡口码头

毛家渡口原为民用船只泊岸码头，2013年国家湿地公园评定后，便扩建成现在的航运码头。站在码头之上，展望龟石湖区，看万顷波涛，拍浪滩头；观湖水激滟，碧波荡漾，确实有：放怀千波袭水浪、纵情海天观风云的壮美画面。远远看去，湖在山中，山影湖中，风车林立，鱼翔浪里，这些景象是身居城市而不可得见的。

## 石坝湖滨汽车露营地

石坝湖滨汽车露营地位于石坝村前碧溪湖滨。营地属于乡村型宿营地，主要以汽车自驾运动驴友为服务对象。

露营是一种生活方式，一种产业模式，是基于我国度假休闲产业升级以后，露营形成的是落脚点的方式。2016年3月，十二届全国人大四次会议中李克强总理提出："要增强消费拉动经济增长的基础作用，落实带薪休假制度，加强旅游交通、景区景点、自驾车营地等设施建设，规范旅游市场秩序，迎接正在兴起的大众旅游时代。"意味着露营

（左上：碧溪渔舟，右上：湿地牧歌，左下：龟湖白鹭，右下：龟石国家湿地公园）

行业正式列入党和国家未来的战略规划当中。

　　石坝湖滨汽车露营地背靠都庞岭，面朝碧溪湖，视野开阔，湖滩面积宽广，可露营，可篝火，可烧烤，可狂欢。这里曾多次举办"千车万人自驾游富川"活动。

## 长寿岛"千岛湖"

　　龟石水库地势挺平缓，当年的土岭形成了湖岛。以长寿岛为代表的众多岛屿形成了"千岛湖"景观。岛上很多郁郁葱葱的树木，五颜六色的鲜花，坑坑洼洼的路，构成了的湖水、洲岛、茂林相互交错的美丽画卷，美妙之极。

　　置身岛上，岛环水绕，风景秀美。可以欣赏浩瀚无边、一望无际的湖面，以及它背后浓厚的风俗人情。它的每一个角落，拼接成一幅幅美丽的画面。在烈阳中，可以感受花朵迎光而笑的自信；在微风中，可以嗅到花朵微微颤动中散发的香味；在细雨中，可以触碰被雨滴沾湿的花瓣的清凉。这里，有着北方没有的江南水乡，让你体验从没有过的宁静安详，让你慢慢的发呆和思考。

　　龟石国家湿地公园经环保督察整改后，其生态环境向好发展。其水质稳定在Ⅲ类以上，峡口至坝首的水质达到了Ⅱ类水。湿地公园内碧波万顷，水质优良，动植物多样性丰富，形成了湿地保护与水源地保护恢复与发展模式。如今，龟石国家湿地公园的鸟数量、种类越来越多，除了常见的白鹭、牛背鹭外，还能观测到在国内稀少的迁徙鸟类红颈瓣蹼鹬，以及有"鸟中大熊猫"之称的黑鹳等珍稀鸟类。

## 湿地科普展馆

在龟石湖国家湿地公园，美丽的湿地景观，令络绎不绝的访客流连忘返。以退耕还湿、生态修复驰名的龟石湖国家湿地公园，高度重视科普宣教工作，致力让社会充分了解湿地，共同保护湿地。

湿地公园科普馆采用声光电等现代传媒手段，在科普宣教中心真实再现湖域湿地生态魅力和保护成果。据统计，在湿地各区域手绘科教图画共有30多处，开辟科普宣教绿道4处2000米、科教长廊500米，印制各类科普宣教资料5000册、各类宣传品2万多份。

龟石湖国家湿地公园在周边学校开设自然学堂，并在湿地公园所在地的村级各中小学自然课中增加了湿地宣教内容，同的制作专题宣传片2部、各类电子宣传品100多份。通过电视、互联网、手机APP等多媒体宣教和利用"世界湿地日""国际爱鸟日"等一些传统节日开展湿地科普宣教活动。龟石湖国家湿地公园还曾先后邀请国内有关湿地保护专家到湿地公园开设专题科普宣教讲堂，举办各类科普宣教活动，进而使富川龟石湖湿地科普文教活动成为推进湿地保护的最佳形式。

湿地公园是指以水为主题的公园。它是以湿地良好生态环境和多样化湿地景观资源为基础，以湿地的科普宣教、湿地功能利用、弘扬湿地文化等为主题，并建有一定规模的旅游休闲设施，是可供人们旅游观光、休闲娱乐的生态型主题公园。湿地公园是具有湿地保护与利用、科普教育、湿地研究、生态观光、休闲娱乐等多种功能的社会公益性生态公园。

湿地公园是国家湿地保护体系的重要组成部分，与湿地自然保护区、保护小区、湿地野生动植物保护栖息地以及湿地多用途管理区等共同构成了湿地保护管理体系。

发展建设湿地公园是落实国家湿地分级分类保护管理策略的一项具体措施，也是当前形势下维护和扩大湿地保护面积直接而行之有效的途径之一。

发展建设湿地公园，既有利于调动社会力量参与湿地保护与可持续利用，又有利于充分发挥湿地多种功能效益，同时满足公众需求和社会经济发展的要求，通过社会的参与和科学的经营管理，达到保护湿地生态系统、维持湿地多种效益持续发挥的目标。对改善区域生态状况，促进经济社会可持续发展，实现人与自然和谐的良好生态环境建设具有十分重要的现实意义。

# 七彩虎头　梦幻渔村

## ——富阳七彩虎头五星级乡村旅游区导游词

### 虎头景点概况

　　虎头村为富川水库移民新村，全村共有60户，共计290人。1958年因修建龟石水库，村民皆从老古城搬迁至此定居。该村因山场土地资源稀缺，农户缺田少地，且传统产业单一，在发展上受到自然条件的制约，而成为富川的贫困村。

　　为加快虎头村的脱贫步伐，县委政府依照其自然风光特点和邻近县城与龟石国家湿地公园相连的地缘优势，将其列入旅游脱贫重点村寨。通过科学规划，整合项目，共投入5000多万元进行景区营造，分别在路网改造、园林美化、文娱休闲、滨湖栈道及3D墙绘等项目建设上进行了有效开发。现已被上级有关部门核准为"五星级乡村旅游区"。被游客称之为"瑶乡的马尔代夫"。

### 景点推介导游

　　各位旅客朋友们大家好！

　　很高兴今天由我带领大家游览七彩绚丽的虎头村。虎头村位于风光秀美、碧波荡漾的龟石湖国家湿地公园边，它与湖水之滨的毛家、龙头、石坝和凤岭形成湖滨旅游湾区带，是目前在全国较为出名的旅游网红村，同时也是贺州著名的不可多见的湖滨旅游度假胜地。

　　虎头村因其地貌酷似虎头而得名。从高空俯看，该村区域地形犹如伏虎汲水，神情悠然而惬意。

　　20世纪50年代（1958年），虎头村只是群山峻岭中的一个森林地区，虎头村民原居住在富川古城镇内。当时在毛主席的号召下，全国人民举国上，大力兴修水库，保障农田灌溉。于是，选择在富江出境关口地带建筑大坝，蓄水成湖，既以利农业发展，又利于蓄水发电。这样便将富川潇贺古道上的古镇和周边的村落淹没在了湖底。按照当时的政策，被淹没区域的城区居民和村民从低处往高处搬迁，移民到库边的地带择优安置。虎头村在这样的情形下，安置定居在今天的这方土地之上。

　　大家走进虎头，踱步湖滨，既能观赏到"湖光山色玉鉴美，青树碧湖鸥鹭飞"的情

景，又能切身体会到"七彩虎头妆锦绣，梦幻渔乡飞蝶歌"的绚美风情。下面就让我引导大家步行虎头，漫游渔村，去逐项体验七彩虎头、梦幻渔村的美好景色吧。

## 七彩时空隧道

彩环隧道是景区入口的第一景。景观通过以七彩积木错落叠合的方式，形成两个通透式彩色廊道，给人以炫美的形象与灵动的空间感，置身其中漫行游走，确有光色盈目、彩框意象的美妙感受。廊外七彩花田，繁花点缀，茵蕴娱目，大家可去自由体验一下。

好了，大家看过彩环隧道后，

（从上至下：七彩虎头村景、虎头栈道、大型半实景演出《瑶家圣典》）

请随我一起去观赏我们七彩虎头村的主题彩绘文化……

## 虎头鱼篓广场

到了阳光广场，眼前有许多座玻璃阳光房，阳光房是当地人为广大游客开辟的休闲服务场所，有的是咖啡屋，有的是小酒吧，有的是茶庄，还有的是书吧。有需要的话，大家不妨进去休憩品味一下。

我们眼前看到的这个空中瞭望塔，它形同捕鱼用的鱼篓，是虎头村人民村俗文化的的标志性建筑。该建筑分大小子母连体造型，全部采用方钢建造，主体瞭望塔全高15米，直径宽6.3米，可供12人同时参观。登高望远，可揽西岭烟云，可眺云帆南进，您无论极目欣赏或者撷览风光都是极佳的选择，因为，纵欢四野的爽快，可让您前程广阔，风景无限。

站在塔顶，俯瞰湿地，则有湖光山色收眼底、心胸开阔视野宽的情景。塔下的道路之外，便是碧波千层、湖浪交叠、宽广无垠的龟石人工湖。龟石湖始建于20世纪的1958年，是全国大力兴修水利时代的产物。它的总面积约为5.8万亩水面，总容量约为6亿立方米。宽阔的湖域像一块美丽的碧玉，镶嵌在湿地公园里，湖水清澈见底，犹如一面镜子，在阳光的映照下熠熠生辉。湖岸的绿树、鲜花倒映其中，好似一幅美丽的水彩画，湖中有木桥和木亭，亭桥之下，大伙看到那三五成群的羽鸭在欢快嬉戏，叫声好似在呼唤同伴，又好似在以一种亲和的姿态欢迎大家的到来。

眼前的七彩虎头村是一个梦幻般的童话乐园和3D彩绘世界，村里有50多栋民居共7000平方米的墙绘，展示着美丽渔村的梦幻世界。

## 彩绘区：瑶文雅韵

进入村口，想必大家早已被民居墙上的壁画所感染到了吧。有道是：本想农舍斑墙老，岂料此中春色新。虎头村之所以成为全国乡村旅游网红，是因为它具有中国华南最大体量3D墙绘，鲜明的景区主题，绚亮的瑶族特色，鲜活的瑶韵风情，鲜美的七彩墙绘，让虎头村美轮美奂地展示在游客面前，并以人景相宜，情景相融的亲和力感染着八方游人的情怀。

该村墙绘主题以"瑶文雅韵""龙宫幻影""梦里水乡""远近家园"4个版块分别表达了富川及虎头村的地方文化、生活情境、乡愁追思和家园情怀。与此同时，也融入了当代审美情愫，让人们既能了解到富川瑶族文化意韵，又能欣赏到时下充满梦幻的3D艺术形态，真可谓是：渔港彩楼诠乡韵，时尚农庄俱风采。

"瑶文雅韵"版块诠释的是瑶乡的装饰绵纹和瑶家的服饰文化，彩绘通过以瑶族锦带和服装上的云水、花叶、草木、凤鸟及几何回纹图案为展示，用夸张意象，重彩装饰的手法展示了瑶乡瑶寨人民谱写生产、热爱生活、憧憬未来的朴实情操，同时也反映了富川瑶乡人民的智慧创造和瑶家姑娘的聪颖善美。

## 彩绘区：龙空幻影

欣赏完"瑶文雅韵"，我们接着往村里走去欣赏"龙宫幻影"主题墙绘。这个片区的墙绘主要是描绘海底世界的奇思妙想和动漫风物，墙上有龙鱼腾浪、锦鲤跃波、虾精游戏、哪吒闹海等水下、海底龙宫奇景。这些奇幻景物充分体现了村民对水底世界的好奇与遐想，通过一组组墙体画面，既让游人有临水思奇妙、过巷知渔村的应景乐趣，又让孩童们通过墙绘增进对《海底龙宫》神话的直观解读。

## 彩绘区：梦里水乡

"梦里水乡"牵引着虎头人的乡愁和已逝故园的乡恋。1958年，虎头村的老一辈村民自富川老古城举家搬迁移民到此地垦殖生息，开拓新家园，而他们那曾经繁华的依依不舍的故园，却淹在这浩瀚无垠的龟石湖下沉睡了半个多世纪。他们眷恋着那时的世代风华，怀想那时的惬意时光和知足知美的幸福生活，他们将过往的风情风物逐代传递，汇聚起今天向往美好生活的动力。他们追思过往，寄情当下，把鱼儿画上墙，把彩蝶绘上窗，把故事传播给游人，把心情和期许以多姿多彩的景象奉献给大家。想必大家已从中领悟到虎头村人的斑斓梦境了吧。

## 彩绘区：远近家园

"远近家园"彩绘区反映的是虎头村人民的追梦情怀和积极向上的生活态度。

**远峻烟云夺奇景，近水楼台换新颜。**

**虎头村外碧波丽，斜阳山外舟楫闲。**

梦别古城的虎头村民，不忘初心，他们牢记祖训：农耕不忘立志，致富莫弃桑麻。他们开垦种养各操业道，建庄制造克勤小康。做腐竹，制粉条，烘熏鱼，捕鱼虾，他们在幸福中耕耘；织被带，绣花枕，唱山歌，他们在欢乐中生活。远去的故园已不可再现，它成了逝去的古歌，留下余韵；近前的康庄活跃在当下，它是奋斗的基石和起飞逐梦的平台，彰显繁华。他们放怀远近，眷恋家园的浓浓乡情，无不在蔬篱农舍与高墙彩绘中尽显光华。

## 演艺区：瑶家圣典

　　"瑶家圣典"是虎头村的风情综艺表演区，每周末均为游人开放表演，它是一台系统反映富川文化历史的舞台剧，同时也是瑶文化音乐舞蹈诗，是光临富川必看的一场精彩演出。

　　从这台歌舞中，您可从全新的艺术视角和全新的时尚审美中领悟到富川灿烂的历史文化和瑶乡古老的民俗风情，是那么炫美辉煌。

　　各位旅客朋友们，今天七彩虎头村一游到此就结束了。有道是：读万卷书，行万里路。观千景秀，知大风情。虎头村仅是锦绣富川壮阔风物中的一个亮点，美好的去处还有许许多多，希望大家不吝足下，且去纵横观赏，相信美丽的富川定会让您不虚此行。

（瑶族风情）

# 西岭农家　生态下湾

## ——柳家下湾村三星级乡村旅游区导游词

## 下湾村简介

　　下湾村处在富川西部的柳家乡境内，它依偎在莽莽都庞岭的余脉中，安逸在具有省区级森林公园称号的西岭山下，是一个青峰环抱、群山叠翠、生态葱绿、风光秀美的田园村落。

　　西岭山森林公园，崇山峻岭，溪流潺潺，深塝峡谷，景象奇丽。山上，花木繁茂，争奇斗艳；林中，动物繁多，弥以珍稀，是广西生态极好，品质最佳的多品类森林公园。山上山下，气流相盈，温湿相宜，故有优良的空气质量，据测，该区域每立方空气中，其负氧离子达到11000个以上，是广西最佳生态品质森林公园。

　　美丽的下湾，地方民俗文化丰雅，山体旅游资源丰富，且瑶族风尚淳朴，民俗风情绮丽。村内有瑶族长鼓舞、瑶族蝴蝶歌和瑶族织锦刺绣等非物质文化遗产，是一个极富地方特色文化的瑶族村落，是广西壮族自治区级"生态休闲农业示范区"。

## 景点推介导游

各位来宾游客朋友们，下面由我带领大家前往柳家下湾村去参观旅游。下湾村，位于富川瑶族自治县西部，其背靠巍峨的省区级西岭森林公园，面向风景怡人的龟石国家湿地公园，是贺州市著名的生态文明村。村庄境内，山水风光旖旎，民俗风情绚丽，瑶族民风淳朴，村落文化沛然，2017年被评定为3星级乡村旅游景点。下面请大家随我起走进下湾，去领略下湾独特的乡村风情和朴素的农庄意韵吧。

## 村口荷塘景色

盛夏碧荷绿一池，山间斜阳照万家。朋友们，下湾村倚靠巍巍西岭，仰望滢滢碧溪，登麓有山风徐来，临水有湖波漫泛，如此，再添上这"池荷玉莲花开妙，占得仙山有神情"的景致，下湾的风光岂不是又锦上添花了。真羡慕驻地建房的村民，可在如此悠闲的景致中，尽情享受到大自然所赐的绿野福泽。

大家沿池畔小道参行，池边上有个"道陵亭"，亭中有个五斗米教的道教祖师张道陵（即张天师）所开辟的"灵隐泉"。

灵隐泉的水，清澈温润，水质柔软，旅居饮用均可称为上等水品。张道陵见此泉水质优好，即采以此泉合沙炼丹，即造就出了医治百病的妙药灵丹。但凡遇上有缘人求赐，或每每遇着村农患病，张天师便慷慨解囊，施丹救命。故当地村民奉信此井为神仙所赐，甚为珍惜。大伙不妨上前采掬一捧，细饮体会，去品尝一下泉水的清润绵柔吧。

## 下湾农舍风情

绕出荷花池塘，走进农舍小街，朋友们是否感觉到，富川民居的风貌与其他地方比照而言，最是别有一番风景。下面就让我们拾步进入下湾民居小街，一同考究富川民居的文化思想和构造理念，再看理念又是如何融入现实建筑实体中的吧。

富川，地处桂东北地带，上连荆楚湖湘，下接八桂南粤。受古道文化和地缘文化的影响，富川民居形制在本土瑶民居和桂北民居的基调上，既接纳了徽派建筑文化色彩，同时又汲取了荆楚建筑工艺，经2000多年的提炼糅合，已形成了自制格局。该形制格局的主要元素大致是：

飞檐翘角马头墙，玉题干栏万字窗。

素瓦灰墙斜山顶，龙头凤尾伴太阳。

在这首元素诗的提示下，诸位再循词索意一番，相信也就不难解读出富川民居与瑶家农舍的造型规制了。

## 金坤风雨桥景

走过农人的家门别院，接下来我们就来到了"金坤风雨桥"上。金坤风雨桥背靠西岭山余脉的金字岭，面朝阴阳鱼八挂的坤甲向，取金坤以造虹桥，可得千古运吉、万代祺祥之意。站在风雨桥上眺望：碧湖浩瀚荡春波，城乡挹爽见恬闲，田野播种农人乐，似有蝶歌唱眼前。

转过身去，桥背面是云雾岚山的大美山景。山中有峡谷幽深，叠石步阶；有枯藤老树，凤鸣鹤唳。乘着峡谷清风和山壑凉气，干脆停下步来，坐地欣然，或者，就一屁股赖在长凳上，撮把子花生米，揣壶农人老酒，在廊中小饮，同时，顺着当地的调，拣着顺口的词，来段风满楼来情满山之类的撩情段子，不也能造出个好心好情嘛。

## 道观山森林公园

古人有云：法路迢迢方求道，庙宇煌煌僧参佛。成佛成仙的历程是无比艰辛的，需要有坚强的定力和矢志不移的信仰。

走出金坤风雨桥，让我一同去攀登桥后的西岭道观山。沿着陡峭的山坡和崎岖的石道上山，沿途有樟槐栎椿、石斛灵芝等许多平原罕见的山珍奇木和丛林野趣，在等着大伙去前行探访。

"云岭峰前道观山，殷红翠俏侵楼栏，当年天师开道观，万道霞光洒人寰。"在山麓的密林深处，原来建造有张天师道陵法师修建的"云蒸观"，气派巍然，可惜现已拆毁。云蒸道观曾是富川历史上最古老的道家法观，而西岭麓下的金子岭，也同时因此有了一个颇具道教文化意蕴和传奇色彩的别名——道观山。

张道陵，人称张天师。他是正一盟威道创始人，太上老君"授其以三天正法，命为天师"，后世尊称为"老祖天师"。有记载，张天师年迈将年，南巡各地名山大川，至富川发现"此地……有仙气助以修身济道……"即落座开观，收徒弘法。史称其弟子有3000多人，设立24治，即奠基了天师道。张道陵与葛玄、许逊、萨守坚合称四大天师。

传说张道陵创建天师道，是因当时在巴蜀一带原有的巴蜀人信奉巫教，进行大规模淫祀而害民。而那些祀奉妖邪的巫师又聚众敛财，无恶不作。于是张天师同王长、赵升二位携九鼎丹经，到北邙山作法平定了祸害百姓的巫妖之徒。其暮年之时，弘法传道途经于钟山与富川白沙、莲山、古城、富阳及此地，他见此地气象宝妙，即择地兴观，坐地修道。他从白沙、柯达采来矿砂到此制药炼丹，救济造化富川民众，深得群民拥戴，他的故事在本县广为流传并传为千年佳话。

（从左至右：欢乐瑶寨、魅力下湾）

## 瑶族八角楼

　　"锦鸡翅膀凤凰尾，比不上瑶家角楼美。"这句话为我们描绘出瑶家鼓楼的独特风貌。大家是否会被角楼和风雨桥的独特风姿所震惊和陶醉？震惊是因为八角楼的高入云霄、飞檐翘角；陶醉是因为架在绿色江体上秀美而婉约的风雨桥。楼桥相依相伴，相映成辉，构成了最引人入胜的景观。

　　瑶族八角楼因悬以钟鼓，故又称鼓楼，它以盘王印之八角花为意象构造，是瑶寨文明的象征。在富川山区，只要看见了吊脚楼和鼓楼，便知道那里一定有瑶族人居住。鼓楼在瑶寨里既是议事的场所，又是文娱的中心。

　　以前瑶族八角鼓楼的建设有着十分严格的讲究，一般是以宗族为单位，如果一个村寨只有一种姓氏，则只建一座鼓楼；如果一个村寨有多种姓氏，则每一姓氏分别建一个鼓楼。鼓楼是每个村寨的寨首召集村民，集会处理民众相关生产、生活、娱乐、祭祀等重大事务的地方，同时又是祭祀天神地母、菩萨尊道和祖王贤德典礼与文娱歌舞的地方，它可是瑶寨的"政治文化"中心哟。

　　瑶族八角鼓楼的建筑糅合了瑶家木塔、苗家阁楼和侗家穹顶三位一体的建筑形式，可以说与它们既有相似之处，又别具一格。就八角鼓楼的整个形制来看，是塔的形，楼的顶，整个建筑伸张阔展，气势遒劲，其工艺精美，结构严谨，甚有巧夺天工之势。

　　从前，瑶族钟鼓楼的形态，有四角的也有六角和八角的，高度有四层至七八层不等，其重檐斗拱，层层叠抱递收上升，在每层檐角一般都塑以龙凤鹿花攀爪，高昂上翘，如飞似跃，无限美妙。在楼的顶端一般有塔尖造型，或雕成葫芦或塑成杖状而直入云霄。

　　如今的钟鼓角楼除了功用于瑶家商事议政之外，同时还成为人们节庆歌舞及休闲娱乐的舞台。每逢节庆丰收之余，盛装妍丽的瑶家男女便在八角楼前踏歌起舞，欢庆丰年。总之，八角楼是整个瑶寨最欢腾的地方。

## 石斛文化体验

千古一仙草，万代访石斛。铁皮石斛与天山上的雪莲、三两重的人参、百二十年的首乌、花甲岁之茯苓和纯天然的苁蓉、深山上的灵芝、海底长的珍珠及冬虫夏草，均列为中华九大仙草。作为九大仙草之首的铁皮石斛，历代都是仅为皇室专用的御用良材。《本草纲目》《神农百草经》中均有详细记载，时至今日，已成为都市贵族们的首选佳品。

石斛的主要产地为霍云山、浙江、云南、广西等地，其生长的条件或环境均喜欢于雨林岚山之地。石斛类型上，又分为铁皮石斛、铜皮石斛、水草石斛、紫皮石斛、金钗石斛等，虽然都叫石斛，但效果确有天壤之别。目前受国家认可真正有价值的只有铁皮石斛，而铁皮石斛以霍云山、都庞岭为首选。富川下湾出品之铁皮石斛富含多糖、氨基酸、石斛碱、石斛胺碱等10多种生物碱；同时也富含钙、钾、钠、镁、锌、铁、锰、硒、铜、铬、镍、锗等几十种微量元素，是品质较优良的石斛品种。

## 满叔农家乐园

大伙参观了石斛大棚、水上乐园和卡丁车体验项目后，请走出棚外去，一同跟我体验品尝一下铁皮石斛清茶。小憩品杯茶，解困去疲乏，君临不妨试，口留余韵遐。这可是上等极好的保健养生饮品喽。

喝了茶，解了乏，我们现在可一同前往满叔农家用餐啦。

满叔农家乐是自治区命名的"森林人家"农庄。

满叔农家乐，来往客人多，山味一桌满，哥姐弟嫂乐。满叔家的人，热情又好客，他的农家菜馆，品味纯出自然，食材丰富良多，经济又实惠，钞票不用花很多就可以饱餐一顿了。

各位朋友，从现在起，大家要想好一首歌调，等下满叔家的瑶哥和瑶妹们要在餐桌上与大家对歌同乐的，不然的话，等下就无言对答，到用餐时就会挨罚酒的啵。有道是：

瑶家喝酒爱唱歌，歌连酒来酒连歌。

山歌泡在酒杯里，连酒带歌一起喝。

各位敬爱的来宾和朋友们，今天，我由衷地感谢大家对我的支持和配合。其实能和大家达成这种默契真的是很不容易，大家出来旅游，收获的是开心和快乐。而我作为导游，给大伙带团，收获的则是一份浓浓的友情和经历。我想，这次我们都可以说是收获颇丰的吧。

# 西岭药谷　康养胜地

## ——柳家乡茅刀源村导游词

### 茅刀源村概况

柳家乡凤岭村位于富川县城之西南方向，距富川县城15公里许，距柳家乡政府3公里，是富川西南方向出境的重要文化名村。720县道、538国道和永贺高速南北贯穿，依山傍水、风景秀丽、交通便捷。全村共76户366人，土地总面积1920亩，生态公益林672.15亩。该村中草药材产业示范区是广西特色农业（核心）示范区，也是贺州唯一一家、广西第一批中草药材示范基地。近年来，该村先后荣获贺州市脐橙村、市生态文明村、自治区卫生村、自治区五星级基层党组织、全国绿色村屯等荣誉称号；2019年，该村先后承办了全县、全市乡村风貌提升现场会和全区林业服务乡村振兴现场会。

### 景区特色推介

景区位于龟石国家湿地公园和西岭自治区森林公园核心区域。境内山朗水阔，松林耸翠，绿野青碧，橙园金黄。其村廓四周，民居清雅别致，幽巷错落纵横，田舍叠彩交织，农桑交相辉映。村内的民俗民风淳朴，歌舞文化独特，蝴蝶山歌袅袅，民俗节庆奇特，有着较突显的山歌风情和较强的村域民俗文化色彩。此外，村际之外，湖水环抱，绿林拥戴，青山排达，果园弥香，植被茵幽，生态优良。它以无比优越的自然生态环境、湖滨气候和森林天然氧吧成为西岭药谷、康养天堂。

### 村口景点导游

我们现在来到的这个景区就是康养胜地茅刀源景区。我们面对的这座大山就是富川人说的西岭山。别小看这座山哦，它的正式名称叫都庞岭，是著名的南岭五岭之一。伟人毛主席有两首诗赞美过五岭："五岭逶迤腾细浪，乌蒙磅礴走泥丸。"这是毛主席在《七律·长征》中的诗句，大家耳熟能详。还有一首《七律·送瘟神》，毛主席在此提到五岭："天连五岭银锄落，地动山河铁臂摇。"所以，这座大岭很牛哦。

西岭山森林公园位于南岭山脉都庞岭余脉，西北邻湖南省江永县，南连广西贺州钟山县，西接桂林恭城县。地跨富川朝东、城北、富阳、柳家4个乡镇20个行政村，其中保护区内分布有6个村委，人口5423人；保护区周边有14个村委，人口32360人。南北长30公里，东西宽14公里。

西岭山森林公园总面积26.34万亩，灌木林地面积0.32万公顷，无立木林地面积677.6公顷。保护区活立木蓄积71.33万立方米，其中杉木林35.98万立方米，阔叶林35.18立方米，针阔叶混交林568立方米。森林覆盖率达93.5%。

西岭山森林公园内有国家一级保护树种红豆杉、柏乐树等，国家二、三级保护树种福建柏、华南五针松、黄檀等；国家一级保护动物黄腹角雉、娃娃鱼、金雕，二级保护动物林射、鼠羚、穿山甲等。大面积水源林使保护区能降雨能蓄、干旱能吐，平均每亩林地涵水量达630立方米。

西岭山森林公园古木参天，虫鱼鸟兽，幽谷清风，飞瀑流泉，花海锦簇，珍果斑斓。该区域每立方空气中，其负氧离子达到3万到10万个以上，是巨大的天然氧吧。

我们后面就是有着6万亩水面的龟石国家湿地公园，是这里有着"海洋性气候"的天然养生天堂。

## 药谷种植园导游

近年来，茅刀源村找准定位，以发展资源产业类乡村为抓手，以现代特色农业林业（核心）示范区为切入点，大力发展瑶瑶种植。通过优化营商环境和政府投资

（从上至下：茅源生态、瑶乡夏爽）

基础设施，以奖代补撬动社会资本参与等，招商选资引进华润三九药业战略合作伙伴，广西锦沐仁和中草药材种植有限公司示范带动，结合柑橘黄龙病防控处置，探索做大做强现代特色林业产业。

我们现在看到的这片瑶药园内种植天冬、岗梅、三叉苦、千里香、鸡血藤、两面针、黑老虎、野菊花等中草药1200余亩，辐射带动周边市县和乡镇村屯发展中草药种植超过5000亩；同时，茅刀源村已初步形成林区林下药材种植产业、野生动物驯养繁殖产业、瑶族医药文化融入旅游产业的格局，为乡村振兴注入了源源不断的旺盛活力。

## 瑶医瑶药体验区

瑶族是一个承载着千年历史沧桑的古老民族，他们生活的地方高山多雨多雾多烟霾瘴气，容易受疾病的侵袭，在如此恶劣的自然环境生存，按常理说是会多病短寿，但相反，瑶族成了世界上最长寿的民族之一。

原来，生活在这样一种特殊的环境中，瑶族人为了生存，抵御病毒侵害，形成了重防病、保健、养生、长寿的生活理念，学会了识别各种草木的性质，利用草木的枝、根、皮、叶、花朵医治疾病。瑶民就是靠这些草药，治愈他们一个又一个的病症。瑶族百姓几乎就不出山看病，有点什么毛病，就自己采些草药，轻而易举地予以解决。

"治未病"是中医治则学的基本法则，其主要内容包括"未病防病、已病防变、已变防渐"等多方面内容。瑶医是历史上最早期的一种医术，是人们长期以来战胜野兽虫蛇、木石刀伤、跌打损伤所致外伤内疾的智慧结晶。

瑶医药的医疗体系与中医是一脉相承的，并在长期的医疗实践中形成了其独特的更为质朴的医疗体系，把药物归纳为"五虎、九牛、十八钻、七十二风"。

（从上至下：药企进驻茅刀源、药材种植、投资商指导天冬种植、瑶族药膳蒸饭）

　　瑶医治疗方法分内治、外治两类，方法简便多样，归纳为16种：内服、外洗、气熏、火灸、针刺、刺刷、冷麻、火罐、挟瘀、刮痧、推拿、敷药、贴药、药手、割治、寄治，方便群众直观理解和接受。

　　瑶族群众认为"百草皆是药"，在周密的《齐东野语》中有这样的记载："方春时，瑶女数十，歌啸山谷，以寻药挑菜为事。"可见，在宋代瑶族先民用药已相当普遍，不仅习医之士，就是普通的平民妇女，都能"以寻药挑菜为事"。每年端午节，家家户户都能备有诸如大风艾、石菖蒲、不出林、鱼腥草、观音茶、九节风、钻骨风、夏枯草、路边荆等几种草药，或药浴，或煮鸡蛋服用，以祛百病。这是瑶族群众长期以来"治未病"的具体实践，是成就瑶族长寿之乡的重要因素。

　　瑶族医药几千年都以口授形式相传，无文字记载，奇方妙药只是祖传，瑶药经多年统计，约320多种。

　　瑶族药浴是瑶族人民世代相传、秘不外传的一种泡浴方式，是独有的一种古老而神奇的保健方式，是瑶族人民在长期游耕、狩猎生活中形成的一种以强身健体、消除疲劳、抵御风寒、抗治疾病的药物洗浴习俗。

　　瑶家到处可以见到用杉木做成的大木桶，这便是用药水洗澡的"庞桶"，又称为"黄桶"。在瑶寨，从老人到小孩，都会采摘药浴用的药材。在不同的季节，采摘不同的药材，洗净晒干，然后将数十种药材配制好放在家中。洗浴时，将配制好的药包放到大锅内熬煮，进行沐浴，沐浴时间一般在20～30分钟，药汁渗入体内，渗入全身经络，以达到祛风除湿、活血化瘀、排汗解毒、消除疲劳、美容、保健、养生的功效。

　　瑶族医药于2006年被列为第一批国家级非遗名录，瑶族药浴被列为第二批国家级非物质文化遗产。

## 药膳美食馆

　　瑶族在历史文化的迁徙与融合过程中发展出了独具特色的防病治病与养生保健方法，瑶族民间丰富的饮食疗法和药膳，使瑶族成为历代健康和长寿的民族。

　　药膳就是药材与食材相配而做成的美食。

　　药膳发源于我国传统的饮食和中医食疗文化，瑶族药膳是在中医学、烹饪学和营养学理论指导下，严格按药膳配方，将瑶药与某些具有药用价值的食物相配，采用我国独特的饮食烹调技术和现代科学方法制作而成的具有一定色、香、味、形的美味食品。它是中国传统的医学知识与烹调经验相结合的产物。它"寓医于食"，既将药物作为食物，又将食物赋以药用，药借食力，食助药威，二者相辅相成，相得益彰；既具有较高的营养价值，又可防病治病、保健强身、延年益寿。

按功用分，瑶族药膳有：

延年益寿药膳：适用于老年人平素调养，强身健体，养生防病，如清宫寿桃丸、茯苓煲鸡汤等。

益智药膳：适用于老年智力低下，以及各种原因所导致的记忆力减退之人，如酸枣仁粥、柏子仁炖猪心等。

减肥瘦身药膳：适用于肥胖之人，如荷叶减肥茶、参芪鸡丝冬瓜汤、柠檬泡茶等。

解表药膳：具有发汗、解肌透邪的功效，适用于感冒以及外感病的初期，如葱豉汤、香薷饮等。

通便药膳：具有润畅通畅的功效，适用于大便干燥之症。如麻仁润肠丸、蜂蜜香油汤等。

活血药膳：具有活血化瘀、消肿止痛之功，适用于瘀血内停、跌打损伤等症，如益母草膏、当归鸡等。

止咳药膳：具有宣肺止咳之功，适用于咳嗽等症，如川贝蒸白梨、糖橘饼等。

安神药膳：具有养血补心、镇静安神的功效，适用于失眠多梦、心悸怔忡等症，如柏仁粥、酸枣仁汤等。

排毒药膳：具有调节机体状况、改善机体功能、排出体内毒素的作用，适用机体不适、痤疮等平素火毒易盛之症，如黄芪苏麻粥、鲜笋拌芹菜等。

好了，说一千道一万，不如你自己尝一尝。下面就让我们走进瑶族药膳馆，去美餐一顿瑶家药膳美食。

## 盘瑶踏歌堂

茅刀源建村伊始是一片茅草丛生之地，先辈们用柴刀披荆斩棘，开挖古井，方定居下来，形成发源之地，因而取村名茅刀源。

茅刀源历史上是过山瑶寨，村里的最老一辈都会说勉语（过山瑶话），较老一辈说平地瑶话，现在全部说"梧州话"，这是民族融合互相同化形成的。因此，茅刀源村保留着瑶族过山瑶歌舞"踏歌堂"、平地瑶"傩仙舞"和蝴蝶歌。习惯喝油茶，他们热情好客，常用小锅油茶招待进门的客人。吃了苞米、粿条等茶送，喝了油茶，真是又解乏来又充饥。

茅刀源盘瑶歌舞"踏歌堂"，青年男女同舞，寄托感情的向往，以表冲破封建藩篱束缚，追求幸福生活的美好愿望。下面就让我们燃起篝火，一同来"踏歌堂"，共同度过一个美好的夜晚。

（刘仙娘庙会）

# 活乐凤岭　碧浪福湾

## ——柳家乡凤岭村导游词

### 凤岭景区概况

　　柳家乡凤岭村位于富川县城之西南方向，距富川县城15公里许，距柳家乡政府3公里，是富川西南方向出境的重要文化名村。境内山朗水阔，松林耸翠，绿野青碧，橙园金黄。其村廓四周，民居清雅别致，幽巷错落纵横，田舍叠彩交织，农桑交相辉映。村内的民俗民风淳朴，歌舞文化独特，蝴蝶山歌袅袅，民俗节庆奇特，有着较突显的山歌风情和较强的村域民俗文化色彩。此外，村际之外，湖水环抱，绿林拥戴，青山排达，果园弥香，植被茵幽，生态优良。它无比优越的自然生态湖滨人文风光及山水园林村落景观成为广大旅游者神往的旅游胜地。

　　该村有红岩山"白云洞"。洞内幽古奇秀，钟乳嶙峋，旷达深厚，妙景横生；岩中幽径网织如丝，悠深不可探止；洞外湖波浩渺，碧绿不甚感怀。村内居民均属古苍梧郡之"梧州人"，全村皆操地方"梧州话"方言，且以传唱瑶族"蝴蝶歌"民俗文化闻名县邑。主要文化节庆有"六月十三"古今一直沿袭奉行的"刘仙娘庙会文化节"和"正月初八"一直沿袭举办的"蝴蝶歌圩会期"。近年来，乡党委、政府积极发展乡域文化旅游，作为极富地域特色性瑶族文化的凤岭村，已日渐成为富川滨湖观光与瑶乡文化旅游的景区。

## 景区推介导游

各位朋友，柳家乡凤岭村历史悠久，民风淳朴，以刘仙娘节"仙娘出游"和"蝴蝶歌圩"文化为突出亮点，该村的瑶族蝴蝶歌文化项目已被列入国家级非物质文化遗产保护名录。据2009年贺州市级文物普查及贺州市旅游资源普查结论，凤岭村是贺州市开发历史人文、发展乡村旅游产业中，极具历史原生文化保护价值和极具湖滨文化旅游开发的特色资源村，有着"贺州小海南"的美誉。村内风光风情极具文化休闲旅游价值，是瑶家文化旅游品牌中最具开发价值的瑶族山水村寨。村中的红岩山观胜、红岩洞猎奇、滨湖区挹爽和陶醉庄怡情、佛子背度假、湿地休闲体验等景点，正日趋成型。

## 淮南神庙参礼

朋友们，凤岭村民间信奉祖神"刘仙娘"，每年都要在村中举行盛大的"仙娘出游"庙会节。今天大家旅游到此，不妨前去淮南庙中参礼一下，如此也可沾上些神灵之气，做事创业便也能得到神灵的护佑呀。

刘仙娘文化信仰，广泛流传于广西富川梧州瑶民、平地瑶民与瑶汉民族杂居地区。刘仙娘自幼聪慧，成年后侠义英风，因与其夫白龙帝夫妻俩能文能武、出征伐元、行侠仗义、开医济民、普爱众生的传说故事和他们助国爱民的家国情怀，而被当地梧州瑶民众奉为保护神。

仙娘白龙庙会祭祀活动在富川较为频繁，民众信奉度极高，透过刘仙娘白龙帝的传说，可以窥探到富川平地瑶民和梧州瑶民的信仰崇拜祖神崇拜、英雄崇拜、巫术道教崇拜的印迹。

古往今来，对刘仙娘的出长地与姓名称谓有许多说法，广东中山大学教授、中国著名民俗学专家叶春生发表文章说：刘女出生原在广东梅县，小时称刘三妹。长至18岁外出传歌到广西后，人称为刘三姐。至40岁而后传歌文，教织锦到富川地区时人称为刘三娘或刘娘、刘仙娘（因为仙身，故称刘仙娘）。尽管说法诸多，并有些不尽统一，但刘仙娘与白龙帝的故事却是富川世代历史传承下来的，刘仙娘崇拜是英雄崇拜和祖神敬仰，而不是负面封建迷信，相反却正是正能量的激进动力，正是惩恶扬善、忠孝仁爱价值观的展映。

凤岭村刘仙娘文化现象在富川影响深远，其多以歌仙、神医与智慧神形象出现。神仙湖景区水幕电影《锦歌仙娘》中丰富的民间传说，饱含了该地区丰富的民族民间地方文化特色，这种地域特色精神文化是唯一的，不可复制的，我们应不负前人并世代弘扬下去。

## 红岩洞中猎奇

诸位，淮南庙参礼之后，我们可以前去参观一回红岩山的溶洞。富川属喀斯特地貌，县内奇山异石、熔岩溶洞景观在富川大地上和城乡的山水间比比皆是。而红岩山溶洞是在原生态状况下保护得最好的一处。该溶洞除了异彩纷呈的乳石景象景观外，还有着仙娘文化传说，在当地是相当有名的。进到红岩洞，凉风习习来，沿洞中小径前行，洞中有莲开妙韵、观音西来、五谷丰盈、玉盘盈珍、花果水簾、万马奔腾、天宫云梯、御园华殿等等景观，这些鬼斧神工的奇观妙景让红山岩和红岩溶洞增添了无限的神奇文化意蕴。

## 雷劈山下怀古

走出红岩山溶洞，让我们一同来观看一下红岩山之边的雷劈山吧。听老人们说，原来红岩山是与雷劈山相连的。传说因为有恶龙降临此地，并长期盘踞在山上，吐纳妖气，兴风作浪，并不时还下山进村吞食村中男女幼童，村民悲伤不已，呼天号地，不得解脱。后来，村民焚香祷告，请得刘仙娘与白龙帝君下凡镇制恶龙。刘仙娘与白龙帝夫妇呼唤雷霆劈之，且又以锋利的剑戟将恶龙斩杀。雷霆发厉，剑戟交加，恶龙殁，山郓裂，这才让红岩山与雷劈山分裂相立，同时也才使凤岭村归复了安宁的生活。

当时雷劈恶龙的情景就形成了我们现在看到的雷劈山的形状。

## 湖滨水景观浪

现在让我们从古老的故事中走出来，开放心情，随我一起漫步湖滨，观碧溪湖浪，看风电转轮，听山风清啸，望水鸟掠波，这些风景在城里难得一见。有诗人云：碧溪湖畔做神仙，欣观鹭鹦舞翩翩。那得湖山清如许，不妨此中一日闲。

凤岭村以龟石湖而美丽，也以龟石湖湾的安逸景致而闻名。在凤岭的村外沿滨湖游道上漫步行走，四处的风光既开朗又幽静，湖畔的渚滩上有羽禽游戏，湖中的水面上有舟楫划竹，农人的屋舍在绿丛中点缀安逸，篱笆圈内欢跃着庄稼人饲养的鸡鸭家禽，这些湖山气象和乡间风情会不会让你娱目养眼、怡情爽心呢。

## 陶醉休闲山庄

沿湖滨水边一路走来，眼下我们所到的这个地方就是凤岭的陶醉山庄。山庄建筑造型极有富川民居建筑特色，它所呈现的"飞檐翘角马头墙，素互青灰花格窗，琳琅吊脚斜山顶，四围厢屋开天窗"，正是富川民居文化的写照。山庄服务功能齐全，文化设施一应具备，内有花木盆景园和奇石文化展馆。同时，里面还设有瑶家茶庄、农家菜馆和民宿度假休闲住所，是一个集农家乐与食宿、文娱于一体的综合型休闲旅游场所。下面就请大家进去山庄参观或小憩一下，待会我们将集中去前面松林中的湿地公园码头上船，一同去佛子背度假村参观游览。

## 凤岭湿地码头

各位游客朋友们，让我们在陶醉山庄前坪集中一下，接下来，便一起上游艇去游览体验乘船游览龟石湖的乐趣。富川龟石湖是国家级湿地公园。湿地公园的概念就是：以相当面积的水域、湿地及良好的生态环境和多样化湿地景观资源为基础，以湿地的科普宣教、湿地功能利用去展示弘扬湿地文化。它的内在建有一定规模的旅游休闲设施，是可供人们旅游观光、休闲娱乐的生态型主题公园。湿地公园是具有湿地保护与利用、科普教育、湿地研究、生态观光、休闲娱乐等多种功能的社会公益性生态公园。好了，下面就让我们乘风踏浪，进入美丽的龟石湖心，驶船体验去吧。

## 佛子背度假村

朋友们，上岸啦。佛子背村是紧挨着凤岭村湖湾的一个村，这里可是观赏龟石湖的最佳地哟。佛子背，三面临水，一面接地，在这里可以放眼纵观湖光山色，也可以开襟敞怀湖域清风。远处的碧溪山脉，峰峦相叠，犹如一块翡翠玉屏把湖区揽在怀里。再有眼前荡漾的碧波，在阳光的照射下，金碧璀璨，风光无限。湖上有快艇飞奔，水中有鸟儿掠过，天上有浮云飘来，滩边有渔人捕捞，在这里大家可放纵天地，亦也可踏浪碧波，还可以在七彩的伞蓬下，找张沙滩床享受阳光浴，感受碧绿湖湾的湖海清风和阳光大餐。

走进佛子背村，里面有茶馆，也有文娱场所，拾步观光，却也惬意逸心。此外，村民依据这里酷似"小海南"或"小三亚"的湖湾优势环境，还特地开办了度假民宿，不失为极佳的休闲度假居所。村中有花园一处，花园与滨湖相互兼容，里内花香鸟语，棕榈婆娑，茂林修竹，幽径延伸，观赏其间，大有"神仙一日观山色，神旅半日享幽闲"的情致。相信此行不负大家的初衷，同时也请大伙回去以后好好地帮助我们推介宣传，在此谢谢大家了！

# 西屏耸翠　绿韵涝溪

## ——富阳涝溪源四星级乡村旅游区导游词

### 涝溪景区概况

富阳涝溪源，地处富阳镇辖区内，距县城约2公里，位于莽莽都庞岭余脉的西岭山下，是一个瑶情浓郁、森林生态良好的自然风景村落。近年来，通过科学有序开发，涝溪源已形成生态养生、红色研学、瑶族风情体验等多品位的文化旅游村。被上级有关部门评定为"四星级乡村旅游区"。境内"清溪山庄"被命名为"四星级农家乐"和"森林人家"。

该景区背靠都庞西岭，面向富阳新城。登山可眺望富川全城壮美景象，出门可欣赏雾海山岚。景区内山环水绕，清风徐来，四野葱青，环境优美，水质清纯，空气质量好，每立方空气中含丰富的负氧离子，实可谓是岭南天然氧仓，富城风光宝地，是当代健康养生和长寿休闲的绿色家园。2013年经中国老年学学会和"中国长寿之乡"评委会认定：涝溪源"清溪长寿谷"为最佳休闲康养胜地。

### 景点导游推介

各位游客朋友们，大家好。

很高兴给大家做此次旅游的导游，接下来将由我给大家介绍一下涝溪源景区的概况。

富川涝溪源乡村旅游区位于富川瑶族自治县富阳镇山宝村委涝溪源村，2011年被评定为"广西四星级农家乐"，2019年被评定为"四星级乡村旅游区"。涝溪源乡村旅游景区按功能规划建设，依次分为接待综合服务区、农旅田园观光区、时令农事体验区、水上休闲娱乐区、养生度假区、生活购物区、民宿休憩区和清溪山庄瑶家饭馆，还有延长线"西屏耸翠"和"山泉飞瀑"等景点。此外，涝溪源乡村旅游景区内还种植有柑橘、脐橙、李子果等水果，可提供游客入园进行采摘体验，让游客最大程度地充分享受作为"田园农家"的愉悦情怀。

### 清溪山庄雅风苑

清溪玉涓石上过，山庄瑶情扑面来。背靠都庞岭的清溪山庄，依山傍水，视野开

阔。放眼山野，满目葱茏，一派碧绿世界，犹如世外河山。紧临着它的这条山冲就是富江河的水源河之一，河水一年四季碧如翡翠，清澈见底，是夏日畅游与孩童嬉水的好去处。

山庄前面是一座始建于清代晚期的古戏台，是涝溪源附近几个村寨迎新接福与庆丰开典表演戏曲歌舞的文娱活动场所。戏台后厢以锅耳山墙式构造，前台以江南阔亭式建设，相互连合为一个整体，谓之"锅耳歇山式"建筑风格。这种风格的戏台在富川民族民间村落中相当常见，是为富川文化建筑特色。

清溪园内沐清风，清溪山庄醉瑶情。山庄建筑以瑶族山民原生态居屋文化为传承，以瑶家建筑风俗元素为体例，所造型制朴素风雅，苍严古拙。正是："木山墙架木铺装，木皮作瓦木当墙，三开一进伸吊脚，楼台醉酒享风光。"这就是清溪山庄的农情乐趣与瑶寨意韵。各位，待我们游程结束后，还会返回原处，让我们一起来品尝一下清溪瑶情的美食吧。

## 涝溪河畔听雨轩

走出清溪山庄，过了这座石桥，沿桥头右转下河滨，我们就来到了水岸吊楼边。吊脚楼是瑶山人的家园，瑶家人喜欢在山脚、石上、水边和绿林中建房，这样能听到风声雨声，听到水声涛声，听到鸟啼虫鸣。他们听着这些尘世上听不到的天籁之音，就有着回归自然的情怀，便就有了对大自然或对大山的无限崇拜。远在古代，也有的大儒高

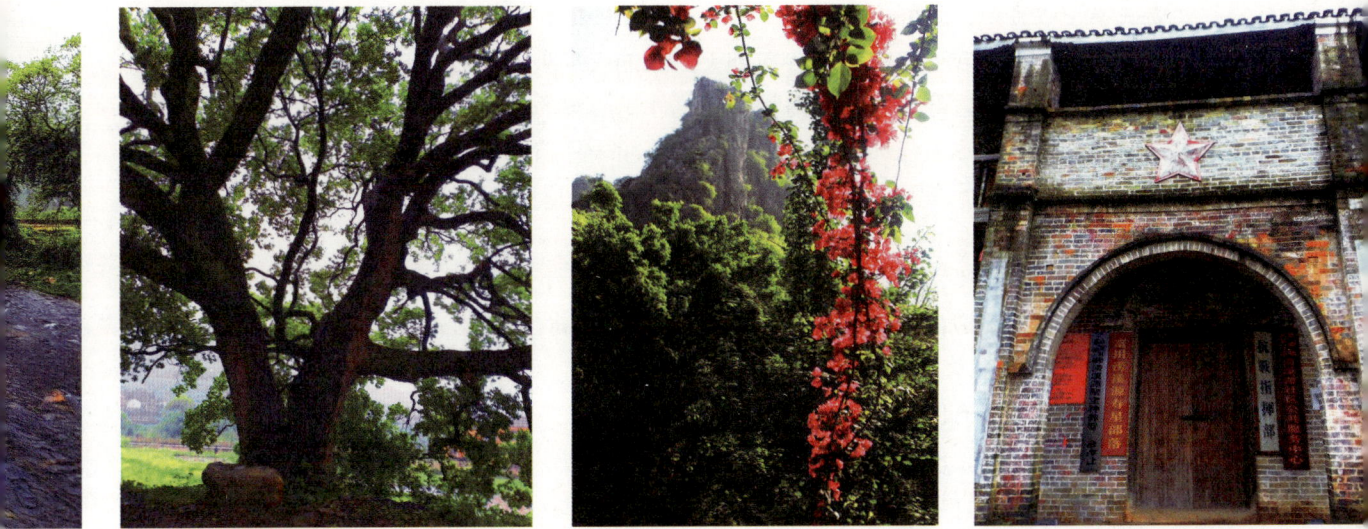

（从左至右：过山瑶寨、山泉飞瀑、清溪一角、千年古樟、西屏耸翠、富川抗战指挥部遗址）

仕，他们因厌倦世俗或市井纷争，也都情愿归隐山林，寻一僻静之处，去修贤悟道。村中老者有首诗这样写道：

峰绿高低本色新，玉溪深浅绕村行。

云梦一夜清风起，楼台听涛访贤人。

各位朋友，你不妨试想一下，假若你喜静，也寻一方清静之处，在无人的地方建一座木屋，屋前是清清的河，屋后是葱葱的林，屋顶没有烟囱，门前栽有向阳花；屋里没有他人，只你和你的伴侣，两个人，两个碗，两双筷，两盅茶，两杯酒，再加一把琴弦，是不是很惬意。

好了，让我们就在这水岸边上的吊脚楼下和露天瓦廊下歇会脚。赏着大野，乘着山风，看着溪流，听着涛声，模仿古代贤人，或手握书卷，或轻抚瑶琴，品一杯本地的云雾山茶；或者喝上一碗瑶族油茶，尝食些油冒粑、凉粉子和米豆腐等瑶家美食；在瑶妹蝴蝶歌声的相伴下，尽情地体会一下，仙至瑶山、做客瑶家的真切实感，这样才不会辜负春光，才是惬意人生的享受哟。

## 渠簾渡引双石庙

在尝过富川清溪瑶家的油茶和糯香糍粑及各种花色茶酪点心之后，大家是不是仍然口留余香爽歪歪？关于瑶家油茶民间有这样一首诗词小调：

瑶家油茶爽神汤，又放茶叶又放姜；

每天早上喝三碗，不用吃药也健康。

踏着涝溪河堤，我们现在往山谷深处去，在烟火尽头，那边是一处净土，远观繁华落去，且听百鸟声鸣，绿色与你耳鬓相依，这才是心灵的归宿。大伙再看幽静的山林，它深藏一方水土，在这里任你欣赏山云天际，静闻一林清净，管他时光荏苒，但自求心旷神怡。远芳侵栈道，脚下有波粼，两岸田陌阔，烟雨罩农人。继续前进100米处便是渠桥水帘了。

渠桥，悬空建在涝溪山冲、河流之上，南接老村，北接大村。该渠桥原来是由数十根大木槽所组建而形成的，后来在20世纪70年代"大力兴修农田水利"时，被拆除而改建成现在看到的模样。

该渠桥的上面设有间隔杠板，可作人行引渡；下作三面光水渠，可以通水灌溉。当山泉水丰盈之时，水就溢出渠道的两边，形成数道水帘，远看如天降水幕，异常壮观。若是遇着渠上有蓑翁行过，那真是地上溪流，空中水帘，渠桥蓑翁，远山雾岚，形成了绝佳的风景。

大家接着抬头往前面的下方看，河对岸有座百年道观，名称"双石庙"。传说西岭山涝溪源南面山寨中有一位瑶族长老道人，人称为之穆国佬。穆国佬化仙之前，武艺高强，德高望重，故为一村之首，拥戴为大王。其膝下公子白龙君，血气方刚，英勇彪悍，能文精武，其成年洗礼后即随大王修炼神仙术，故亦有高超法术的法力在身。当时涝溪源一带经常遭受到明朝蕃兵乱匪们的骚扰侵掠，大王与白龙率瑶族义勇将士曾多次对蕃兵乱匪进行过绝地反击，且屡建奇功。后来人民安命立寨后，即建双石庙祀奉父子两位仙道大神，永世敬奉。

## 富川抗战指挥部

涝溪源村是富川富阳镇山宝村委所属的自然村，是富川唯一幸存的抗日战争时期军民联防联合抗日的战争遗址，是一处极具纪念意义的爱国主义教育基地。

在抗日战争后期的1944年5月至6月间，日本鬼子从湖南江永县窜过广西富川麦岭，附近百姓纷纷离乡四处奔逃。就连国民县政府也担心招架不住，而将办事机构迁到了涝溪山杉木坪，以保全指挥系统的实力。日寇烧杀抢掠，穷凶极恶，富川忠勇义士们奋起反抗，保卫家园。县自卫队从麦岭就开始抵抗日寇，自卫队长陀国隆在南瓜上战斗中英勇牺牲。县自卫队节节抵抗退守涝溪源村，并在此设立抗战指挥部，继续发动群众，武装起来涝溪源村及周边村寨志愿壮士数百人抗战，分数次保护转移了县城近万名居民进山躲避侵扰与战乱。他们以抗日救亡、爱国担当的民族精魂展示了英勇奋斗的大义情怀，用不屈不挠、甘洒热血的壮举谱写了一曲保家卫国的千秋颂歌。

## 山泉飞瀑景点

游客朋友们，沿着村后的林荫小路，就可以欣赏富川古八景中的两大景观："西屏耸翠"和"山泉飞瀑"。

涝溪源村后就是富川西岭山森林公园。西岭山森林公园区域面积广阔，达26万多亩。其中有原始森林、山泉瀑布、冲槽河流及原生态瑶族村屯文化景点元素，这些文化或景观要素正是森林公园最为引人入胜、最为陶醉迷人的特色与亮点。

西岭山森林公园有优良的空气质量，据测，该区域每立方空气中负氧离子达到1万至10万个以上，是广西生态品质最佳的森林公园之一。

登高望远，往山下看，可一览富川县城全貌，广袤的原野，朦胧的群山，鳞次栉比的楼房，烟波浩渺的大湖，一览无余，美不胜收。往山上看，崇山峻岭，溪流潺潺，深堑峡谷，碧秀芳丛，云水弥漫，景象奇丽。山上花木繁茂，争奇斗艳；林中动物繁多，弥以珍稀。山上山下，气流相盈，温湿相宜。置身其中，令人流连忘返。

对于现在的人们来说，都市旅游已不足为奇，而山体探奇、丛林踏青已经成为一种奢侈的享受，因而在我们的现实生活中，能够让我们回忆起来的美景必定是让我们难以相忘的世外家园和心灵归宿般的自然美景。

## 梦里之家养生苑

涝溪源乡村旅游区，依天地厚泽，享都庞神韵，揽西岭风清，聚长寿风情，既是山体寻幽之旅的好去处，同时也是享受健康养生的纯天然生态休闲乐园。该景区有海拔高达近1500米高的都庞雄峰和海拔1100多米高的涝溪山，不失为康养旅游的胜地。这里的山峦峰丛或丘塬峡谷均生长着很多的杂树，丰茂的原生林区，源源不断地输出大量的负氧离子，使这里赋予着"天然氧仓"之誉。此处山河俊朗，风光秀丽，空气与水源清澈洁净，多年来一直都吸引着大量广东地区的旅游者到此康憩静养、休闲度假和开展山地探险旅游观光。

梦里之家养生苑，主要是开发有瑶家特色的养生项目，其内容包括瑶族中草药浴、瑶医秘制食疗、瑶家土法刮痧和褪头去湿解毒等生态有机康疗项目，现开发有8个套间的养生项目和一套户外吸氧体验项目。项目服务链日臻成熟，各位朋友不妨前去一试，亲身体验一下富川瑶族地区瑶医康养的神奇功效。

（新田青龙风雨桥）

# 生态毛家　碧野家园

## ——城北毛家四星级乡村旅游区导游词

### 毛家景区概况

　　城北毛家村是城北镇六合村委的一个自然村，它处在富阳至朝东镇的二级公路边，距富川县城约20公里，距朝东镇约7公里，是富川生态旅游品质较好的四星级乡村旅游景区。

　　毛家村依托丰富的自然资源，在致力保护生态环境的情况下，因地制宜规划旅游开发项目，设计装点村中历史人文与生态文化区域，让整个村子和旅游景区实现人与自然和谐共处的良好人文格局。在毛家村，随处都是风光美景和人文情韵。村内，绿树成荫，鸟语花香，人与自然和谐相融，人景合一，物我相旺。在这里空气绝对清新，湖水绝对纯净，其优雅恬适的田园、山清水秀的风景和纯朴的村俗乡情，是毛家村发展生态乡村及旅游开发建设的一大亮点。

## 景区推介导游

　　各位游客嘉宾大家好！今天很高兴由我带领大家到富川城北镇毛家村去开启生态毛家踏青之旅。毛家乡村生态文化旅游区，丛林叠起，景观丰富，境内的古村古巷、森林竹木、水库湖泊、山光水色，构成了毛家生态村的核心生态旅游资源。其人文旅游资源方面主要有：故园民居、古街古巷、古宅书吧、新田风雨桥和传统节庆歌舞。此外，该景区开发了农业观光、民俗风情文化传承体验项目，充分利用当地的自然风光资源和民俗文化资源，建设了露营、垂钓、农业采摘、户外拓展及特色餐饮、民宿与非遗文化展示传承等旅游项目。为使景区旅游服务更趋科学与规范化，旅游景区成立了广西碧山村居文化旅游开发有限责任公司，制定了自然资源、古建筑等相关保护制度，并通过采取积极措施，对旅游资源进行有效保护，有序开发。目前已开放项目有：亲子研学、户外拓展培训、垂钓休闲、聚会烧烤、VIP湖景休闲、自行车骑行、营地露营、绳网等非常适宜大家进行休闲体验的活动，相信大家今日一行，定会得到无比愉快的亲身体验。

## 毛家古墙遗韵

　　眼前的这座古代石墙就是毛家村的地理标识了。那么为何在荒郊野地之外，唯独立此一座古墙呢？

　　据毛家的村民们说，毛家村始建于明代中晚期，最早是在这道老墙周边立的寨子，后来有风水先生来察看地相，见此地为坡，无以为靠，风水不佳，不适宜人居。始初，村人不信，直至某年大旱又兼大涝，天灾过后，村里稼穑无收，村民不堪受难，方才易地搬进现在居住的地方。此后安然至今，福慧有加。村里文人有首词这样描述道："墙里秋千墙外道，墙外行人，墙里农人笑。山色满园关不住，一门若开，红杏伴古道。渠水东流旧时月，夜深风过古墙老。客逐月影走，村里女姑俏。墙头明月望廊桥，一曲茶歌堂中闹。墙上红日尚未还生，门前又见春早。"诸位，可见得毛家有贤能吧。一堵古垣道尽人间沧桑事，一座古门阅尽世上悲与凉，所以说，古文古物乃天地之镜也。

## 新田青龙风雨凉桥

　　新田青龙风雨桥是富川幸存的27座古代风雨桥之一，被列为国家重点文物保护单位。

　　新田青龙风雨桥始建于清咸丰五年（1855年）。历年村民经常检修，列为国保后重修。新田青龙风雨桥横跨于毛家村田野间的小溪上，为木梁桥形式，两端桥台使用红砖砌筑。木梁为杉木制作（直径14～16厘米），木梁上铺木板为桥面，桥面上架设进深三

间、穿斗式木构架、小青瓦屋面的桥廊和桥亭，桥亭为歇山屋顶，桥头两端建马头墙入口。桥总长10.03米、宽5.32米。桥跨为1.48米，桥亭高约6.31米。风雨桥建筑面积为53.36平方米。

这座风雨桥虽然袖珍，但造型别致，构造独特，工艺精良，环境优美，仍不失为富川风雨桥中的精品。

## 偃月湖听雨轩

各位游客，毛家村到了。刚才我们一路进来，毛家村的绿野山林是不是非常的生态。富川的先民们是非常重视绿林环保的，在乡下的民间民俗中有个村规，就是开荒不破面前岭，砍柴不到后龙山。村民祖祖道辈辈都力行遵守这个条例，因此，富川的乡村都普遍存在良好的生态人居环境。

下得车来，眼前大家看到的这方湖叫"偃月湖"，偃月湖是毛家村中的两个天然湖泊之一。池面不大，10余亩见方，四面青葱排秀出，一方碧玉此中栽。它静静的水面，不禁让人想起朱熹的诗："半亩方塘一鉴开，天光云影共徘徊。"这正是古人对湖池莹水最动人的写照。倘若你常来毛家，夏天听蛙鸣，青草池塘处处有声；冬天看池水，冬阳金照四处盈光。波光粼粼的湖水，赏心悦目的环境，便使得人心生愉悦，情怀大美好。

古人诗云：偃月知谁在，灵光独我留。偃月湖深紫气浮，红枫染波六丹头。偃月苍松多少颗，敲风翠竹两三楼。这种景致也不外乎如此了吧。

（从左至右：村前地标、老林农家乐、露营小景、香湖栈道）

偃月湖边的这座方亭叫"听雨轩"，端坐亭中听风雨，两袖悠闲握卷读。不较农夫忙耕种，也学风雅吟孔夫。各位进得亭中，不妨也学习做上一回书生，沾上些书卷气，在听雨轩中留下几句诗词，好让村民给亭轩赋予些文化，刻下你的诗句做个纪念。

## 庄前古树木屋

森林人家多雅致，世外桃源逸仙风。各位游客，眼前的树上木屋是为大家休闲定制的一道实用风景。古代瑶人，栖以森林，宿以木屋；耕于丛林，食以山珍。他们崇拜大山，信仰土地，更以树木为仙，古往今来关于林仙与树神的传说故事，民间自然不乏耳闻。这些木屋造型别致，设计精巧，有单体的，也有两厢组合的，可供有情人相会谈情说爱，也可供文人骚客入厢闲息。若有意去参观、体验者不妨上去欣赏一下，做上一回丛林仙客或演绎一下松林儒道，我相信也会有不错的感受哟。

## 村郊露营园林

大家接着往前行，上到村中间这个山坡上便是红枫绿林区了。此阔叶林中，绿蕴苍森，藤老树芳，且树木品种繁茂，自然生态盎然。林中有栎木、槐木、水杉和樟木等珍稀树种，可说是一个天生植物博览园，颇有旅游和观赏价值。根据广大旅游者的需求，旅游公司还为大家筹划了夜宿营区，可供大家根据需要选择性地在安全地带开展宿营和山地烧烤活动。

## 村郊碧湖览胜

村郊碧湖是毛家村西郊的一方碧水摇篮，它是依赖都庞西岭下的数条山泉汇聚而成的。湖水清澈见底，水质清新甘冽。乘水波静缓与清风徐来，大伙不妨畅游一番，体觉一下"清游自带君子风"的美意。此外，碧湖之畔，风景绚丽，视野开阔，青葱环绕，花木葱茏，确是有如"人在画图中"的境界。湖畔有木椽栈道，湖中有锦鳞戏水，各位游客可渐次观光游览或临湖挹爽，还可划舟嬉水，尽赏"湖天一色，松映碧波"的雅韵。

## 毛家古寨芳踪

前面我们说了，毛家村是富川城北镇西边一处较为古老的农庄山寨，毛家村始建于明代中晚期，是沿潇贺古道而发展起来的寨子。该村现存有田园古村交织的风貌特色，大家边走边看，村中有古街、古屋、古祠、古巷，可谓山野村光寻芳远，一堂情韵尽古风。悠闲的民居隐在蔬篱之中，古老的残垣静卧在沧桑的老胡同之外，真是风情别致，意味幽然吧。

走出古村小巷，让我们一同来到村前这座"古宅书吧"，古宅之内，可休可憩，可读可赏，或者还可以喝上几碗农人的油茶，边品味瑶家的风情民俗，边欣赏瑶族的蝴蝶情歌，让疲惫的心灵暂缓以劳顿，让我们困倦的思绪在古宅的清闲中得以穿越，得以休养生息。

## 毛家农人菜馆

瑶家菜美有十八样，十八菜样是十八酿。十八酿是瑶家名菜，同时也是瑶席上的珍品，但它更是瑶家人饮食的名片。瑶家十八酿，其实是瑶家人的家常菜。在瑶家人的餐桌上，最兴酿丸。学会做各色酿丸，也是瑶家人必备的家常手艺。十八酿包括：蛋皮酿、油炸豆腐酿、水豆腐酿、魔芋豆腐酿、米豆腐酿、螺丝酿、萝卜酿、冬瓜酿、苦瓜酿、香菇酿、莲藕酿、辣椒酿、南瓜花酿、牛耳菜酿、茄子酿、丝瓜酿、蒜头酿、竹笋酿。从前，瑶家人只有在过年过节时才能吃上肉，常遇到肉很少、佐料很多的情况，于是心灵手巧的瑶家人就想出了把肉"酿"进蔬菜瓜果内的办法，结果这样做出来的菜肴鲜美无比，远远胜过单独的任何一种食材。到现在，每逢佳节和贵宾到来，瑶族人家家户户做"酿"的风俗流传不已。

各位，今天大家来到毛家村可要进农人菜馆中品味一下瑶家山民的十八酿美味与美食喽。在此，我料到现在大家肯定会是垂涎不已了。好了，那就让我们一起去品味一回舌尖上的瑶家美食吧。

（百魅峡谷）

# 珍稀国宝　朝东闽楠

## ——朝东镇白面寨楠木林景区简介

### 楠木林景区概况

　　楠木被誉为"东方神木"，而金丝楠木却因其木纹斑灿、色泽金瑰而被华夏民族誉为国木，在清乾隆年间，曾有1克金楠等于10克黄金的交换比率。

　　金丝楠木是楠木中品质最高的门类，因为资源珍稀且生长极为缓慢，自古都是皇家文化符号的象征，被称为"皇帝木"。《博物要览》中记载，"金丝者出川涧中，木纹有金丝，楠木至美者"。

　　富川珍稀楠木林位于朝东镇白面寨的面前岭中，岭上有楠木林区约300亩。林内的

楠木均属闽楠，俗称楠木。闽楠樟科，楠属常绿大乔木，高可达数十米，胸径达2.5米，树干端直，树冠浓密，树皮为淡黄色，呈片状剥落。树干小枝有柔毛或为接近无毛，果椭圆形或长圆形。花期4月，果期10～11月。闽楠为中国特有的名贵树种和珍稀木材，需百年生长后方能成材，是目前我国渐临灭绝的危机树种，为国家二级珍稀保护植物，其中800年以上楠木为国家一级保护植物。

## 楠木林推介导游

各位游客朋友，接下来由我带领大家一同探访朝东镇楠木林景区。朝东镇楠木林是广西独有的连片闽楠林。据县林业部门测算，岭上共有楠木林区约300亩，共计有大小楠木5000多棵。其中最大的一棵楠木王有4人合抱之粗，树龄已达800多年，实属珍贵罕见。

白面寨楠木林区内的楠木均属闽楠。闽楠树木，顾名思义，是数百年前富川先人从福建引入富川境内的珍稀树木，它的主干材型，通达直顺，木质芳香耐久；其色呈淡黄色，其木味有清香，其质地密实坚韧，不易反翘开裂，且削面光滑，纹理美观，加工起来简便容易。

闽楠是工艺雕刻及造船之良材。武夷山白岩的楠木云棺，其年代距今已有3000多年，仍保存完好不朽。还有，现存于福建民俗博物馆中的楠木帆船是迄今为止发现最古老的一艘古代古船，专家鉴定该船已使用1000多年历史，但今天看上去仍光洁如漆，坚实非常。再有，闽楠同时又是上等建筑和名贵家具的上等材料，常见使用于古老的家具和达官贵人的官府建筑之中。如北京文渊阁、乐寿堂、太和殿、承德避暑山庄的赤柱、龙椅；明代亲王府所用楼门棂窗、梁柱床榻都为闽楠木材，这些皇宫构建与豪庭家具家私虽历史悠远却经久不腐不朽。

（从上至下：白面寨华南最大楠木林、楠木科普馆、楠木林东辕风雨桥）

## 楠木林前世今生

上等的楠木均为朝廷贡品。史料记载，明代起，皇家专门设有置办金丝楠木的部门，官员进贡金丝楠木可作为业绩考核和晋升的标准，平民进贡一根金丝楠木即可做官。修建紫禁城的楠木和金丝楠木大多来自四川，路远山深，一根楠木运到北京耗费极大，自然就贵比黄金了。民间也深知其贵，《红楼梦》中提到，秦可卿的楠木棺材有"一千两银子只怕无处买"。小叶桢楠的木性温润，与中国传统文化所讲的"内敛平和、恬淡虚泊"的精神特性恰相契合，所以被人称之为国木。

在中国的历史上，各朝代都十分重视植树造林工作。据史料记载，在古代还曾有过植树功效与官员绩效"挂钩"的考核激励机制。如宋太祖赵匡胤将植树实绩与官员考核直接"挂钩"，政绩斐然者直接"晋升一级"，足可见朝廷对种树的重视程度。又如《宋史·太祖本纪》云：宋太祖课民种树，夹河两岸广种榆、柳安固河湖之堤，以营生态环境之本。

那么，除朝纲有植树机制外，名吏又有何建树和功德呢？据传：苏轼在黄州任州官时，下令官民在黄州城外的东山坡开荒种地，亲手种植了樟、柳、桑、栗、楠、槐等树，谓之"东坡"。东坡先生还把种树的实践体会写成了《种楠法》，该书对于何时开土与如何栽种，怎样育苗和后期管护等等都做了详细的阐述。

然在宋史的苏东坡之前，唐史上还另又有一位古人，他对植树非常热衷，且还对楠木情有独爱，他就是一代诗圣杜甫。杜甫一生十分珍爱竹圃松林，尤喜楠木温润，并择于楠林中建制了成就他诗圣地位的《茅亭》。他曾作有《高楠》诗一首，诗词充分体现了在楠木林中、大楠树下诗人意气风发、悠然南山的适意情怀。诗曰：

楠树色冥冥，江边一盖青。

近根开药圃，接叶制茅亭。

落景阴犹合，微风韵可听。

寻常绝醉困，卧此片时醒。

此外，至于他的诗谱中，还有其在大唐上元二年时间所作的，为《茅屋为秋风所破歌》的姊妹篇《楠树为风雨所拔叹》：

倚江楠树草堂前，故老相伴二百年。

诛茅卜居总为此，五月仿佛闻寒蝉。

东南飘风动地至，江翻石走流云气。

干排雷雨犹力争，根断泉源岂无意。

沧波老树性所爱，浦上童童一青盖。

野客频留惧雪霜，行人不过听竽籁。

虎倒龙颠委榛棘，泪痕血点垂胸臆。

我有新词何处吟，草堂至此无颜色。

诗人爱楠，情怀可见。楠美不仅在其作为木材的品质，而更在乎于楠木的名人文化效应及其鲜活可溯可铭和可歌可颂的人文与非遗故事。

## 楠木林邑中传说

数百年前，有富川邑中名仕，村中贤尊，循守朝纲，效仿杜苏，自任地致仕时从闽中带回楠木，择村外坡地而植，同时，并建偏寓于闽楠之下谓以"拙庐"号之。自此，逐年引领村族之民播种闽楠，年复一年，久成习尚，自得其乐。

名仕感于楠木品质，婷婷以玉立，劲挺而标致，香雅以温润，荫庇而爽朗，自是十分惬意。其每日闲暇空余之时，皆于庐中，品味诗酒，煮茶参籍，真是一派"有书真富贵，无事小神仙"的享受，且还颇有李杜东坡之风雅。然人有生幸，亦有仙殁，老先生故世前不忘遗下训告：每年春季村族全民植树种楠之风，概不可中途废功。规矩立后，村人俱继以植树之训告与栽楠之良习而循之……

某年某月，有响马过境，休息于楠木之林，并伐楠以殂烧烤。村族之人闻之赶往，眼见楠林将毁于匪伐，即顽勇相抗争，搏战之中，匪首与族司拼死相争，最后双双浴血而卒。响马余众见村民搏命护林之勇如此彪悍，竟慌乱弃林而去。故事传出，邑中官吏曾多有褒扬，而民间也自是口碑称赞了百年之久。从此事后，白面寨楠木林安然而茂，再无任何人敢于妄动造次。

再说到了当代，1958年苏联与中国发生政治变故，在中国最为需要帮助和最艰难困苦的时期，突然向中国索赔，并撤回援建的大批专家。中国工农业、军工业和铁道交通与建筑业顿缺钢铁，毛主席以"自力更生，奋发图强"的大无畏精神，提振国民志气，发出大炼钢铁的号召，一时间全民动员，大炼钢铁。运动期间，因缺木材燃炼钢铁，乡里有干部提出要砍伐白面寨楠木林作炼钢燃料，但村民却毅然陈述护林的道理，乡干部依然不从，最后村民以分户承担上山砍柴缴交任务的方式完成了向村里下达的柴草燃料指标，这才又使楠木林再次免遭砍伐的厄运。

各位游客，今天参观百年楠木林是否加深了对樟科闽楠价值的认知，是否增进了对闽楠树种文化知识的解读。该片树林被称为白面寨的"风水林"，由近数千棵大小不等的珍稀楠木构成。林内枝繁叶茂，四季常绿，是国家级重点生态林保护区。百年楠木的前世今生和百年的楠木百年的故事，今日与君共享，它尽在楠林之树的年轮里。

（麦岭鸬鹚风雨桥）

# 古道丽影 栎尾故园

## ——麦岭镇栎尾村导游词

### 栎尾村情概况

栎尾村是富川麦岭镇的一个自然村，村落处在富麦公路边，离富川县城28公里，距麦岭镇约2公里，是富川较为知名的古道村落之一。

栎尾村据考始建于明末清初，距今约400多年的历史，村中有完好的古街古巷和古村落风貌，为古道文化研学及珍稀植物考察的文化名村。

该村山清水秀，文化深厚，自然生态与人文环境良好，为广大游客心神向往的心灵家园与丛林猎奇胜地。境内有数百余株濒临绝迹的"黄枝油杉"丛林，其中有60多株是存活了300年以上的苍天大油杉，为国家二级保护植物，极为珍贵。古老的村庄依傍着怪石嶙峋的山丘和苍翠的油杉丛林，在潇贺古道的文化篇章中悠然地散发出诱人的魅力。

（从上至下：麦岭八都平地瑶
民俗、八都平地瑶盛装、国家
一级保护植物800年黄枝油杉）

# 古道要塞麦岭府简介

　　麦岭府原先叫麦岭营、麦岭街，是潇贺古道上的军事要塞，隋唐以后，潇贺古道的"官道功能"逐步东移，从岔山古道慢慢东移到麦岭，形成了麦岭古道。古道的开辟，是因富川麦岭地势险要，襟湘控越而成"三省通衢，两粤要冲，一隅雄关"的桂湘边城和兵家重镇。

　　明朝初年，富川县划为油塘、灵亭、奉政三个乡（清朝称为上、中、下三乡），共辖全县5个都：七都、八都、九都、一六都、二五都，此期麦岭街属油塘乡八都所辖。明末清初，当局又以"团、排、寨"划分县内汉族居住区，这样八都又被划为六大寨，即：宝剑寨、黄石寨、涌泉寨、牛岩寨、石密寨、秀山寨。此时麦岭隶属于宝剑寨。

　　清雍正八年（1730年），时任雍正王朝云贵、广西两省总督的鄂尔泰，经过考察富川的地域形势后，相中了古道军营麦岭街这军事要地。上疏给雍正帝在麦岭设同知职司都府，添设守备、千总、营汛，重兵驻守。雍正帝批准了鄂尔泰的建议，于雍正八年（1730年）在麦岭街大兴土木，创建了平乐府知署衙、麦岭营守备（后改为都司）署衙、千总署衙，麦岭营额设兵丁310名，建有骑讯、兵库和粮栈。随着文武官员、步骑兵丁、车马辎重的浩荡开入，麦岭街升格为麦岭府，成为清廷扼守湘南、桂北、粤西的军事要塞和重镇。

　　麦岭府内都司衙署头门高大雄伟，气势恢宏；仪门端庄凌然，表仪万方；大堂庄严肃穆，霸气逼人。千总衙署、把总衙署和外委把总衙等建筑风格卓异，各具特色，均威武雄浑，威风八面。数十间兵房、伙房、军器库鳞次栉比，廊道相通，盘亭暗连。望楼碉堡，哨所岗亭，枪眼箭垛，环环相扣，壁垒森严。景内演武教场（麦岭团操），宽敞平整，视野开阔；战壕坑道，掩体工事，部署井然。周边衙内，古木参天，绿树成荫，好一派古老兵营要塞奇观。

　　古富川八景诗是这样赞美麦岭的：

　　麦岭云高龙虎关，将军耀装服群蛮；

　　八门九子连环发，声在千岩万壑间。

　　有现代麦岭文人作词满江红歌颂古府雄关，曰：

　　秦道雄关，千秋月、几朝兴替？凭吊古、戍城烽火，拓荒号遽。三省通衢一府据，两州门户千军立。铸永济、楚越唱和时，文昌炽。

　　地灵秀，天胜许。山似炬，河如玉。看今朝古府，水兴风起。铁马金戈成旧梦，修文偃武传新曲。莫轻言、壮士志难酬，当雄起！

## 栎尾景区推介

　　富川栎尾村是麦岭镇的一个自然村，是潇贺古道北面支干线上麦岭府辖下的古代村落。

　　麦岭及宝建街、栎尾村一带地区，均地处于县域之中的制高点，又因它们都与湖南省交界接壤，故为兵家作战的必争之地。古代的栎尾村是匪寇侵袭与战争多发地，所以这里既装满了世事的过往，同时又充斥着秦汉乃至历朝历代的烽火人烟，在这里可以寻觅到那些古道上百代商贾奔走的足印与百姓颠沛流离的烟黄旧事。下面就让我们共同走进古村栎尾，漫步大野乡庄吧。

## 丛林古道广场

　　栎尾村坐落在田峒之上，静处在山水之间。村前小河流如一条玉带，蜿蜒而来，逶迤而去；村后一座后龙山，悠然而立，如宝印押在大野之上，似华盖叩映在村郊之边。放眼看去，小村风情，如诗如画，景色清幽，恰似乡村古代画轴中的《山居图》。游人曾有诗曰：

　　栎尾村前一条河，安逸田野飘飞角。

　　村前石道吟古树，屋后油杉映山坡。

　　进到村中，眼前这个地方就是古道兵马的休息地和集合地，这里曾留足过秦汉的兵马，也曾歇息过唐宋的诗贤。据邑人传说，当年大唐高贤、永州刺史柳宗元与连州刺史刘禹锡相约"永济亭"时，因天气不济，柳公顺道去富阳，途中曾在此村此地游览小憩过。只可惜，时人未能留其入宿，也未能请求到柳公的诗文题字，至今叹为一桩世代憾事。但今天大家有幸一游，也不失为"访古崇贤，欣沾甘露"的幸事吧。

## 黄枝油杉山林

　　对于很多人来说，一棵古树就是一段记忆，是历史人文沉淀的符号，更是"乡愁"的寄托。各位朋友，让我们四下眺望一下，挡眼而立的这些大树，都有林木标签，这就是黄枝油杉，它就是特定生长于石灰岩地区的中华古老树种，国家级重点保护的珍稀树种。该树品种在全国的分布区域狭窄，树种资源少，树木结果不多，种粒传发不良，天然更新能力较弱。再有，其材质优良，早先群众随意砍伐，以致造成现存较少。黄枝油杉树形高大，采种困难，母树开花后所结果实和种粒极少，且种子发芽率低，繁殖速度极为缓慢，所以当下存留数量日益减少，故为珍稀植物。富川县独有此林，此村独有此树，在其他地方是难得一见的。好了，大伙继续接着往村中前行，前面的山脚风光更为清凉别致。"小径不曾缘客扫，柴门今始为君开"，这才是乡野农庄的意境。

山间小径如画，流溪独木人家。

岭上鸟语香花，林下农庄黛瓦。

石崖舍外篱笆，蛙鸣酒香鸡鸭。

村中老宅飞角，还见黄枝油杉。

## 山体休闲揽胜

来到栎尾村，慢步上青山。山上曲径风光无限好，山下古寨古风览无边。栎尾村的后龙山不高，但它的田原景致却非常青秀。我们游走山林之中，可以看到奇石纵横，花木繁茂。真是：远芳侵古道，晴翠接芳踪。一路拾级而上，山坡上嶙峋山石，险峻而立，有的若灵猴抱桃，有的如犀牛伏卧，有的如骏马奔走，有的如玉兔蚕食，不同的造型让我们产生不同的臆想，真是天公开物，地母孕奇，大自然的鬼斧神工就这样为我们造就了让我们意想不到、着笔难绘的景致。山上油杉林立，清秀出山，高古招风，既像是一位位守护村庄的将军，又像是依山正立的古人，在天地大野之间，为我们今天的到来开道引路。古有宋人戴复古曾作清游观山诗一首，曰：

三杯启行程，行处总堪诗。

临水知鱼乐，观山爱马迟。

林塘飞翡翠，篱落带醅醨。

问讯边头事，溪翁总不知。

今天我们一行结伴，拾步登山，是不是也与这位宋人一般对佳山好景有着深深迷醉的情怀呢？

## 栎尾古村倩影

各位！下得山来，我们顺着道路便进到了栎尾的古村，村子虽小，却不失风情雅韵。前面我已向大家作了初步的介绍，栎尾村是富川麦岭镇的一个自然村，村落处在富麦公路边，离富川县城约28公里，距麦岭镇约2公里，是富川较为知名的古道村落之一。

栎尾村据考始建于明末清初，距今约400多年的历史，村中有完好的古街古巷和古村落风貌，是研究潇贺古道文化学术及进行珍稀植物考察的文化名村。

该村山清水秀，文化深厚，自然生态与人文环境良好，为广大游客心神向往的心灵家园与丛林猎奇胜地。境内有60余株濒临绝迹的"黄枝油杉"丛林，有10余株珍奇树种"黄连树"，还有瑶族非物资文化遗产"溜喉歌"。古老的村庄依傍着怪石嶙峋的山丘和苍翠的油杉丛林，在潇贺古道的文化章节中悠然地散发出诱人的魅力。

## 河畔疏篱走廊

各位朋友，出到古村外围，我们可以自由自在地在村外的木栈游廊中漫步，好好放松一下心情，抑或拍些风光照片。当代，有人喜欢乡村的生活，看男耕女织鸭子戏水，悠闲安静；也有人喜欢城市的生活，看车水马龙人来人往，繁华热闹。然而，纵步于乡村的山水间，独享这原始的农村气息，回归自在的田园生活，这也不乏是一种好生活。我们说，什么叫淡泊，淡泊就是见过了繁花似锦的都市，依然想回到乡村山野过着悠然自得的生活。你看，村里的人们带着水桶，到山脚下接山泉水；隔壁院子里，大黄狗在太阳下打盹，石榴花开了，绽放出三两朵缀在翠玉色的枝头上，新洗的衣衫挂在晾衣竿上五彩斑斓着……这就是安然恬静的乡村生活。乡下农人们的这种心境实在是人类心灵的花朵，永远在乡村野外的幽芳中独放，且一尘不染，它无不在诱引着那些厌倦城市生活的人们。

村落是和城市相互对应地存在着，对于农民，它给予他们居住、生活的必需，而对于都市的人们，它却是给予我们无比的温暖和让人向往的远方与诗意。

携步村郊碧绿丛，四围佳气笑如风。

来年并蒂莲开放，映出天边别样红。

携手熏风野趣中，烟村好景欣情同。

今生已许湖山志，不惧辛勤更从容。

## 古风门楼景点

枥尾村门楼建筑，是一个展示有灰瓦白墙和构造精致的古门楼。门楼墙壁有精致的雕花，屋顶的雕花更为精致美丽。整个建筑之外还有一套贯通的水系，再加上绿树成荫、群山呼应，让你有种置身田园仙境的感觉。这幢具有乡村风情的精致建筑，散落在苍翠树木的掩映之中。我们站在门槛之下，置身于门楼之中，恍如远离了所有的都市尘嚣，有一种宁静幽远的感受，令人恍如隔世，放绪古朝。门楼古典、开朗两相宜，屋顶山墙斜顶，朴素的山墙木架与柱式的装饰，它那自然的建筑材料与攀附其上的藤蔓相映成趣，经典而不落时尚。查看门楼格局，两边是抄手游廊，当中是穿堂，小小的三间式门楼，包含世事炎凉和岁月沧桑。门前是山塬田色，门后就是村房民居，确实是颇具一派"门前鸭羽过池碧，凉桥盈波伴春芳"的田原幽雅风光。

各位朋友，我们的游程将要到此结束了。在此刻，该是我要和大家说再见的时候了，这半天中，我们大家已成为朋友。我知道我有的地方还做得不够好，希望大家在最后的几分钟里给我提出宝贵的意见和建议。这样，我会在以后的工作中更加地努力和学习，以便日后能更好地为游客服务。最后祝愿大家平安幸福，在接下来的旅游活动中开心愉快。

# 梦里黄竹　生态家园

## ——石家乡黄竹村导游词

## 黄竹景区概况

　　黄竹村位于富川石家乡境内，处在县域之东部。它始建于明洪武十三年（1381年），历史悠久，族风淳朴，是一个纯粹的古代瑶族村落且受南越文化和荆楚文化的影响，瑶族风习与民俗风尚无不洋溢着楚韵瑶风的气蕴，是广西有名的少数民族特色村寨。

　　黄竹村有淳朴的民风，村民世代秉承"忠厚家道，耕读继世"的昭训，奋发有为，自强不息。自建村以来，村人操守耕读，勤勉奋志，故世辈俊贤相继，各代人才辈出。清朝同治二年至道光二十六年间，村贤沈毓球、沈毓林、沈毓琅、沈毓玕四兄弟先后考入当时的钦命翰林院侍讲学士提督广西学院。先贤树佳绩，后世当奋进。耕读明志，崇贤重教，形成了该村的人文风尚。

　　黄竹村瑶族传统文化丰富。村中有传唱久远的"喇嘞香""梳嫁""吹凉歌"等原生态瑶族民俗文化，该村表演的瑶族文艺节目曾多次参加自治区及贺州市传统民间文化艺术展演。近年来，乡党委、政府高度重视对传统文化的保护，积极谋划发展生态文化旅游产业，深度开发了村里"爽恺清华""沈氏宗祠""沈氏古居"等历史文化资源，同时还加大了对石家瑶族传统产业和手工艺的挖掘开发，并已基本形成了旅游产品，吸引了不少外地游客入境游览观光。

## 黄竹推介导游

　　各位朋友大家好，根据今天的旅游行程安排，我们将前往富川石家乡黄竹生态文化村参观游览。踏上村边这座桥，展望绿野大地，大家是否有一种轻快的感觉。过了桥，我们看见的这片庄园便是"瑶族食府"，待会参观完景点后，大伙就在这里用餐。食府的饭菜可是原生态食材所制，那可是绿色养生的食品哟。

　　黄竹村是富川瑶族自治县石家乡的一个自然村，这里物华天宝，人杰地灵，天蓝水清，恍若仙境。去过黄竹的人都说，黄竹可以媲美江南园林，也许你对江南的所有期盼，在瑶乡黄竹村都可以得到。

　　走进黄竹，那满眼的绿色会无私地充盈到你的心灵。走进黄竹村，可观林赏树，看花听鸟；可观山赏石，看藤览叶。还可以另一番情趣，那就是你踱步进村，与古老的村庄对话，跟农家大娘拉拉家常；徜徉在古村古巷中，去察看农人的家风，去体会乡庄的情韵，看村姑跳舞和聆听她们以含羞的表情为你唱一曲山歌，艳遇中的黄竹想必一定会让大家开心无限的。

## 黄竹林丛绿梦

朋友们大家看，眼前这一片林区就是黄竹村的原始次生丛林，它宽阔无边，绿涛如海。据测算，这片森林共有250多亩，是全县乡村庄后山园林中最大最美的园林。

林区内共有150多种树木，其间古木苍天，白鹭群栖，杨柳拂岸，老藤盘桓。

我们目前行走的这条道路两旁的绿色林荫树，如同两道屏障保护着这世外桃源。这是一片原始次森林，里面无边的园林意境与得天独厚的自然生态环境相映成趣，森林的奇花异草让这里碧秀浸心和别具一格。无边树木郁郁葱葱，大野阔林苍苍绿绿，树林将山岭覆盖得严实无缝，使得这里成为桂东北边陲的天然"氧吧"。林中一条条弯曲的小径，贯穿着整片森林，大家穿梭其中，在富氧的森林中肆意呼吸，感受着自然的气息自然是舒爽无比的了。有游客说，进入这批森林有莅临西双版纳的感觉。

## 奇石盆景雅苑

看过山林，接下来我们沿林中的小路走出森林外，一起跟随我去观赏"奇石盆景园吧"。奇石盆景园是村民自行创办的，园子规模虽然不大，但品种倒是不少，园内有杜鹃、罗汉竹、小叶榕、紫薇和五针松。奇石类有黑珍珠、黄蜡石、经文石和太湖石，所有这些品种都被花农们以盆景方式修饰造型，确实很美。入园参观可以长知识，增见识，培养珍爱天物、惜爱自然生活的情趣，同时也还可以小休片刻，为下个旅游参观点积攒精力。

## 黄竹翡翠莹湖

黄竹村中的翡翠湖可以说是村级湖塘中最美的。它如一块翡翠宝石，幽幽地掩映在森林绿丛之下，欲展还收；它仿佛像一位待在深闺人未识的少女，以清滢的水波传递着含羞的气息，让人们陶醉其中而迷恋神往。

翡翠湖总占地约为36亩，湖内小丘土岛繁多，石礁泊岸精致，枯藤老树横斜，古堡古窑沧桑。莅临湖中，还可以见到那白鹭竞飞、野鸭唱和、蛙叫虫鸣、妙趣横生的湿地

自然生态画面。漫步在翡翠湖湖畔，可见水雾在湖池中袅袅而生，浮萍在水面上款款而伏，杨柳在湖岸亭亭玉立，农舍在水中缄默静影，真是好一处人间美景。

走进湖心，湖光潋滟在身旁渐渐泛开，片片涟漪在眼下结鳞，凉亭玉带孩童在欣游，拱桥伏波见扁舟拨涛，来湖中畅游确是有一番心旷神怡之感受的。真是：一湖藏万象，翡翠隐碧中。朋友们，大家不妨去细细体会这翡翠湖中如诗如画的幽雅意境吧。

## 爽恺清华古宅

各位朋友，刚才我给大家在前面介绍过，黄竹村始建于明洪武十三年（1381年），其历史悠久，族风淳良，世代倡学励志，便自成昌荣一族。加之，该村毗邻湖湘且受南越文化和荆楚文化的影响，村人操守耕读，勤勉奋治，故世辈俊贤相继，各代人才辈出，故是广西有名的历史文化名村。清朝同治二年至道光二十六年间，村贤沈毓球、沈毓林、沈毓琅、沈毓玕四兄弟先后考入当时的钦命翰林院侍讲学士提督广西学院。得此殊荣，县乡自是大喜当贺，即铭"爽恺清华"金匾悬于门庭，蔚为光耀。

## 黄竹沈氏宗祠

沈氏宗祠始建于清代同治元年，时值村族亲脉发展、人丁兴旺之时而修建。黄竹村沈氏一族为尊宗敬祖、崇贤明德，本着以倡导族裔学习先祖励精图志、艰辛垦殖的精神和旨在引导后人奉仰先贤、不忘耕读为根本宗旨而鼎力兴建了这座沈氏宗祠。古代先人建宗祠的人文观念多以崇贤济教、敬祖明德、延福继世与和颂家声名为具体倡议。祠堂

（从左至右：黄竹吊楼、黄竹农庄、生态家园、黄竹旗袍秀）

功用亦多为：开祠祭祖、庆典置席和集群商议之用。祠堂经逐代维修而成为当下的建制格局。

## 黄竹沈氏古屋

　　黄竹的古老民居当以沈氏古屋为代表。它的典型特征是石脚墙、水磨青砖黛瓦，乌光可鉴的门框枨，瑰丽精雅的花格窗，长满茂盛绿簇繁花的古旧楼台与古阳栏。

　　沈家古屋是典型的清代建筑风格，两扇厚重的大门洞开了沈氏家族的故事过往。站在天井往里看，这是一座外砖内木结构的合院式古宅，两层楼、石板地、石台阶、石门槛，高墙飞檐，伸向蓝天。院内木窗花格精雕，天井女儿墙上嵌有花纹格窗，陈迹虽旧，却也经典。

　　大家看，这座古老房子是否有经历岁月沧桑洗礼之感？风雨岁月的剥蚀已使墙上刻出了一条条深深的皱纹。老屋简朴而宁静，悠久而亲切，古老而柔美。岁月斑斓的白墙上刻画的是年迈的裂痕，让人有苍凉至极的感受。处在古居之中，其幽静古老的气氛，颇使人仿佛有置身于几百年前的古代岁月之中。好吧，让我们饮一壶老屋的香茶，笑谈风轻云淡的浮生，再重复我们接下来的梦幻黄竹之旅吧。

　　各位嘉宾朋友，黄竹村优美的自然风光、悠久的农耕历史、深厚的文化底蕴、丰富的旅游文化资源，汇聚成了一幅黄竹村优美的风情风光画卷。它风景秀丽、瑶歌飞扬、产业致富、生态文明，处处尽显风华生机。古老的文化意念，引导人心向上向善，美丽的自然风光，陶醉人心尽乐尽美。近年来，村里加快了融入全乡全域旅游发展和宜居乡村建设步伐，景区设施将日臻完善，待到明年春光好，我们还在美丽的黄竹村相会。

# 古道花园　山水庄泽
## ——古城镇塘贝村导游词

## 塘贝景区概

美丽的塘贝村位于县城东面的古城镇内，处在县城通往洛湛铁路富川站公交线的中段，距县城约合4公里，离富川火车站2公里，是潇贺古道沿线上的一个始迁于唐代繁盛于明代的古老村落。

村落周际田原广阔，山清水秀，峻岭青葱，石峰雄奇，恰如花园胜景，山水画图。塘贝村分别由山寨和水寨两个部分组成，两寨所处之地均为山水田园之中，合族所据之地俱为山水风光宝地，是富川锦绣山川画卷中的璀璨明珠。

塘贝村雄踞古道之上，借以古道的繁华发展成一个兴旺的村族。境内文化深厚，民风淳良，民间文化丰富多彩，民俗文艺异彩纷呈。有传统"瑶族花炮节"和舞龙舞狮民俗活动；该村有传统花炮制作艺人班，有民家山歌传承班；花炮制作高大瑰丽，山歌演艺历史悠久。传统文化节庆中，历代相袭而举办的"塘贝抢花炮"为富川民间传统节庆文化中的亮点。近年来，在镇党委和镇政府的精心策划与大力推动下，塘贝抢花炮节已成为四海宾朋及广大游客的神往地。

## 塘贝人文历史

塘贝，古称"东泽"，是富川何氏发祥的"四东"（东山、东水、东庄、东泽）之一，是潇贺古道上历史文化遗存较为丰厚的古村落。

富川何氏原籍山东青州临淄，其鼻祖何英（688～749年），字秀卿，世居青齐临淄。性聪敏，多兵法，深得临淄王李隆基器重。仕唐有功，累授潮、惠、广州刺史。开元十八年庚午（730年）封镇南将军，赠护国公，镇守广州。

何氏之始迁祖何冕，何英第四子，以父之勋调任贺州郡刺史，任期威德覃敷，边蛮诚服。因老辞官，于唐元和二年（807年）丁亥定居富川铁炉湾（今朝东镇东水村北面）。何冕之子何镗育四子，曰文、行、忠、信，分别是"富川四东"东水、东山、东庄、东泽（今古城镇塘贝村）四大古村落的再迁始祖。位于潇贺古道东线上的东泽塘贝村，始建于唐代，人文遗存颇丰。

"富川四东"历代注重经世治学，崇文重教，读书明理，传承文墨，他们兴办的东水书房、豪山书房、塘贝山寨书房都是富川较早的学堂。而且学子勤奋，人才辈出，流传着父子登科（何启任和何绍东）、兄弟进士（何廷相和何廷枢）的佳话。

（从左至右：抢花炮、长寿宴）

潇贺古道上的古村落和古民居，是富川这方县域远去的朦胧背影，或者说，它就是富川这座三省古边城的母亲。富川的古村落，古道遗落的凝固音符，历尽沧桑依然如故地唯美；富川的古村落，古道编撰的人文故事，历经千年仍在不停地诉说。

## 塘贝田园风光

尊敬的各位游客，现在我们最先到达并参观的是塘贝水寨村落。大家放眼田畴，塘贝田原风光是无比宽阔秀丽的，田峒里绿色如毯，村舍颜新，好一派乡村田野生态气象。

塘贝村的风貌可以"五山四水两寨清，花炮庆吉八桂名"来形容与概括。村内有五座青山连环相抱，有四泓水景布洒村中，有东西古老两寨相望依恋，有花炮文化千古传风。五山点缀，万象峥嵘，四水呈祥，塘贝华风。美丽的塘贝，有山有水有文化，得荣得福得名声。塘贝村是古道之明珠，是画卷之焦点，是文化之卷帙，是风情之宝典，是我们今天非常值得去观赏的潇贺古道村庄。

## 水寨新村雅居

各位朋友大家看，随着党和国家对农业农村工作的高度重视和对城乡民生的殷切关怀，这些年农村建设日新月异，新农村建设、乡村生态文明建设与乡村风貌改造提升等各项工作稳步推进，瑶乡富川的乡村大地发生了翻天覆地的变化，乡村百姓们的家庭日渐富裕了，生活好起来了，人居改善了，楼房也多起来了，这样的好日子也更加甜美幸福了。

大家看，新村里的新建住房漂亮别致，楼宇之间高低错落，此起彼伏。彩墙碧瓦，色彩斑斓，楼房与树木相映生辉，庭院与田原山景交相辉映，这就是生态宜居的生活乐园。这才是乡村生态文明的状态，在今天我们的队伍中，相信也有不少人出自农村，也曾感受过以前落后的乡村生活状况，哪有像今天这么好的生活环境。况且，塘贝的田园生态风光这么美，真是党的国策好，我们赶上了今天的好日子和新时代，应当知报党恩和国家之恩哟。

## 水寨老村古貌

古老的塘贝村与秀山村相互连接，均是潇贺古道下达临贺故城的必经之地。塘贝水寨自山寨分化而来，然其历史也可以追溯到明末时期。水寨的村舍依山而建，伴水而立，得山水之灵气，享林原之华美。小舍古朴典雅，大宅气派清华，穿梭在古村之内，看别苑清幽，赏古宅故韵，还不时听到蛙语虫鸣和鹦鸟的天籁之音。

村中有古巷4条，每条街巷都独立成群，一族一围，一围一景，互为宗脉，族气同心。水寨有华屋8座，堪为经典，飞檐翘角，玉题红窗，幽苑相忖，文景怡人。在塘贝水寨，可走出村外，可观山仰水；走进深丛，可闻花访鸟；爬上青峰，可揽风望月；拾级攀登，有野趣娱情。大美的青山田野，清滢的湖溏波潋，悠然自在的农人小舍，在蓝天碧水的衬映下，譬如仙境，深深地陶醉无数探访者与游客的心。

## 水寨后山风景

大家走出水寨村庄后，村后便是一片开阔地，这里排列有两列青岭。青岭之下的山塬绿树华盖，草叶满眼皆青，山前山后小径通幽，山上山下雾岚迷离。来到此中，真让人心襟豁开，倏然朗气。

大家请仔细观看，灌木丛中隐有奇峻的山石，山石嶙峋，有的如石骆驼、石象和石虎造型；有的如石灵猴、石豹和石鹰形状。石头灵韵，山峰奇险。塘贝村的山峰既袖珍，却又不乏生动之美，远近田野郁郁葱葱，高低山峦姹紫嫣红。有游客说：塘贝是块福地，它山水灵动，古韵流觞，五山四水，堪舆佳地，后代隆昌之后必然培出新玉。游者之言，我们可不去追究其中风水学术的奥妙，但他说的山水情致，在塘贝水寨可是完全得到印证的。

风水文化，是古代先民选择良好的地理环境，营造合适居住的空间，以满足人们心理和生理的需要，达到人、自然、建筑和谐统一的理论。它是由北方道教、汉传佛教等一起进入古富川的。在接受和融合了中原的风水观念后，富川各民族也有了根深蒂固的风水观念，所以在村寨和居所的选址、布局、环境营造、房屋建筑等方面严格遵守传统风水理论。

富川现存的古村落，本身就是一道人与自然完美结合的靓丽风景线，是中国古代设村立寨宜居生活"天人合一"的经典诠释。

富川州的古村落，一般靠近古道或其岔道，村前肯定有河流或溪水，村庄后面肯定有后龙山或树林，村庄的规划更是有文化意蕴，排最前的是祠堂、书舍和牌坊，后面是民居，村落都有庙宇和石桥。古村肯定还拥有大片田园，田园阡陌纵横，绿野环绕，鸟语花香，瓜果丰盈……

因此，富川古村落的布局和环境营造，可以概括成六句话："择村倚一道，建村取一水，兴村靠一山，营村造一林，娱神定一节，兴文造一台。"

## 山寨老村古风

走过水寨，游过山林，看过古村，又走出山地，我们一路感叹塘贝先人的聪慧，竟有如此敏锐的法心慧眼，识得这方宝地，让后代子孙才仕辈出，高贤绵世。何氏先人自古道从青州南来，占佳山丽水而聚居，在富川家声振煜，蔚成名门望族。

好了！眼前便是塘贝山寨的村口，我们从村口进入山寨的老村之中，就可以领略到恢宏古老的山寨气息了。刚才说过，塘贝先人自唐代从中原发达的青州南迁至此，他们艰辛创业，开垦鸿基，为后世创下这片山川宝地和大美事业真是不易。为此，他们在潇贺古道上曾留下几多心血和汗水，他们以一木一薪、一砖一瓦成就了这片古老的山墙与屋脊……下面就让我们一同去踏访这座弥漫沧桑古韵的古村风采吧。山寨中，那残垣断壁与灰墙老院及古巷幽情定会让你沉浸在无比沉重的访古意绪中的。

潇贺古道给富川带来了不同文化背景的人群族系在此混居，再加上富川境内群山连绵，河流错综，山地、丘陵、盆地、平原并存，且气候宜人，光照充足，雨量充沛，物产丰富，人居环境优越。特有的地理环境和历史人文因素，成就了富川古民居多样的建筑类型和风格，蕴含了深厚的建筑文化和艺术。

富川古村落的选址，首先在连绵起伏的山脉中寻找最佳位置，这是意象。如富川秀水的"三江拥戴"气象、福溪宋寨的"濂溪穿越"景观、古城秀山的"龙虎环抱"应景、城北凤溪的"丹凤朝阳"地貌，等等。

富川的古村落，还讲究"笔墨纸砚"的布局：村前的古道和弄里的小巷，便是"笔"街；那伴随美丽榕树的池水，自然就是"砚"池；池水边常有大型的长条石供人歇息乘凉，那是条"墨"；而整个布局疏落有致的村庄便是一张超大的"宣纸"，别提上面的图画有多么的宏伟和美妙了。

## 塘贝花炮传说

富川瑶族大花炮的传说故事始于明代。邑中塘贝乡间有望族一门，门中有个中取的秀才，名唤何臻运。他自幼勤学上进，屡历科考不第，至而立之年尚未获取功名，然其仍旧力学不倦，励志问鼎科举，誓以践行仕途，以资光耀门楣。

某年，初秋开季，赤日悬空，臻运上京赶考至湖湘洞庭而北渡。船至湖心，因烈日焰烤，甚为难耐。忽然一根闪光浮木自前方漂来，横在船头上方，正好挡住了行船的去路，船翁左行右驶终是避让不开，浮木概不肯脱离，似乎有意挡驾而为之。臻运心生困惑，感到甚为奇怪，遂往船头察看。但见浮木有两片小荷，顷刻变成有方桌之宽大的荷蓬。秀才私下暗自思忖：八百里洞庭之中，四下洁净无染，为何独此漂来一木挡道，且还避不得？莫非是天赐吉祥，神仙暗示佑我。于是，他立定身体，整肃衣衫，双膝跪拜，行三叩礼，喃喃曰道："木兮神兮，感恩你送来遮荫荷蓬予我及船翁避暑，你若显灵佑我科举及第，载誉归乡之后，定以您为本，塑以神形，绘以金身，永置宫观供奉。今收受馈赠，但还请你予以让道，赐我顺行赴考，来日小生定践行今日诺言"。言罢，浮木仿若会意，立即离船避让而去，臻运即得以通行渡过湖岸。

臻运幸有荷蓬遮阳而出得洞庭，一路顺行进了京城。在经过秋纬大试之后，有幸中取了进士榜名，功名及第的他自然是欣慰无比。10日后，他自京城返乡，再渡洞庭湖时，浮木果然还在原地等候于他，他当即以船系木，牵引抵达了湖岸边。上岸后，他又雇来车马，将神木运送回家。臻运依言而行，并以本已构思将神木雕成了栩栩如生的神像。神像骑着高头白马，手握金刚宝剑，英姿卓卓，雄风凛凛，甚是威武。此外，他还另行添了三位王朝官像排立在神像左右，一并请入神祉，安放于岗子庙之中。宝像入宫观，众亲喜观见。当四方众亲顶礼揖拜时，却不知此尊新奉神灵姓氏名谁，问及臻运，他一时也答之不上。正于发难之时，忽然天空群鸟飞旋而至，盘旋在寺庙上空不停啼鸣，众人细细听得分明是在叫唤："白马相公，李太郎君"。臻运顿时大彻大悟曰：灵鸟传名，天助我矣。以后此尊神灵乃为白马相公、李太郎君是也。至此，神木塑像便有了白马相公和李太郎君的名分。

再有，今时的富川瑶乡塘贝村，每年时逢农历二月二十七日都有村庄举办传统瑶族花炮节。此风此习沿袭了古往今来，已经有千百代之久。究其发源之故，经考亦均为何氏臻运而缘起。

原来，乡村秀才何臻运中取进士后，即于朝中为官。在其功成名就告老回乡之后，见域中农民辛苦耕耘出来的果实，常被鸟虫麻雀啄食甚多，心头痛惜不已，而农人无法，只得在田间地头夜以继日地以敲打铜盘响器来驱赶啄食之虫鸟，好不辛苦。臻运心想：何不将原来洞庭浮木的剩料，制作成大花炮摆放田中，这样，白日燃以炮仗，以鞭炮之响驱赶百鸟啄食，入夜假借花炮，以风吹花炮的振响吓跑夜间虫鸟，由此可省去许多人力与辛劳。

于是，正当农历二月二十七日这天，他召来乡民合计制作花炮，并于次年夏时依计实施了巧用花炮惊鸟之法，收效甚好。从此，啄稻害民之鸟见着田间花炮则"闻炮色变"，再不敢飞进农田啄食庄稼了。10余年后老先生故世，乡民为纪念这位功德无量的老先生，便将农历二月二十七日定为花炮节，并于庙中塑了他的像以供后人敬奉。以前，在每年正月初八都从庙中接老先生像入村祭祀，祭奠时还要请来村中德高望重的族长主持仪式和念诵祭文，场面甚是热烈隆重。从那以后，富川瑶族大花炮节文化便弘扬广播，薪火相承，历久弥新，世代流芳。

# 第四篇章

## 慢生活

——富川文化旅游的品位

（富川文化旅游地标）

乘文化快车，游富川慢城。

中国第四、广西第一座国际慢城——富川福利国际慢城是您时尚慢游的优选地。

"慢游"，是休闲旅游时代的文化体验，是中外游客品质旅游的追求向往。"快旅慢游"，是高铁时代旅游的新模式。有高铁的助力，游客花费在旅途中的时间越来越短，留在景区景点的时间越来越长。

慢游，正在慢慢向你走来；

慢游，让你慢慢向景区走去。

慢游，跟快餐旅行说再见；慢游，跟走马观花说再见；慢游，跟扎堆观光添堵说再见；慢游，跟疲惫之旅说再见；慢游，跟导游"赶鸭子"式的吆喝说再见；慢游，跟"上车睡觉、下车拉尿、景点拍照，进店买药"说再见。

"慢"是一种怀旧，一种时尚；"慢"是一种从容，一种品质；"慢"是一种养生，一种休闲。慢游是一种美丽的心情，一盅心灵的鸡汤。

来富川，放松你的心情，放慢你的脚步，慢慢享受你的假期，慢慢游览富川的风光，慢慢品尝瑶乡的美食，慢慢吸收原生态大自然的正能量。

来吧，朋友，扔掉你的旅行指南，背上你的休闲行囊，带上你的家人好友，来富川，慢游，慢赏，慢品，慢尝。

# 长寿橙乡 瑶韵慢城

## ——富川县福利镇国际慢城导游词

### 国际慢城简介

所谓的慢城与慢生活，主要是针对当下人们快节奏、高压力下的非正常人文生态而产生的，它是意大利慢餐运动的延伸扩展。随着慢餐运动和慢生活的出现，相继引申出慢交通、慢生产、慢劳作、慢饮食、慢生活等一系列"慢"文化的思想主张，而对现如今人们快生活与快工作节奏及重压力下的生存状态已不再得到认同和提倡。于是，一城之内，以慢韵律为基调的慢城理念也就应运而生。放缓生活节奏，杜绝高压工勤、超负荷劳作及速生速食；提倡人性养生、慢律生产、排解工作高压的理念就是慢城的文化精神实质。

（瑶乡慢城）

1999年，第一届"慢城"大会在意大利奥维多召开，会议提出建立一种新的城市模式。在慢城里，会有更多的空间供人们散步，有更多的绿地供人们休闲娱乐，有更多的时空供人后"发呆"。

国际慢城联盟规定：获得慢城认定的会员城市，标定为人口不超过5万的小城镇。"慢城"的倡导者是遵循人生属性规律的，更是崇尚去压去快而怀旧的，然他们同样不失敏锐地尝试有利科技社会加快解放及快速前行的一切。故，慢生活不等于慢发展。相反，慢生活才是适宜人性又有效保障人类。

## 富川国际慢城概况

富川县域地处中华五岭的都庞岭与萌渚岭两岭之间，山清水秀，绿树森环。境内有国家湿地公园和省区级森林公园，日照充盈，雨量充沛，时序不紊，四季明显，空气中负氧离子含量丰富，民风民俗朴素自然，是中国长寿之乡，广西生态文明示范县。在经过国际慢城联盟组织入境对100余项生态指标考核达标认证后，2012年获准国际慢城称号，而成为中国第四个、广西第一个国际慢城。

富川国际慢城核心区处在福利镇境内。慢城空气异常清新，每立方米负氧离子高达11000个，空气质量达到国家AQI标准，是超于寻常的优质天然氧吧。其周边名胜景点众多，其中有秦道古集八百岭、休闲民宿茅厂屋、烟雨幻境神仙湖、华南首屈大花海、百亩连片香樟园和地质公园神剑山以及生态循环农科园等较高美誉度的特色景点。这些景点以不同的文化主题和差异的景观神采为慢城添注了风情各异的旅游魅力。

## 景点推介导游

各位游客朋友们，大家好。接下来我将与大家一起前往游览的是富川福利国际慢城的核心景区。核心区由三个"国家4A景区"、一个生态旅游示范区和一个汽车旅游营地构成。分别是：神仙湖4A景区、富川生态高值农业科技示范园4A景区、富川神剑石林4A景区，贺州市富川县福利国际慢城生态旅游示范区和富川国际慢城汽车旅游营地。

下面，就让我们一起去逐个游览参观体验吧。

## 慢城科技园景点

科技园位于富川福利镇之南，处在谷地丘陵地带。园区之内，群峦起伏，农庄错落相望，空气清朗，水分湿度高，是农作物生息成长的最佳地带。

富川生态高值农业科技示范园，是贺州首个国家级农业科技园区，同时也是富川农旅融合开发的优质品牌景点。其前有横塘，后有湿地，四际范围有万亩脐橙拥抱，一眼望去，碧绿如海，橙香扑鼻，拾趣游览，即心生爽朗，甚为欣然。科技园里现有大棚三个，每个大棚占地9500平方米，其中一号棚为种植体验区，二号大棚为产品景观展陈区，三号大棚为生态蔬果产品和生态美食餐厅俱乐部。开心的农事体验与美味的生态食材及风情别致的餐饮定会让您流连忘返。

## 慢城花海景点

慢城花海景区自2016年春天开始打造，经过一年多的努力建设，在福利慢城这片神奇的土地上，一个美轮美奂的四季花海就陆续呈现在四方八面的游客面前。花海中有富川民族特色的绣球园，有欧美浪漫色彩的玫瑰园，有栅栏式娇羞多情的紫藤园，有粉红温润的紫薇园；还有争奇斗妍的菊花园，硕果满枝的美国海棠园、色彩缤纷的三角梅园，金华夺冠的葵花园和浪漫的日式樱花园。走进花海中心，拾级登上观光亭，大家还可以眺看榆叶梅、腊梅、碧桃园等等……

让人惊叹、让人震撼的花海美景，365天都以绝不雷同的面貌呈现出浩大的视觉盛宴，这些多情浪漫的景色都只是为了等待您的到来而娇艳绽放。

（从上至下：慢城LOGO、今生只为在慢城等你、慢城花海）

## 慢城神仙湖景点

朋友们，刚才当我们进入福利慢城风景区时，我们是否关注到瑶族的民居板房和瑶乡的风雨桥廊；同时也欣赏到了瑶族的景观路灯、瑶族的图腾文化和锦绣花纹，这些文化元素可都是作为瑶韵慢城的精神体现啊。

进得神仙湖来，我们可以看到各形各色的动漫微景观，可欣赏到碧莹的仙湖水波和金黄的脐橙园。大家闻着迷人的香樟味，欣赏着湖中的游园，体验着丰富的灯饰文化博览园，是否感到前所未有的放松？这些连绵不绝的景色是否让大伙心旷神怡？

大家看，神仙湖的湖面架有踩踏水车，吊着半圆木桥，水面曲桥，水桥相映，真是神趣无比。走过铁索桥，我们到水中神兽景点去参观一下。那里有一泓池水，水中有各种石头神兽，池畔修建了神仙桥、神仙亭可供大家游览。景区中心是刚建成的瑶族蝴蝶歌、长鼓舞、织锦等民族文化展示区，等下我们也可一同去体验。

## 慢城香樟园景点

走出神仙湖景区中心，大家沿着神仙湖畔绿道的牵引，来到风光秀美的百亩香樟园内欣然漫步，是否感觉到它俨然如同慢城的立体肺叶一般，正过滤出清新的气息，徐徐飘向于您。香樟园内，一年四季都绿意惹人，芳香扑鼻，是最招惹旅游人前来欣赏的地方。

园内的凉亭可供大伙歇息纳凉，卵石小道伸延绿幔可曲径通幽，山花芝草点缀其间，让人惬意非常。这里是山间野趣的揽胜地，游走漫步其间，碰上好运气时，您还会极有机会地逮住只把山鼠或野兔，那时您可就算是撞上好彩啦。在此，我就祝大伙在神仙湖香樟园里走个好运吧！

## 慢城古集八百岭村

各位朋友，请大家随我一起走进秦时的古圩八百岭村吧。八百岭村前仰罗峰后靠樟林，它依山傍水，确是风水宝地。

八百岭村为清朝初年所建，距今已有近400年的历史。当年潇贺古道穿村过境，自北向南的湖湘商人多汇于此，日久人多，集商成市，于是便有了秦道古集的风貌。传说，该村曾经出过一位才子，名叫柳南波，此人自幼勤奋好学，凡诗词古文阅之则过目不忘，故于30岁那年中取举子，供职于县衙做师爷。其才思敏捷，深得县官倚重，然他因日渐厌闲，不思居安而辞职不为。归乡后，他率乡民开办百业，为繁华古集、振兴乡村经济做出了不少的贡献。村中老辈们至今仍有不少人在传颂着他为民乐善担当的故事。时过境迁，今天的八百岭已是风华不再，唯留下几条旧街老巷在寂清处唱着古老的歌谣。

## 慢城神剑石林

大家可能都知道，"石林"是岩溶学的专有名词，是指岩溶地貌中风光最美最有观赏价值的剑状、柱状等裸露型地貌。石林的成因有多方面因素，然最主要的一方面，还是这里有着因长时间沉积作用力下而形成的巨厚石灰岩；另外一方面，则是石灰岩表面曾有流水长时间的冲刷侵蚀和化学溶蚀作用，又加之在重力作用下，便形成了高低错落的石林。

神剑山石林是福利镇非常壮美的旅游资源。神剑山石林处于神仙湖之北，与美丽的神仙湖遥相辉映。神剑山地带犹如一个硕大的喀斯特地质公园。神剑石林，以石称奇，以石成林，再又以石成景。这里山上山下耸立着万千奇状的石灰岩，或立着，或倚着，或斜着，或蹲着，或卧着，各有各的形象。景以天险，极奇又极怪，它们既怪到了极处，却便雅到了极处，极目四眺，看着处处皆是不同的风情景象。

## 慢城民宿茅厂屋

慢城茅草屋度假民宿庄园位于富川国际慢城核心区，坐落在福利镇神仙湖畔的茅厂屋自然村内，总占地面积共约17434平方米。茅草屋特色民宿主张人居与大自然融合，与人情风土相生理念。居住其必放眼窗外，尽是一片绿油油的田野。农庄突出原汁原味的乡土气息，度假民宿是在原有旧民居基础上改建成的精品休闲民宿，其外观古朴沧桑，乍看俨如"黄泥巴+茅草"小舍，而内部则十分典雅舒适。

庄园内分为住宅区、餐饮区、休闲娱乐区，日后还将开辟瑶医瑶浴、瑶族长寿宴。茅草屋度假民宿庄园于2017年11月被评为广西四星级农家乐，2018年1月荣获"广西休闲农业协会第二届理事会会员单位"称号。庄园格局清新，确是休闲度假的好去处。

各位朋友，咱们国际慢城的行程马上就要结束了。在这段快乐的时光里，咱们游览了山清水秀的神仙湖景区、神剑石林景区，参观了科技大棚。大家的热情给我留下了深刻的印象，同时，也希望我的服务能够给大家留下一丝美好的回忆。

张学友有首歌叫《祝福》，里面的歌词是真的好："若有缘，有缘就能期待明天，你和我重逢在灿烂的季节……"

最后在这里呢，我想把祝福送给大家，我衷心祝愿咱们能够再次重逢在阳光灿烂的季节。谢谢啦！

# 享寿生态　体验高科

## ——富川生态高值农业科技示范园4A景区导游词

### 科技园景点概况

　　富川位于都庞岭和萌渚岭两岭夹槽之中，县域处谷地丘陵地带，形成了独特的气候和土壤。气候四季明显，阳光充足，雨量充沛，朝霜夕雾，昼夜温差大；土壤富硒含铁含磷带沙，是农作物生息成长的最佳地带。富川以生产优质水稻、蔬菜、脐橙、春烤烟闻名，是国家生态文明先行示范区，国家重点生态功能区，全国循环经济教育示范基地，中国特色农业百强示范县，全国标准化农业生产示范县。更突出的是，富川是广西唯一的国家级出口食品农产品质量安全示范区。

　　富川生态高值农业科技示范园位于富川国际慢城核心区，是贺州首个国家级农业科技园区，同时也是富川农旅融合开发的优质品牌景区。富川生态高值农业科技示范园

2019年被评定为4A景区。

富川生态高值农业科技示范园还建设果蔬标准化生产基地5万亩，核心区面积4.5万亩、拓展区6万亩、辐射区10万亩，是以脐橙水果为主、蔬菜种植与猪牛养殖为辅的特色产业核心示范区。示范区已成为"生态高值循环"农业、美丽乡村建设、院企合作、农牧循环发展、公司带动合作社加农户合作共赢和农旅结合的典范。

## 景点推介导游

各位旅客朋友们，大家好！很高兴今天由我带领大家游览生态盎然的富川生态高值农业科技示范园。科技园位于风光秀美、碧绿无垠的国际慢城之中，它依山傍水，群峦环绕，联村结寨，俨然如一颗科技明星镶嵌在绿浪婆娑的橙海之中。

景区前有风沐塘，清风徐来而水波不兴；后有铁耕生态村，恬闲清逸而乡情无限。它与慢城相映成趣，形成生态农事休闲旅游观光带，是全国第四个、广西第一个国际慢城瑶韵体验区，同时还是目前全国为数较少的旅游网红区，是极具体验价值的慢生活生态农事旅游度假胜地。

## 广场门入口

"享寿生态，体验高科"是科技示范园的科普与研学旅游文化主题。科技示范园主要以科技农业的展览示范、科普推广为主旨，同时，结合研学体验、阳光美食、绿色餐饮和农业观光旅游功能，将生态享乐、风情享受，尽情地奉献给游客。开发生态高科产业，打造绿色人文乐园，旨在通过科技普及示范带动新兴康美养生产业，让富川现有的传统农业观光模式走向"生态、高值、循环"方向发展的绿色养生旅游格局。高科示范园自2017年4月开工至今，已完成两个大棚和一个生态餐厅主体建设，初步具备了常态化的旅游配套功能，相信会给您带来惬意的享受。

## 脐橙文化展馆

富川是"中国脐橙之乡"。富川生产的脐橙具有果香皮薄、肉质脆嫩、甜酸相宜、无核化渣的特质，是市场上人们争相采购的优质水果美食。有深谙美食的人们说：走遍四海尝鲜果，唯有富川脐橙香。有关赞誉富川脐橙的等等说道，无不言喻了富川脐橙的品质魅力。好了，让我们一起走进脐橙文化展示馆，去品读"橙意富川，芳华金果"的橙情故事吧。希望你也能橙心橙意"因为一个橙，爱上一座城"。

## 1号生态景观大棚

　　1号展示大棚共计面积9600平方米，厅内展陈的观赏果蔬品种有生态蔬菜、绿色瓜果、杂粮五谷与名优花卉。为了使农业展映出工艺，使产品呈现出艺术，聪明的园艺师别出心裁、独运匠心，以高低错落、层垒叠加、曲折迂回及画龙点睛的手法进行精心构造，拼摆出"和谐九州""同心梦圆""吉祥宝鼎""瑞光佛塔"等大型果蔬植物造型景观，这些景观可谓拙雅精妍又巧夺天工。徜徉其间，大家还能与恐龙合影，又可与中蜥蜴嬉戏，还可同海鳄斗趣，又可与瑶妹对歌……

## 2号种植体验大棚

　　2号生态产品实验大棚共种植新品种有百余种之多，共计建面为9600平方米，主要种植具有观赏价值和食用价值的新、奇、特蔬菜，并且是商品性好、连续坐果能力强、产量高的世界最优良品种。生态产品实验大棚是以绿色景观植物为主，蔬、果、花、草为辅的植物配置格局，向游客展现了一个立体、全方位、绿色、优美、宜人的绿色食品环境。

## 生态餐饮体验大棚

　　参观完两个生态农业种植大棚，那么接下来之后，让我们一同前往民族生态文化餐厅，去品味"身处蔬篱下，共叙农庄情"的那种田园休闲情怀，去亲自体验和品赏眼下

（从左至右：园区广场、呼啦圈立体种植、高科园鸟瞰、高科园组景）

这些出长在绿色生态大棚中的鲜果鲜蔬的佳肴美味。生态餐厅5376平方米，餐饮大棚内共分团餐区和包间区。餐厅所用食材都是科技大棚所生产的有机新鲜蔬菜，食材口感鲜嫩，清甜可口，美味宜人，不失为养生宴食，是旅行不可或缺的美意品尝。大棚内，同时还开设民族风情曲艺表演，节目中有农人乡情和田园词话，通过观看表演，您将对乡野农人的风俗有进一步的了解，让您在进餐中得到更恬适惬意的感受。

## 风沐塘休闲莹湖

　　风沐塘在民间传说是与神仙湖一起由吕洞宾所神赐的一口玉湖。话说今时的铁耕村，原名叫"铁坑"。有一年，因天公久不施雨，黄土大旱，绿树枯冥，周边连年遭受旱灾，农业庄稼无种无收，甚至连饮用水都几乎断绝。在这种情形下，村民为寻求水源，便于四野荒郊到处去掘井挖坑，结果均没有挖出水源来，个个都如同铁坑铁碗一般，不见水滴。人们焦灼而悚慌，即摔香钵于村郊，焚香纸于大野，磕头祈天神赐水，以飨农耕……结果，祈祷毕风云动，天降甘霖，数声雷劈，将众多铁坑劈成了一口水塘，化成了莹水之湖。从此，铁耕村民便拥有了这泓永不干枯的碧水莹湖，用于人畜用水和农耕。"铁坑村"也更名为"铁耕村"。

　　各位游客朋友们，今天生态高值农业科技示范园一游到此就告一段落了。有道是：君临天下尽美景，得来都在田野中。观高科农业，解乡野风情。生态农业高科园只是富川生态风景线中的一道序幕，美好的篇章还得靠大家继续迈步去踏访。希望大家不要错失美景，且去放怀参观或亲身旅游体验。

# 王牌珍果　橙香富川

## ——富川脐橙文化导游词

## 富川脐橙简介

富川瑶乡是中国脐橙之乡。1995年被农业部认定为中国脐橙生产优势产业带，从引种到如今，经过了长达近30年的匠心打造。富川因地制宜发展了立新农场、莲山脐橙开发区、古城上田、福利浮田、葛坡白牛、新华种养长廊等万亩标准示范园区，有效促进了全县脐橙种植的持续发展。目前已成为广西最大的优质脐橙基地县，被农业部确定为"全国柑橘生产优势产业基地县"，被联合国粮农组织评为"中国脐橙之乡"。至2017年底，富川脐橙种植面积达30万亩，其中挂果面积22.5万亩，产量40万吨，产值18.4亿元，成为富川农业经济的第一支柱产业。

富川脐橙因果大美观、色泽鲜艳、肉质脆嫩、无核化渣且芳香汁多、风味佳好而名扬全国，并倍受消费者赞誉而赢得广泛的销售市场。

## 天誉果乡·荣耀四方

富川脐橙生产秉承"落地生根，培优选良"的战略，以求稳步发展。富川脐橙原来共有"纽荷尔""萘维林娜""大三岛""华盛顿""佛罗斯特""罗伯逊""朋娜"等7个品种，然这7个品种来到富川后，经过10年的品种实验，逐渐淘汰，5个，即于1991年选取了适应本区域土壤与气候的"纽荷尔"和"华盛顿"两个脐橙品种进行优化种植和嫁接育苗，并于1995年开始大面积种植"纽荷尔"和"华盛顿"。现已形成了自己特有的品质。由此，富川脐橙在全国乃至国际舞台上有了属于自己的一席之地，富川也因此被联合国粮农组织评为"中国脐橙之乡"。

先后获得的荣誉有：1995年富川脐橙获得全国第二届农业博览会金奖；2001年获国际农牧业科技成果推广博览会金奖；2002年富江牌脐橙获年度广西名牌产品称号。2004年起，富川脐橙就被"中国—东盟"博览会指定为专用产品。2005年，在选送的时令水果评比中，富川脐橙名列广西22个名优水果榜首。

朋友们，慢作农时之光，塑造长寿之橙。富川为五岭之南，都庞余脉，两岭之谷，四水之源，得天独厚，一脉文明撰写了富川脐橙的品质。水土是根，橙韵是魂，祥宁和谐的区位与土地是天赐的宝藏，橙意满怀橙香是富川脐橙品牌的韵脚，精心慢耕与佃作智慧灌注出富川脐橙品位的纯粹。富脐富硒，脐橙中人体微量元素中的"防癌之王"可延缓衰老，可提高人体抵抗力。同时，富含硒元素的土地中蕴含长寿的基因，并浓郁地焕发出橙汁果肉的甘美香醇，让您在品食的惬意中享受生命灿灿的阳光。

## 天造富脐 · 橙意可期

　　追溯桔橙之史，据有文献称：先秦时期，楚越之地的人们就开始以种植柑橘为业。依山傍水，倚靠气候，研培土壤开发富川柑橘种植的历史可说是源远流长。唐宋时期，随着经济社会的发展，柑橘产业得到进一步壮大。富川作为桂北主产区的重要地带，依托得天独厚的自然优势，勤劳淳朴的民风民俗，精湛的柑橘栽培技术，延续了通古达今的柑橘文化传承。据《富川方志》记载，清光绪十六年，当地官府将"广柑儿"作为贡品年年进贡于朝廷。千年不绝的柑橘种植文化，也使得富川拥有更多的经验与适宜接纳脐橙入境改良的基础。宽厚博大的富川土壤有其传承的同属基础，也有着对新品种的包容与创新，这一切的诱因，正是脐橙落户富川和品牌展发的冥冥注定。

## 天方奇谈 · 橙香咏禅

　　世外禅园，偶结橙香。在世界水果佳闻奇谈上，关于第一个脐橙的出现，则是源于一方域外远土上发生的一棵橙树的畸变。

　　1820年，在巴西一个禅学修道院中，一棵橙树在一个特别的年景中发生突变。众多的橙果都

（从上至下：金奖富川脐橙、橙心如意、
橙香在枝头 美丽在心头）

比往年大且更为金黄，而其中有一个硕大橙果上则有个小橙叠长在橙尾部，形状喜人且颇有禅意。只见其圆长金黄，散发芳香，弥漫满园，人们探之欲食。当剥开橙果之后发现，该果没了往年的果核，遂又剥开其他果子逐个查看品鉴，才又发现，该树今年的橙子竟然全是无核无籽的。因果品品味俱好，加之无法靠种子种植，只能嫁接。

这只小小的突变橙一定不会想到，在很多年后，脐橙成为广受喜爱的柑橘品种，种植区遍布了全世界。1870年，两棵脐橙树在美国加州成功嫁接，脐橙的世界流行便从此起步。即使到今天，脐橙的种植方法依然只有嫁接，因此，今天的脐橙跟最初的祖树基因上是完全一样的。后来，一位在美国的浙江人将脐橙引进回国，使脐橙成为中国悠久柑橘历史中一个远洋归来的特殊成员。中国自古拥有适宜脐橙生长的土壤与文化，短短光阴，脐橙遍布神州，并形成了各具特色与风情的生长中心区域。富川机缘巧合成为其中的佼佼者。

## 天缘富川·橙事扬帆

如果说富川柑橘事业的辉煌历史是地就，那么脐橙种植却是佳"偶"天成，因一桩巧遇，富川脐橙便成为必然的偶然。

1981年的一天，位于重庆的中国柑桔研究所从美国引进200株脐橙苗，计划将果苗"嫁"到福州市。然而，果苗到了机场竟无人"迎亲"，这让娘家人很没面子，让"新娘"返回了重庆。中国柑桔研究所决定重新给这200株美国脐橙苗找"婆家"，他们分析桂东北区的气候环境之后，认为身在桂北的富川这位"帅哥"与"新娘"非常般配，于是将这200株美国脐橙苗送上飞机，运到了桂林。富川有关部门的人员得知后兴奋不已，立即到机场将"新娘"迎回富川，第一时间将它们精心栽培在富川立新农场。脐橙就这样在富川落地生根。富川得天独厚的区位与独特的气候土壤等自然条件是天赋的必然，而优质脐橙种苗引进错失招亲又无心插柳柳成荫的故事是巧合的偶然，这不就是天运福慧，橙事有余嘛。加之，又有几代勤劳智慧富川人民的辛勤耕耘，方才成就了今日的富裕橙乡。

好了，关于富川脐橙的故事我就给大家介绍到这里。当下是脐橙采摘的最佳季节，我们县这次举办"脐橙文化旅游节"，主要是为了弘扬推介富川脐橙文化品牌，同时又旨在激发游客广泛参与除了脐橙之外的富川文化体验，从而让更多的人走进富川，了解富川故事。相信富川脐橙文化和旅游节相关活动会让你大开眼界，并能圆满地收获到本次旅游的幸福与快乐。

# 大美湖山 仙湖神话

## ——神仙湖4A景区导游词

## 神仙湖景区概况

神仙湖景区处在国际慢城核心区中，坐落在富川福利镇境内，距县城约12公里，距福利镇约2公里，是富川最美的田园风光之一。

自古以来富川的山水田园风光就有"三花园一仙湖"之说，"三花园"是指"上花园"朝东秀水岔山一带的山水田园；"中花园"城北川岩石龙狮山一带的山水田园；"下花园"县城富阳二龙潭一带的山水田园。"一仙湖"就是指福利境内的神仙湖景区了。

富川是中国长寿之乡，福利则是慢生活核心区。神仙湖景区境内，温湿和谐，四季分明，山清水秀，空气清新，水源洁净，光照充足，每立方米负氧离子高达11000个，空气质量达到国家AQI标准，十分适宜度假、养生、避暑休闲旅游。景区享有华南最美乡村声誉，当地群众亲山乐水、和乐通达、知足常乐。在这里，没有大城市的浮躁烦恼，人们过着一种安逸安适、悠然自得的"慢节奏"生活。该地区生态自然，环境清新，十分符合"国际慢城"标准。来到神仙湖，可以放松心情，放慢脚步，慢慢享受休闲的时光，慢慢品味慢生活的风情，慢慢欣赏瑶乡的美景、美食，慢慢吸收原始态大自然的正能量。

## 景区导游推介

各位朋友，富川福利神仙湖景区内有多元化的文化景观和丰富的民俗风情，它包容万象却清新幽朗，它美丽万方却朴素清凉。境内有：千亩花海观赏区、百亩仙湖游览区、脐橙采摘体验区、原始樟林休闲区、休闲农事互动区、民俗文化演示区，等等。来仙湖，赏仙境，沾仙气，做神仙可是美事一桩哟。

说到神仙湖，是有个故事的。话说当时的这片地区没有川流河泊，历来都十分的干旱，百姓无法开垦，无法种田种地，每逢夏季干旱则更是庄稼无收，百姓因此而苦不堪言。

有一年，春潮无润，夏季无雨，神仙湖地区周边的村庄庄稼焦黄干枯，眼看着百姓人家就要绝种断收。某天日暮黄昏时候，有一过路老翁对村民说道：四下无林尽石岩，

（从上至下：仙湖放排、仙桥春梦、仙湖灯光秀、
大型水秀《锦歌仙娘二》）

赤日炎火烧天。如若请得吕仙到，不愁田庄无水淹。说罢人踪倏逝。老翁之言传到族长耳中，族人大喜，庆幸仙人指导，欣有所救。

次日，族老长辈们趁入夜星空之时，遂召村人百众聚于神仙桥高丘之上，燃香烧纸，宰羊割鸡，祭以果酒。同时，还在湖湘地区请来了巫师道公，在祭坛上迎唱天文，祭傩唱经。三轮复礼，奠庆隆盛之刻，忽见吕洞宾乘云而至，吕仙踏着云端缓缓而道：上苍感于汝等心诚，今特赐泓池一口，泉起八路，水敛四方，尔等可享百代之福。村民叩谢万分……从此后神仙湖世代相泽，百姓视为福典。

## 神仙湖内各景点

朋友们，当我们进入福利慢城风景区时，我们是否关注到瑶族的民居板房和瑶乡的风雨桥廊，是否也欣赏到了瑶族的景观路灯、瑶族的图腾文化和锦绣花纹，这些文化元素可都是作为瑶韵慢城的精神体现啊。

进得神仙湖来，我们可以看到各形各色的动漫微型景观，可欣赏到碧莹的仙湖水波和金黄的脐橙园。大家闻着迷人的香樟味，欣赏着湖中的游园，体验着丰富的灯饰文化博览园，是否感到前所未有的放松？这些连绵不绝的景色是否让大伙心旷神怡？

大家看，神仙湖的湖面架有非常壮观的"九曲廊桥"和"神鹭宝阁"，它们矗立于水中，水浪相击，致使景色与风光灵动无比。大家再看田边有脚踏水车，农夫耕忙，山姑嬉水。还有在湖面上拱架着的半圆木桥、水面曲桥、亭塔式风雨桥相映生辉，真是神趣无比。

走过木板铁索桥，让我带领大家到水上"神兽园"景点去参观一下。那里有一泓池水，水中有各种石头神兽，那些神兽据说很有灵性，你若看得出个道道和悟得出个究竟，它们都会给你带来福祉和吉祥。

## 清水池

诸位游客朋友们，神兽园到了。来到神仙湖，就讲神仙故事。村里老人们说，这口湖池原是来自天上，它是天上玉皇大帝御园内的园林九景之一。关于这口湖可是有着一段神奇的故事呐。

传说有一年的一天，玉皇大帝巡视天庭，到了神池边，见得神马、神犀、神驼、神鹰们在池中避暑沐浴，嬉戏撒欢，好不热闹。兽们忘乎所以，得意忘形，全然不知玉皇大驾光临，一时间泼水打仗，非但不履行天宫之仪，反还将池水溅了玉皇一身，使得玉皇受惊，趔趄之中又险些摔到地上。玉皇龙颜大怒，当即下令天官，将湖池与神兽们一并罚落，遣降人间，永世不得重返天宫。就这样，这口清湖与奇石神兽便化在了神仙湖景区之中了。真是感恩上苍，让我们今日得见如此美妙的景色。

## 神仙双拱桥

观赏完神兽湖池的景象，让我们往上看，前面有两座古代所建的石券拱桥。该桥的形体与规格乃属中原地区风格的型制，是目前在富川潇贺古道上极少能见到的明代古桥之一。该桥的构造为两桥连体式青石断桥，其体型娇小，双拱而筑，映在河中，颇为清秀。据村中老人们说，该桥为古代八百岭村贤柳南波所建造。

柳南波，字仙源，此人生于宋真宗景德元年（1004年），宋仁宗天圣十年（1032年）考中进士，曾官至翰林院编修，有诗文集《仙源吟草》传世。柳南波聪明过人，通晓易经，知阴阳八卦，上知天文，下识地理，喜诗酒文娱，琴棋书画，时人尊之为小太白。柳南波平素还颇为喜欢赌棋，凡参赌局，十有九赢，故人称之为"赌仙"。然而，他从富人手中所赢得的钱财，也大都用于济贫扶困。

神仙桥右侧有块碑记，内容所述皆为柳南波生平之事，有兴趣者，不妨查看一二。柳南波因常到此风水宝地读书阅经，休闲游戏，在此中得到不少心经灵感，其中取功名后，第一件功德善事就是捐资兴造这座双拱青桥，当时名曰"灵光桥"。命以灵光桥，或许是借桥名来感慨此桥曾赋予他心灵感应和贤达智慧的缘故吧。而他百年成仙之后，当地村民就着他的仙人之号，也就叫成神仙桥了。

## 百亩香樟林

　　各位朋友，我们现在来到了香樟林。香樟可以说是富川的县树，也是贺州的市树。富川的传统村落一般都是依山傍水而建，村屯布局通常是背靠青山（后龙山），面朝河溪或田陌。后龙山是村寨的风水山，树是风水树，林是风水林，山上的一草一木都是神圣的。各村都将后龙山的封山育林和护林防火等管理内容纳入村规民约，不准割草、不准拾柴，更不准砍树。因此，富川村寨的后龙山都是古木参天、植被丰厚，鸟语花香、独成气象。古老的习俗成就了独特的环境保护奇观，后龙山无形中起到了调节气候、保护生态的作用，有关专家称这种现象为富川"后龙山文化"。

　　大家沿着神仙湖畔绿道的牵引，进到风光秀美的百亩香樟园内欣然漫步，是否感觉到它俨然如同慢城的立体肺叶一般，正过滤出清新的气息，徐徐飘向于您。香樟园内，一年四季都绿意惹人，芳香扑鼻，是最招惹旅游人前来欣赏的地方。园内的凉亭可供大伙歇息纳凉，卵石小道伸延绿幔可曲径通幽，山花芝草点缀其间让人惬意非常。这里是山间野趣的揽胜地，游走漫步其间，碰上好运气时，您还会极有机会地逮住只把山鼠或野兔，那时您可就算是撞上好彩啦。在此，我就祝大伙在神仙湖香樟园里走个好运吧。

## 古集八百岭村

　　各位朋友，请大家随我一起走进秦时的古圩八百岭村吧！八百岭村前仰螺峰后靠樟林，它依山傍水，确是风水宝地。

　　八百岭村为清朝初年所建，距今已有近400年的历史。当年潇贺古道路网穿村过境，自北向南的湖湘商人多汇于此，日久人多，集商成市，于是便有了秦道古集的风貌。传说该村曾经出过一位才子，名叫柳南波，此人自幼勤奋好学，凡诗词古文阅之则过目不忘，故于30岁那年中取举子（后中进士），中进士前供职于县衙做师爷，其才思敏捷，深得县官倚重，然他因日渐厌闲，不思居安而辞职不为。归乡后他率乡民开办百业，为繁华古集、振兴乡村经济做出了不少的贡献。村中老辈们至今仍有不少人在传颂着他为民乐善担当的故事。时过境迁，今天的八百岭已是风华不再，唯留下几条旧街老巷在寂清处唱着古老的歌谣……

# 天赋奇观　神剑石林

## ——富川神剑石林4A景区导游词

### 石林文化概况

　　"石林"是岩溶学的专有名词，石林是地球演化的杰作。早在2.7亿年前的早二叠纪时代，石林地区是海洋环境，因地壳产生变动，运动中海洋变成了陆地，平地变成了高山，而石灰岩也就因地壳变动而神奇的被塑造成了石林地貌。这期间，石芽石笋和石峰石柱还被炽热的火山熔岩烘烤过，同时也被广阔的湖水淹没过。这样，这些石笋石柱也就形成了形态万千的石林奇观。

　　石林的形成史，是一部真正的地质传奇史。峰林型岩溶是众多石林类型中最美、最有旅游价值和地质文化考研价值的石林。富川神剑石林就是峰林型岩溶石林，它超群出众的天然禀赋，使得各类踏访者无不为之迷醉。

　　石林美景天下奇，古章遗笔四海传。然而，神剑石林又是怎样出名的呢？据邑中先人所藏，清康熙五十一年（1721年）《石林奇志》一文载："石林，岩高数十仞，攀援始可人，其中怪石林立，如千队万骑，危桅逐窟，若九陌三条，色俱黛青，嵌结玲珑，寻之嶙峋莫尽，甚有体察琼瑶冰宫雪窖珍物之感……今人唏嘘留连。"

### 景区推介导游

　　富川神剑石林属峰林型岩溶石林，是中国南疆与岭南地区罕见的喀斯特石林生态地质公园，是研究中华岭南地貌分析的地质生态研学基地。

　　早在2亿多年前的早二叠纪时代，富川地区是海洋环境，因地壳变化产生运动，富川区域的海洋变成了陆地，平地变成了高山，而这一带的石灰岩也匪夷所思地被塑造成了石林地貌。神剑山石林地处富川福利国际慢城核心区，其南临神仙湖，西依大面山，东仰牛坝村，北接高圳峰，是点缀在富川福利慢城核心区的美妙奇景。

　　巍巍神剑秀，崛崛石峰尖。神剑石林中那些突兀峥嵘，光怪陆离的石簾、石芽、石峰、千奇百怪的石柱、削尖如刃的石笋，活灵活现，形态各异的石兽无不是天公开物的杰作，无不是地母造奇的神化……那些超越想象的造型、流畅不羁的线条和一切出乎意料的形状，都是上天所缔创的杰出的艺术品，神剑石林整个区域几乎就是一座天然的石

（从上至下：景区大门、神剑组景、石林玻璃栈道）

刻艺术品博物馆和上苍所赐的不二宝地。

与君共风雅，齐步赏石林。好了，各位朋友，让我们一起走进不一样的石林去解读"天公抖搂寰宇秀，地母情怀山岳清"的神剑石林吧。

## 景区大门入口

各位旅客朋友，在进入神剑石林之前，我先向大家介绍一下神剑山的背景文化，让来自不同地方的游客朋友对富川瑶族地区的文化风习有个初步的了解。

泱泱富川，莽莽山国，汲天地之灵气，享日月之精华。富川是岭南瑶族明珠县，全县超过60%的人口是瑶族，因此瑶族文化积淀非常丰富。富川瑶族盘王节、瑶族蝴蝶歌、瑶族服饰刺绣、瑶族芦笙长鼓舞均是国家级非物质文化遗产。境内历史文化古迹十分珍贵，其中秀水状元村、福溪宋寨村、秀山古道村和富阳明古城都是中国历史文化名胜，而瑶族风雨桥群与楚王马殷庙更是国家重点文物保护单位。文化瑶情，楚韵瑶乡；长寿慢城，美味富川。富川境内瑶绣瑰丽，脐橙可口；甜粑糯果、灰粽梭糍等等土特食品，生态芳香，所有这些都是文化富川、瑶乡风情的亮眼之点哟。

朋友们，进了景点大门，就是沁园风情业街体验区，大家不妨一起随我进入到风情业街中去，一同参与品味和享受体验吧。

## 沁园业街广场

神剑石林景区主要以神剑山地质公园与神剑石林为主体，另也涵盖北面寨民俗文化村和牛坝瑶族生态村。走进大门，我们便到达景区的风情业街，业街的建筑外貌一定程度地折射出富川瑶族地区的民族建筑风貌。

重檐歇山双层顶，木楼板墙过山声。

挑梁吊脚相照应，坡屋房外油茶厅。

凉廊相接好行往，茶酒相邀祖不惊。

山墙窗户留一口，好把眼光看情人。

风情业街建筑风格就是旅之富旅游投资开发有限公司依照富川地区瑶族建筑风格与桂北建筑型制相结合为游客打造的旅游消费服务风情街墟。圩内物产丰富，价廉物美，可供各层次人群舒心消费。有黄花梨、鲜脐橙等时令水果；有烧烤串、麻辣烫、梭子粑、圆盘果等美食特产；有烟熏鱼、薯粉条、腐竹干等土特副食产品，这些都是瑶乡富川的美食特产。此外，瑶绣被、瑶锦包、竹木工艺也是富川特色民间工艺产品。风情业街内的每一处精品销售点，为大家提供的都是当地最有特色的文化旅游伴手礼，大伙不妨自由去参观体验，又不妨捎带些手信回去，分享给亲戚好友或同事邻里，也好让亲友们共享富川特色的文化风情。

## 恬园景观湿地

闲来无事园中走，清游自带竹林风。"恬园"是旅之富旅游投资开发有限公司为广大游客倾力打造的山麓湿地景观园林风景走廊。进入幽雅的山前湿地园林区，沿渠水奇石泊岸幽然漫步行走，樱花紫薇与碧芝君兰等卓奇名花、香芝异草纷纷而现。莹湖碧水，桥亭廊榭款款随踪，真是令人怡心娱目，惬意爽怀。园中有茶座酒庄和琴馆书房，更有文博馆中所展示的翰墨情怀、摄影情韵与石雕文化、陶瓷根艺和文玩艺术。朋友们，请大家随我一起走进恬园。

## 山前神峰石门

元代词人王冕在他写的诗词《三茅观》中云：梦蹬痴岚留宿雨，石林寒竹动秋声。由此可见，石林文化早已为古人所追崇。王冕身在元代，为当期文杰之辈，在京野的声名美誉均以俱佳，风流倜傥的他与陆游诗人一般，特别喜爱游山玩水和田原猎奇，尤其在对石林的感觉上更有情怀。他另还有两句有关石林的诗句更为精彩：

石林过雨水争出，溪谷转风云乱腾。

看与经年画相似，石林远映树青红。

石林的绝景奇观在古往今来是多么地深受历代文贤雅仕及游人骚客的倾慕与钟爱。

慢城神剑山传说是八仙吕洞宾亲临过的圣山，神剑山石林虽不够阔大，但也有山岳之雄和山峡之奇。在石林故事中，吕祖炼丹济民、吕子锻剑试锐的故事在当地从不匮之。另有神剑山那些成片的石峰如同千军万马集结，如同万千灵物荟萃，仰之细看有黄山之浑厚，远而俯瞰有桂林之丽，整个石林雄奇诡丽，浑然天成，真不愧是岭南奇境，富域仙山。

## 栈道龙背鳞石

各位朋友，大家以往是否读到过古人有关石林的诗句？在此，我将近日所读到的与大伙分享一下。

在宋代有个叫曹娥江的诗人对石林写过这样一首诗句：

一点冥通未兆前，乾坤虚鉴已昭然。

烂银宫里擎异出，万古鳞峋浪淘天。

大自然的景象真是匪夷所思，奇妙无比。今天你徜徉于神剑山的石峰丛中，你就仿佛到了一个神话般的世界，也如同漫游在石林文化艺术博物馆之中，是那样的豁然惊闻，大开眼界。踏着玻璃栈道，俯观脚下遥望四壁，真是佳景频出，美不胜收。有的如龙游南海，如万山石笋；有的如峰林绽放，如蝶状端立；还有的如树状兀立，如笔状锥柱；再有的如平面方桌，如深沟裂隙；还有的如深渊荆棘，如沉海宝刀……这些奇绝景观无不叫人惊叹万分。云南的石林固然先而有名，但富川的石林也别有千秋哦。

## 山腰吕子剑庐

沿着玻璃栈道走，过了佛门石扉，我们便到了山麓中间。这带曾是一处古迹之地，曾经有一座三进间的仙人遗寓在此，据附近人称：原有建筑是吕洞宾的"剑庐"，也就是吕洞宾修仙铸剑的仙所。

吕洞宾，别称吕纯阳，武则天天授二年（691年），年已46岁的吕绍先又去长安应考，赶考路上，在酒肆中遇见上天仙使钟离汉。钟离汉让他做了一个建功树名、出将入相、封妻荫子的美梦，醒后方知功名利禄均为梦幻，遂大彻大悟，拜钟离汉为师，赴终南山中修道。改名喦，字洞宾。其后遍游山水，传道度人，53岁归宗庐山，64岁上朝元始、玉皇，赐号纯阳子。他从火龙真人那里学来的剑法，又自修炼丹，不断四处济世救人。他以剑侠斩妖除孽，谓之至道剑侠。又以施药为民造福，称之大道药神。他普度众生，在天下世上立下了累累的功德，所以，民间广泛传说着有关他广立功德的故事。在民间信仰中，他与观世音齐誉，并为普济神仙。据当地古人所传：有人曾于神剑山中得见吕纯阳。只见他挥舞利剑，剑锋闪光，所指之处，飞沙走石；他坐地风生，禅影之外，四下祥云焕山岗，其姿态潇洒飘逸，身影清高，似侠似仙，不可得近……此乃邑中久传之事，至于当今，怕是不可得辨虚实了。

## 山顶天池剑峰

踏着蜿蜒的石级一直往上走，我们便可达到山顶"石林天池"之极。一路观看石级两边的石芽、石柱、石笋、石峰与石群，它们有的像仙人辑寿、道童牧羊；有的像南海观音、云峰老子；有的像凤凰梳翅、玉龙腾海……好一番神仙绝美的石林图画。

现在我们终于到了剑山之顶。大家放眼展望，眼前一柱擎天，犹如穿云裂月的纯阳宝剑，它是那么的威风凛然和浩然正义，周边的石柱或如琅琊宝仗，或如楚剑冲霄，或如荆戟横空，或如关刀劈刹……真是剑峰刀丛的奇绝景象。传说当年吕子修身、炼丹、铸剑于此山，食宿于山麓，采山岳精露以养生，铸剑于山中，锻顽岩精石以成剑。操练于山顶，试剑锋光芒于顶极。大家不妨察看：周边劈落之石，石上划伤之痕是否正是吕洞宾试剑留下的痕迹呢？有道是仁者见仁，智者见智，随各自去解谜吧。

看完天池峰林，大家还别忘了察看一下四周的石林景象。在树下的石群有的如仙芒拜寿，有的如石幕簾屏，有的如万年灵芝，又有的像石榴宝桃……真正是奇幻无尽，美不胜收。

各位游客朋友们，大家集中一下，准备下山返回了。我们说：一枚扇贝化石，幽幽打开了尘封的往事，仿佛耳边涛声依旧。沧海桑田，海陆变迁。然一片山岳石林，是否体现万事万物因果，或幻人生。难道这些奇特的石头，正以自己的肢体语言在向世人解说千千万万年前的种种因果历程？物出有果，人事有因。我们试想，那一支支、一座座、一丛丛巨大的灰黑色石峰石柱昂首苍穹，直指青天，犹如一片片莽莽苍苍的黑森林，不就是依照其前世今生造化所神成的嘛。我想，这些未解之谜还是留给各位朋友日后再细琢体会吧。感谢大家的热情和很好的配合，再见！

# 茅草堂屋　心灵归宿

## ——富川茅草屋度假农庄导游词

## 景点概况

　　富川茅草屋度假农庄是集农庄生态景观与康养休闲度假于一体的慢生活民宿区。它位于富川福利镇国际慢城现代特色农业核心区域内，坐落在绿树成荫、风光秀美的神仙湖畔，是一个仿佛世外桃源的栖息养生宝地。

　　茅草屋生态康养休闲度假民宿依托茅草屋自然村貌和原始居家原型，在充分保持百姓传统民居的基调上，加以现代人文内部装饰，使民宿极好地展示出乡野农人的人文气息和田原山庄的幽雅意蕴。民宿通过植入地方瑶族民居文化元素和慢生活节拍韵律，使入住游客得到纯美乡村情怀的熏陶与体验。

　　民宿区内开设了自助桑园和亲子文体，使度假休闲时光同农事体验结合，又与乡村民情相融，可谓是休作相娱、人景相融的最佳栖息场所。

　　茅草屋休闲度假农庄总占地面积约17434平方米，区内分设有民宿住宅区、乡味餐饮区、生态休闲娱乐区。宿区内有充满乡村气息的17座特色三间堂屋和65个床位，一个阳光餐厅。整个农庄在展示瑶族人文特色和农人家居格调的同时，也融入了农耕体验文化的情愫，鲜活地呈现出了返璞归真、朴素尚简、物我相旺、天人合一的乡愁情怀及原汁原味的乡土气息。茅草屋休闲度假山庄是富川文化旅游发展有限公司为广大旅游者专题打造的心灵归宿。

## 景点推介导游

　　各位游客，茅草屋是远离城市喧嚣的一方净土，是工余颐养休顿的清凉之地，更是你卸下工装、放下工作压力最好发呆的地方。偶尔发一下呆没什么不好，发呆能清除心灵烦垢，发呆能让人在无人打扰中找回纯然的自我，然发呆不只是身离城市，不仅是独处山野，发呆需要邂逅一个适宜的时光和一个高质量的轻松的环境。我认为，茅草屋就是我们避世静处的最好发呆的地方。

　　爱上一个地方，恋上一张床。茅草屋生态优良在乎山水相依，空气清纯，负氧离子丰富，人居环境优美。它地方不大，但美得别致，美到心醉。一片卧榻之地能享清风清静，更能享爱心灵的安康。一枕入华梦，室暖床安心，茅草屋里的床，可安人，可养心，更可入梦安静！

恬念一个故事，感叹一个梦想。昔日茅草屋的农人因颠沛而迁居此地，他们无依无傍，白手起家，自力更生，日出而作，日暮且息。他们以木椽为构，以茅草筑居，以清淡为食，却也过着自给自足、悠闲无虑的百年慢生活。

他们不去拼比市井的奢华和繁荣，不去比都市的华庭高贵，然一片茅草足以让他们世代康生。茅草庇人，简约养人，淡出尘世熙华，农人赖此长生，这就是颐和康寿的根本所在。梦里瑶乡，醉美农庄，正是这朴实无华的境所，会让你入怀好梦，不忘百年。记得有位游人作西江月《山居》道：

林密青苔小路，山高碧水云雾。岚山云端踱漫步，忘却红尘事故。烂漫山花炫目，七彩垂帘瀑布。鸟语访客鸭啃竹，还看吾住草屋？

## 相邻景点游览

各位旅客，茅草屋民宿坐落在富川福利慢城风景区内，农庄四际风光皆为秀美，眺望大野真是无处不春晖。宿区前是农人百亩稻田，宿区后是无边的脐橙园区，宿区南

（从上至下：农庄大门、茅草屋农庄、阳光餐厅）

是书源河的川流瀑布，宿区北是百亩规模的香樟碧湖。

足出庄外，有秦道怀古码头、水泊石林，神仙桥外野趣横生，庄外橘树、梨树、橙树幽香习习，静美可人，所有这些美，似乎都给足了农庄的厚爱，因此，你哪怕在这里住上一夜都将愉纳无穷，且非常值当。

茅草屋度假农庄自2016年12月1日对外营业以来，游客便络绎不绝，每逢节假日还出现"一房难求"的情景。农庄经过近年来的发展，已成为当地一处不折不扣的网红打卡地。农庄于2018年1月荣获"广西休闲农业协会第二届理事会会员单位"称号，又在同年的11月被评为广西五星级农家乐。农庄外部看似"黄泥巴+茅草"的农家小屋，内部则按照五星级农家乐的标准装修，把现代元素与民族元素巧妙的融合在一起，精美别致，配套设施齐全。

农庄独具瑶族特色的住宿有凉亭、楼台与木阁廊榭，景观尤好且深受游客好评。内置庐韵17栋平列式三间堂宅院，精美典雅，古朴大方，被誉为中国农耕文化智慧的活化石、农村民居人化活着的文物馆。

农庄餐厅，阳光普洒，环境精美，可为广大游客提供各式瑶家特色与精致丰盛的美食，其中的油茶、艾叶糍粑和瑶宴十八酿等独特的瑶族名菜小吃，广受游客喜爱。

农庄还是国家级非物质文化遗产瑶族长鼓舞、蝴蝶大歌的传承基地，园内可设篝火晚会，可充分展示瑶族深厚的历史文化和瑶族绚丽的民俗风情。

富川茅草屋度假农庄毗邻的神仙湖景区，是县文化旅游发展公司近年来着力打造的民族文化旅游品牌，是国家4A级景区。农庄周边景色优美、环境舒适、乡野情趣浓郁、自然生态良好，是生态休闲游、健身运动游、生态观光游、休闲度假游的绝佳去处，也是难得的休闲养生康体之地。下一步，茅草屋休闲度假农庄还将融入"瑶医瑶浴""瑶族长寿宴"等业态，让农庄从单一产业发展向产业多元化联动发展，向"卖生态""卖文化""卖感受""卖养生"高值化发展。

各位游客朋友们，老屋的阁楼依旧还在，只是都美化了，角落的柜桶与箱子很精美，因此茅草屋内也敞亮地在等候着你。墙上披挂着农人的耕蓑，地上睡着古老的秤砣……像是在等你去住上几晚，睡上一觉，去考量一下人生的快乐分量。

老屋很美，有一种深沉的古韵之美，有一种燃着岁月酿成的陈酒般淳淳的香韵之美，老屋包容着一个世纪的创伤，更延续着一个民族不易的幽闲与精致。

# 华润新城　瑶乡明珠

## ——贺州市华润循环经济工业旅游区3A景区导游词

### 华润景区概况

　　富川华润新城是贺州市在市级层面上建设规划的循环工业、创新产业拓展的新兴工业园区。园区建设秉承"科学持续，绿色环保，多元兼融，创新发展"的原则，旨在加快东融步伐，致力产业创新，提振民族地区经济质量，加快瑶乡地区经济发展。园区自2010年开始兴建，通过10年的发展，现已形成华润水泥、华润火电、雪花啤酒、光伏发电等循环工业生产和工业旅游兼容拓展的格局，是一个充满生态循环理念和华润人文体验的工业旅游景区。

　　该景区同时也是自治区级循环经济示范区和生态工业示范区。示范区规划面积为44.2平方公里，含"一区三园"。核心区坐落在生态美丽的莲山镇内和风光秀美的碧溪

（园区远眺）

湖畔，是八桂大地上的璀璨明珠。示范区先后被评为广西壮族自治区循环经济示范园区，自治区A类产业园区，国家循环经济教育示范基地，自治区绿色发展园区，国家AAA级旅游景区，是全国106家增量配电改革业务试点园区之一，也是目前华南地区唯一一个拥有社会资本参与电价市场交易的特色园区。

产业园以华润电力、华润啤酒和华润水泥为核心，形成循环产业链。通过打造"废物循环利用产业链"，啤酒厂产生的中水由电厂消纳；电厂产生的粉煤灰、脱硫石膏由水泥厂回收利用；啤酒厂所需的水、电、蒸汽全部由电厂供给，排出的硅藻土、酵母泥、酒糟等循环交付水泥厂掺烧处理，实现华润电力、华润水泥和华润雪花啤酒三厂之间工业废弃物、污染物的循环利用。

近年来，通过开展国家增量配电业务试点工作，打造增量配电业务改革典范，建设火电、光电和风电多能互补集成优化示范工程，提升电力综合利用率。同时，开展华润水泥协同处置碳酸钙产业和有色金属工业固废项目建设，华润雪花啤酒厂废酵母、酒糟的综合利用，把循环经济由园区循环推向社会循环，实现示范区全方位多层次的"社会大循环"目标，形成了经济效益、社会效益、生态效益多赢局面。

## 景区推介导游

各位游客团友们大家好，很高兴今天由我带领大家去华润新城、广西贺州华润循环

（从左至右：生态园区、园区观光、每年一度的富川雪花啤酒节、游客开放日）

经济产业示范区旅游参观。广西贺州华润循环经济产业示范区为国家AAA级旅游景区。它成立于2010年，景区位于富川瑶族自治县莲山镇境内，总规划面积11.16平方公里。示范区于2012年8月评为自治区循环经济示范园区，自治区A类产业园区；2014年1月被确定为国家循环经济教育示范基地；2016年11月被国家发改委批准为全国105家增量配电改革业务试点园区之一。示范区成立以来，重点培育了以华润电厂、华润水泥和华润啤酒为核心的循环产业链，是一个集循环工业、生态产业和新兴产业集群融合发展的高科技、高效能经济产业项目示范景区。

## 景区项目设置

华润新城目前景区内含的项目呈现多元化发展格局，均为循环生态型环保项目。主要的项目如下：

投资10亿元的华润水泥一期年产200万吨项目，于2010年6月投产；

投资78亿元的华润电力2×1000兆瓦超超临界燃煤机组项目，于2012年8月投产；

投资3亿元的华润雪花啤酒年产10万千升项目，于2013年1月投产；

投资1.18亿元，年产1.2亿块标砖的华天能高效保温烧结砖及轻质板材项目，于2015年3月投产；

总投资1.9亿元的华润基础设施和服务设施项目列入自治区统筹推进重大项目；

投资6亿元的特色林产品基地建设及精深加工项目，2017年2月开工建设；

投资6000万元的年产36万吨饲料项目已于，2017年3月开工建设。

目前，示范区现已形成了以电力、水泥、啤酒为核心的循环经济发展模式，其生态循环利用流程分别是：华润水泥向华润火电提供烟气脱硫石灰石粉；华润火电产生的脱硫石膏、粉煤灰作为生产水泥的原材料；华润啤酒和梧松林化使用华润火电蒸汽，诸乐伟康饲料利用啤酒厂的酒糟、酵母，资源进行循环利用。如此生态循环链的形成，使园区产生了良好的经济效益、生态效益和社会效益。因此，它是国家循环经济教育示范基地。

## 华润水泥厂区

华润水泥（富川）有限公司是2008年在广西壮族自治区贺州市注册成立的有限责任公司（台港澳法人独资），注册地址位于广西贺州市富川县白沙镇井山村委黑山村。目前企业处于良好持续的生产状态。

华润水泥（富川）有限公司的经营范围是：水泥、新型建材、石渣、石粉、粉煤灰、脱硫石膏、炉渣的生产销售、水泥技术咨询与设备安装。在广西壮族自治区，相近经营范围的公司总注册资本为53328万元，主要资本集中在5000万以上和1000万～5000万规模的企业中，共17家。该区产业呈集群化发展格局，生产厂区内，绿化生态优良，可进入性和体验游览性好，能接纳工业研学和体验休学旅游活动。

## 华润火电厂区

华润电力富川火电厂，是一个高科技循环工业示范区。厂区按园林生态、景观文化兼容展示的规划进行建设，秉承了科学高效、规范持续、生态环保、理念卓越的管理模式经营。整个园区如同生态花园，蔚为秀丽。园区内设生产工艺和科技展示馆、企业园林游览区和生产功能参观带。该园区工业科技形象兴旺，工业文化理念超前，生产秩序严谨科学，发展态势欣欣向荣，是广西区内工艺先进、规模较大、景观较好的工业旅游示范点。

## 华润雪花啤酒

华润啤酒厂是华润旗下的分支企业。企业园区内风景秀美，环境清新，其生产车间严谨规范，工艺流程十分讲究，可供50人组团参观。该厂区设有华润啤酒文化展示馆、实地生产线旅游参观项目与啤酒文化消费体验项目，参观项目丰富，体验活动有趣。该企业为弘扬华润企业文化和展示企业生机，每年秋季，均在园区内和县城中心广场举办连续三日与广大消费者同乐同欢的大型华润雪花啤酒晚会，活动受到消费者的热捧。

## 华润光伏发电

贺州华润循环经济产业示范区6兆瓦太阳能光伏发电项目，总投资1.2亿元，分两期建设，自2017年2月28日开工，至6月底累计完成投资8100万元。该项目是贺州市第一个投产的集中式光伏电站，也是华润示范区开发绿色能源的里程碑。全部建成后，每年可为地区电网提供1600万千瓦时清洁电能，超值达1440万元。相当于为国家节约了标准煤0.63万吨，减少二氧化碳排放量约1.66万吨，减少烟尘排放量约32.63吨，减少二氧化硫排放量约117.86吨，具有良好显著的环保效益、经济和社会效益。同时，该项目补充、优化了示范区原有风、火能源的产业结构，促进全县乃至全市实现风、光、火绿色发展，有着十分积极的作用，响应了国家政策，践行了节能减排环保绿色发展的新理念。

## 华润新城展望

各位嘉宾朋友们，华润史风远，园景风光荣。2018年，广西壮族自治区党委赋予贺州建设"广西东融先行示范区"的新定位，发展规划已于今年2月份经自治区人民政府常务会议审议通过，并批复实施。

贺州区位优势明显、生态环境优越、自然资源丰富、后发潜力巨大。作为大西南东进粤港澳的重要通道，随着高速公路、高速铁路的建成通车，贺州市已融入粤港澳大湾区2小时经济圈。按照自治区党委书记鹿心社对贺州工作提出的"发挥优势、突出特色、全力东融、加快发展"的总体要求，目前正在扎实推进规划东融、交通东融、产业东融、人才东融和服务东融"五个东融"。

贺州市还是拥有全国"多规合一"改革试点市，国家生态保护与建设示范区，国家级医养结合试点市，国家全域旅游示范区，国家服务业综合改革试点市等多项改革试点示范平台。还有，国家深入实施西部大开发、国家级承接产业转移示范区以及扶持民族地区、贫困地区等一系列政策叠加，在园区企业落地政策支持上可以说是迎来了前所未有的发展机遇，一些东部发达地区企业正是看准了贺州市这些优势，纷纷将企业迁往入市。园区目前也正在抢抓东部产业转移的机遇，力争实现更多的转移企业落户园，我们坚信园区将有一个更美好的明天。

## 富川旅游代言人心语：

有一种美丽，让美丽的山水田园成为背景，富川的古村落秀水福溪，岔山石枧，深坡石龙，秀山红岩，随意散落在鸢飞草长的原野，剪贴成故乡的背影。

有一种沧桑，让沧桑的秦砖汉瓦成为配角，富川的风雨廊桥，明代古城、慈云宝塔、古道凉亭，昂扬起瑶家的杆栏翘角，记忆着不老的乡愁。

有一种诗意，让诗意的唐诗宋词成为底蕴，富川的蝴蝶歌、长鼓舞、大花炮、瑶锦绣，伴和着原野的鸟语花香，典藏成五彩的诗篇。

美丽富川，千百年来护着一方古朴，原汁原味留着一缕乡愁，大俗大雅演绎一种风情，瑶山乡野透出一股时尚。

关于富川旅游，我还能说些什么呢？最想对话却难以对话的，是被时光打磨得如此完美的古马道、古村落、古寺庙、古凉桥和古明城；最想代言却又难以代言的，是那被岁月塑造得如此完美的碧溪湖、神剑山、西岭瑶寨和国际慢城。来吧，朋友。来富川一次，不能不说是一次心灵的归属。景由心造，感动自己，踏上古道，走进瑶乡，你也会成为一道风景。

古韵富川，美丽乡愁。

让我们记住乡愁，记住富川！